事例に学ぶ
損害賠償事件入門

事件対応の思考と実務

損害賠償事件研究会 [編]

野村　創／井上　廉／星　大介／松浦　裕介／片野田志朗
飯田　研吾／畑井　研吾／政平　亨史／野中　英匡／堀口　雅則
　　　　　　　大塚　行雄／岡村晋之祐／佐藤美由紀

発行 民事法研究会

はしがき

　本書は、セルフ OJT（On the job Training）用の書籍であり、これまで好評を博してきた「事例に学ぶシリーズ」の12冊目に位置づけられる。

　セルフ OJT を標榜する本シリーズは、生の事件を素材とした事件解決のノウハウを書籍化することで、時間や環境による制限があるため OJT による経験を積むことができない方々に対し、読むだけで実務経験を補完して実際の事件処理に役立てていただくことを目的としている。

　本書では、損害賠償事件というテーマを取り上げており、一見すると他にあまり類をみないユニークな書籍のようにも思えるが、損害賠償は誰しも加害者あるいは被害者となり得る身近な法律問題であるといえるし、その類型も多岐にわたるものであるから、読者にとって本書は有益なものであるといえよう。

　また、本書で扱う損害賠償に関する考え方は、今般の民法改正（平成29年法律44号）においても基本的に変更はないと思われるし、各事例の中で、改正による変更があった箇所については適宜説明を加えているため、今後も長く本書を読者のお手元に置いていただけるのではないかと期待している。

　本書の構成は、第１編の総論部分と第２編の各論部分とに分かれており、第１編では、実務的な損害賠償事件の事件処理のプロセスから学問的な損害賠償法理の基本的な考え方に至るまで必要な情報がコンパクトにまとめられており、この部分を読めば損害賠償に関する最低限の知識を身に付けることができるようになっている。

　第２編の各論部分では、ペットや相隣関係に伴うトラブルから従業員による不正行為、暴力事件、漏水事故、スポーツ中の事故、施設内で発生した事故、医療過誤事件、著作権侵害に至るまで、債務不履行および不法行為に関する実に多種多様な損害賠償の事例を扱っている。そして、そのいずれの事例においても、相談から解決に至るまでの詳細な事件処理の経過が紹介されているだけでなく、事件処理に伴って苦労した点やうまくいった点など各執

筆担当者の生の声が散りばめられており、このような情報は、実務を経験しなければ体得できないことであり、まさに本書がセルフOJT用の書籍と称されるゆえんである。

　本書が、これまでの「事例に学ぶシリーズ」と同様に、多くの法律実務家や損害賠償に興味をもたれている読者の方々に活用していただけるのであれば望外の喜びである。

　最後に、本シリーズの刊行当初より、実に約7年もの間、企画から編集に携わっていただいている民事法研究会の安倍雄一氏をはじめ、その他本書の刊行にご協力いただいた皆様に深く感謝し、心より御礼を申し上げたい。

　平成30年2月吉日

執筆者を代表して　野 中 英 匡

『事例に学ぶ損害賠償事件入門』

目　　次

第1編　損害賠償請求事件のポイント

第1章　損害賠償事件処理の思考プロセス……2

Ⅰ　思考プロセスの一例（結果からの帰責）……2
　〈図表1-1-1〉　損害賠償事件処理の思考プロセス……2
Ⅱ　思考プロセスの具体例①……4
Ⅲ　思考プロセスの具体例②……6

第2章　一般不法行為（新民法709条）……8

Ⅰ　不法行為法理の構造……8
　1　行動の自由の保障……8
　2　被害者の救済……8
　〈図表1-2-1〉　不法行為法理……9
　3　行動の自由と被害救済の衡平……9
Ⅱ　損　　害……9
　1　意　　義……9
　〈図表1-2-2〉　主な損害項目……10
　2　損害項目……10
　3　損害額の計算……10
　4　訴訟物と損害……11
　5　賠償額の認定……11
　6　知的財産権等の特則……11

Ⅲ 法益侵害（違法性）……………………………………………………12
1 機　能…………………………………………………………………12
2 相関関係論……………………………………………………………13
3 おおよその類型的判断基準…………………………………………13
4 知的財産権等の特則…………………………………………………14

Ⅳ 因果関係（客観的帰責）……………………………………………15
1 機　能…………………………………………………………………15
2 相当因果関係論………………………………………………………15
〈図表1-2-3〉　2つの因果関係……………………………………16
〈図表1-2-4〉　因果関係の2段階のスクリーニング……………18

Ⅴ 故意・過失、責任能力（主観的帰責）……………………………18
1 機　能…………………………………………………………………18
2 故　意…………………………………………………………………18
3 過　失…………………………………………………………………19
〈図表1-2-5〉　予見可能性の判断枠組み…………………………20
4 責任能力………………………………………………………………21
5 知的財産権等の特則…………………………………………………21

第3章　特殊不法行為……………………………………………………22

Ⅰ 監督義務者等の責任（新民法714条）……………………………22
1 意　義…………………………………………………………………22
2 監督義務者等…………………………………………………………22
3 免責事由………………………………………………………………23

Ⅱ 使用者責任（新民法715条）………………………………………23
1 意　義…………………………………………………………………23
2 使用関係………………………………………………………………24
3 事業執行性の判断……………………………………………………24
4 免責事由………………………………………………………………25

  5 求償関係……………………………………………………………25
 Ⅲ 土地工作物等責任（新民法717条、国家賠償法2条）…………25
  1 意　義…………………………………………………………25
  2 土地の工作物…………………………………………………26
  3 設置または保存の瑕疵………………………………………26
  4 免責事由………………………………………………………27
 Ⅳ 動物占有者責任（新民法718条）……………………………28
  1 意　義…………………………………………………………28
  2 免責事由………………………………………………………28
 Ⅴ 共同不法行為（新民法719条）………………………………28
  1 意義（通説・判例による）…………………………………28
  2 関連共同性……………………………………………………29
  3 加害者不明の共同不法行為における免責事由……………29
  4 求　償…………………………………………………………30

第4章　不法行為の一般的抗弁事由……………31

 Ⅰ 消滅時効……………………………………………………………31
  1 原　則…………………………………………………………31
  2 例　外…………………………………………………………31
  3 起算点…………………………………………………………31
 Ⅱ 過失相殺……………………………………………………………32
 Ⅲ 被害者側の過失……………………………………………………32
 Ⅳ 被害者の素因（素因減額）………………………………………32
 Ⅴ 損益相殺……………………………………………………………33

第5章　債務不履行……………………………………34

 Ⅰ 平成29年民法改正…………………………………………………34
  〈図表1-5-1〉　瑕疵担保責任の新法と旧法の対照……………34

Ⅱ 目的物給付義務 ··35
　1 要　件 ··35
　2 損害の内容 ··35
Ⅲ 契約締結上の過失 ··36
Ⅳ 安全配慮義務違反・説明義務違反等 ······································36
Ⅴ 建築瑕疵（契約不適合）に関する責任 ·····································37

第2編　損害賠償請求事件の現場
──モデルケースを素材として

第1章　医療過誤──接骨院の施術による受傷の有無、医学的因果関係 ···40

Ⅰ 事案の概要 ··40
Ⅱ 実務上のポイント ··41
Ⅲ 初回相談 ··41
　1 相談内容 ··41
　　【書式2-1-1】　患者側からの受任通知（《Case ①》）·················45
　　【書式2-1-2】　接骨院側からの回答（《Case ①》）····················46
　2 検　討 ··47
Ⅳ 初動の方針決定 ···49
　1 症状からの検証 ···49
　2 受傷機転からの検証 ··51
Ⅴ 交渉終了 ··53
　　【書式2-1-3】　訴状（《Case ①》）······································53
　　【書式2-1-4】　答弁書（《Case ①》）···································57
Ⅵ 第1回期日～第2回期日 ···61
Ⅶ 第3回期日（カルテに基づく主張）······································62

1　第3回期日でのやりとり………………………………………62
　　2　検　討…………………………………………………………64
　Ⅷ　第4回期日（結審）〜判決………………………………………66

第2章　インターネット上の名誉毀損……………67

　Ⅰ　事案の概要………………………………………………………67
　Ⅱ　実務上のポイント………………………………………………67
　Ⅲ　名誉毀損の成否…………………………………………………68
　　1　甲弁護士の悩み………………………………………………68
　　2　解　説…………………………………………………………69
　　3　検　討…………………………………………………………72
　Ⅳ　請求の流れ………………………………………………………72
　　1　甲弁護士の悩み………………………………………………72
　　2　解　説…………………………………………………………73
　　3　検　討…………………………………………………………76
　Ⅴ　ブログ運営会社への訴訟外請求………………………………77
　　1　甲弁護士の悩み………………………………………………77
　　2　解　説…………………………………………………………78
　　【書式2-2-1】　発信者情報開示請求書（《Case ②》）……………79
　　3　検　討…………………………………………………………81
　Ⅵ　発信者情報開示仮処分申立て…………………………………81
　　1　甲弁護士の悩み………………………………………………81
　　2　解　説…………………………………………………………82
　　【書式2-2-2】　仮処分申立書（《Case ②》）………………………83
　Ⅶ　発信者情報開示請求訴訟………………………………………85
　　1　甲弁護士の悩み………………………………………………85
　　2　解　説…………………………………………………………86
　　【書式2-2-3】　訴状（《Case ②》）…………………………………86

Ⅷ 名誉毀損による損害賠償請求訴訟……………………………………88
　1　甲弁護士の悩み………………………………………………………89
　2　解　説…………………………………………………………………90
　3　検　討…………………………………………………………………91
　4　和　解…………………………………………………………………91
Ⅸ 後始末…………………………………………………………………92

第3章　喧嘩闘争………………………………………………………93

Ⅰ 事案の概要……………………………………………………………93
　〈図表2-3-1〉　本事件の構図………………………………………93
Ⅱ 実務上のポイント……………………………………………………94
Ⅲ 初回相談………………………………………………………………94
　【書式2-3-1】　訴状（〈Case③〉）……………………………………97
Ⅳ 初回相談後の検討……………………………………………………99
Ⅴ 事件の受任……………………………………………………………100
　1　2度目の相談…………………………………………………………100
　2　事件の受任にあたり…………………………………………………102
Ⅵ 訴　訟…………………………………………………………………102
　1　反　訴…………………………………………………………………102
　【書式2-3-2】　反訴状（〈Case③〉）…………………………………103
　2　答弁書…………………………………………………………………105
　【書式2-3-3】　答弁書（〈Case③〉）…………………………………106
　3　期日の進行……………………………………………………………111
　4　和　解…………………………………………………………………113
　【書式2-3-4】　和解条項（〈Case③〉）………………………………115
Ⅶ 最後に…………………………………………………………………116

第4章 ペットに伴うトラブル──動物の占有者・管理者の責任……117

- Ⅰ 事案の概要……117
- Ⅱ 実務上のポイント……118
- Ⅲ 相談の記録……118
    - 1 事務所内での呼出し……118
    - 2 X氏からの電話……118
    - 3 関連法令の調査……120
    - 4 X氏の訪問……124
    - 〈図表2-4-1〉 X氏の作成した事故状況図……127
- Ⅳ 受任後の対応……128
    - 1 弁護士会照会（救急搬送記録）……128
    - 【書式2-4-1】 照会申出書（《Case ④》）……128
    - 2 受任通知の発送……130
    - 【書式2-4-2】 受任通知書（Y_2宛て）……130
    - 【書式2-4-3】 Y_2からの回答書（《Case ④》）……132
    - 3 不起訴処分と実況見分調書の入手……133
    - 4 弁護士会照会の回答書の受領……133
    - 〈図表2-4-2〉 Y_2が作成した事故状況図……134
    - 5 法令の再調査……134
    - 6 X氏への電話……136
    - 7 請求書の発送……137
    - 【書式2-4-4】 通知書（《Case ④》）……137
- Ⅴ 訴　訟……139
    - 1 提　訴……139
    - 【書式2-4-5】 訴状（《Case ④》）……139
    - 2 第1回期日……143

		【書式2-4-6】 Yら準備書面1（《Case ④》）………………………	143
	3	第2回期日（弁論準備期日）………………………………………	146
	4	和解協議……………………………………………………………	146
		【書式2-4-7】 和解条項案（《Case ④》）……………………………	148
Ⅵ	帰り道………………………………………………………………………		149

第5章　施設内転倒事故 …………………………………………………150

Ⅰ	事案の概要 ………………………………………………………………	150
Ⅱ	実務上のポイント ………………………………………………………	150
Ⅲ	受任の経緯 ………………………………………………………………	150

　1　事故状況の聴取 ………………………………………………… 151
　　（資料2-5-1）　入居契約書（抜粋）（《Case ⑤》）……………… 153
　2　交渉経過の聴取 ………………………………………………… 157
　3　当面の対応方針の決定 ………………………………………… 159

Ⅳ　相手方との交渉 ………………………………………………………… 161
　1　請求金額の検討 ………………………………………………… 161
　　（資料2-5-2）　後遺障害診断書（《Case ⑤》）………………… 162
　2　2回目の打合せ ………………………………………………… 166
　3　交渉の決裂 ……………………………………………………… 168

Ⅴ　成年後見の申立て ……………………………………………………… 169
　1　申立書の作成 …………………………………………………… 169
　2　後見開始決定 …………………………………………………… 170

Ⅵ　訴訟提起 ………………………………………………………………… 171
　1　受任通知 ………………………………………………………… 171
　　【書式2-5-1】　受任通知（《Case ⑤》）…………………………… 171
　2　方針検討および資料収集 ……………………………………… 172
　　（資料2-5-3）　介護認定審査会資料（サンプル）……………… 173
　3　資料の検討 ……………………………………………………… 174

| 4 訴訟提起………………………………………………………………… 177
| 【書式2-5-2】 訴状（抜粋）（《Case ⑤》）……………………… 177
| Ⅶ 審理経過………………………………………………………………… 178
| 1 被告の反論……………………………………………………… 178
| 2 証拠開示………………………………………………………… 179
| 【書式2-5-3】 準備書面（抜粋）（《Case ⑤》）………………… 180
| 3 原告の主張の補充……………………………………………… 181
| Ⅷ 和　解…………………………………………………………………… 182
| 1 和解勧試………………………………………………………… 182
| 2 打合せ…………………………………………………………… 183
| 3 和解成立………………………………………………………… 184

第6章　いじめ事件 …………………………………………………… 186

| Ⅰ 事案の概要……………………………………………………………… 186
| Ⅱ 実務上のポイント……………………………………………………… 186
| Ⅲ 法律相談………………………………………………………………… 186
| 1 相談内容………………………………………………………… 186
| 2 いじめ事件の相談対応のあり方……………………………… 188
| 〈図表2-6-1〉 関係図……………………………………………… 188
| Ⅳ 示談交渉………………………………………………………………… 189
| 【書式2-6-1】 通知書（《Case ⑥》）……………………………… 189
| 【書式2-6-2】 回答書（《Case ⑥》）……………………………… 190
| Ⅴ 訴訟の提起……………………………………………………………… 192
| 1 打合せ…………………………………………………………… 192
| 【書式2-6-3】 訴訟委任状（《Case ⑥》）………………………… 193
| 【書式2-6-4】 訴状（《Case ⑥》）………………………………… 193
| 2 Ｄらの反論……………………………………………………… 197
| Ⅵ 第1回口頭弁論期日以降の経過……………………………………… 197

	1	第 1 回期日 ·· 197
	2	第 1 回期日後の甲弁護士と乙弁護士の会話 ···················· 198
	3	第 2 回期日 ·· 198
		【書式 2-6-5】 写真撮影報告書（〈Case ⑥〉）························ 199
	4	第 3 回期日 ·· 200
	5	第 4 回期日 ·· 200
	6	期日間の協議 ·· 202
Ⅶ	エピローグ ··· 202

第 7 章　漏水事故 ·· 204

Ⅰ	事案の概要 ··· 204
Ⅱ	実務上のポイント ·· 205
Ⅲ	初回相談 ·· 205
	1　A 社長からの聴取り ·· 205
	2　要点の聴取り ·· 206
	3　甲弁護士の悩み ·· 209
Ⅳ	方針の決定 ··· 212
	1　資料に基づく検討（責任主体と法的構成）···················· 212
	〈図表 2-7-1〉　HC 工業報告書排水管図面（〈Case ⑦〉）········ 214
	2　資料に基づく検討（損害額）······································ 214
Ⅴ	事前交渉 ·· 217
	【書式 2-7-1】 通知書（Y_1 社に対する通知書）················· 217
	【書式 2-7-2】 通知書（Y_2 社に対する通知書）················· 218
Ⅵ	訴訟提起 ·· 220
	【書式 2-7-3】 訴状（〈Case ⑦〉）······································· 220
Ⅶ	審理の経過 ··· 226
	1　Y_1 社と Y_2 社の反論 ·· 226
	2　第 1 回期日 ·· 228

3　第2回期日……………………………………………………228
　　　【書式2-7-4】　文書送付嘱託申立書（〈Case ⑦〉）……………229
　　4　第3回期日……………………………………………………230
　　5　第4回期日……………………………………………………230
　　6　第5回期日……………………………………………………231
　　7　第6回期日……………………………………………………233
　Ⅷ　和解成立および和解金支払い……………………………………233
　　　【書式2-7-5】　和解条項（〈Case ⑦〉）…………………………234

第8章　スポーツ中の事故……………………………………236

　Ⅰ　事案の概要…………………………………………………………236
　Ⅱ　実務上のポイント…………………………………………………237
　Ⅲ　危険なスポーツにおける事故の責任……………………………237
　Ⅳ　Ｘ氏との打合せ……………………………………………………238
　　1　登山ツアー参加の経緯………………………………………238
　　2　免責同意書の提出……………………………………………238
　　3　免責同意書の効力……………………………………………239
　　　（資料2-8-1）　免責同意書（〈Case ⑧〉）………………………240
　Ⅴ　事故状況の特定と立証方法の検討………………………………241
　　1　Ｂ氏からの聴取り……………………………………………242
　　2　スポーツ中の事故の立証の難しさ…………………………245
　　3　甲弁護士による資料収集……………………………………245
　　　（資料2-8-2）　現地ガイドへの電子メールによる照会文………246
　Ⅵ　登山ガイドの安全配慮義務………………………………………246
　　1　裁判例…………………………………………………………246
　　2　〈Case ⑧〉での具体的な義務違反の内容……………………247
　Ⅶ　Ｙ氏への連絡と事前交渉の決裂…………………………………248
　　1　通知書の送付…………………………………………………248

2 事前交渉の決裂……………………………………………………248
  【書式2-8-1】 通知書（《Case ⑧》）…………………………249
  【書式2-8-2】 訴状（《Case ⑧》）……………………………250
Ⅷ 訴訟の経過………………………………………………………………254
  1 第1回口頭弁論期日………………………………………………254
  2 第2回期日以降（弁論準備期日）………………………………255
  3 人証調べ……………………………………………………………255
Ⅸ 和解協議…………………………………………………………………255
  【書式2-8-3】 和解条項（《Case ⑧》）………………………259

第9章 リフォーム工事の請負契約に基づく損害賠償請求……260

Ⅰ 事案の概要………………………………………………………………260
Ⅱ 実務上のポイント………………………………………………………261
Ⅲ Ｘ田からの聴取内容……………………………………………………261
  （資料2-9-1） リフォーム工事見積書（Ｙ工務店作成）
               （《Case ⑨》）……………………………………264
  （資料2-9-2） リフォーム工事請求書（《Case ⑨》）………265
  （資料2-9-3） 修繕工事見積書（丁建物管理作成）（《Case ⑨》）……266
Ⅳ 丙弁護士のアドバイス…………………………………………………267
Ⅴ 問題点の検討……………………………………………………………270
  1 瑕疵の特定と因果関係……………………………………………270
  （資料2-9-4） 写真①（《Case ⑨》）…………………………272
  （資料2-9-5） 写真②（《Case ⑨》）…………………………272
  2 請負契約の瑕疵担保責任（民法634条〜640条）………………273
  〈図表2-9-1〉 売買と請負の瑕疵担保責任の相違点……………275
  3 不法行為責任の検討………………………………………………276
  4 請負契約における瑕疵担保責任の民法改正による変更点……277

〈図表 2-9-2〉　請負の瑕疵担保責任（改正前）と契約不適合責任
　　　　　　　　（改正後）の比較·· 278
Ⅵ　訴訟提起前の交渉·· 280
　【書式 2-9-1】　通知書（〈Case ⑨〉）·· 280
Ⅶ　訴訟提起とその結果·· 282
　1　訴訟提起前の準備·· 282
　【書式 2-9-2】　訴状（〈Case ⑨〉）·· 283
　【書式 2-9-3】　C岡建築士の陳述書（〈Case ⑨〉）························ 286
　2　Y工務店からの答弁書の提出·· 287
　3　第1回口頭弁論期日とその結果·· 288
　〈図表 2-9-3〉　ラウンドテーブル法廷（〈Case ⑨〉）······················ 288
Ⅷ　甲弁護士の反省点と雑感·· 292

第10章　知的財産権（著作権）侵害 ·················· 293

Ⅰ　事案の概要·· 293
Ⅱ　実務上のポイント·· 293
Ⅲ　相　　談·· 294
　1　X社との打合せ·· 294
　〈図表 2-10-1〉　契約関係と著作権の移転状況······························· 298
　2　X社、広告代理店およびカメラマンとの打合せ······················ 298
　3　打合せ時の留意点·· 301
Ⅳ　論　　点·· 302
　1　著作物性·· 302
　2　著作権の帰属·· 302
　3　著作権の侵害·· 303
　4　損害額·· 304
　【書式 2-10-1】　警告書（通知書）（〈Case ⑩〉）···························· 305
Ⅴ　訴訟提起に至る流れ·· 306

1　Y社代理人とのやりとり……………………………………306
　　　【書式2-10-2】　回答書（〈Case ⑩〉）……………………307
　　　2　訴訟作成の際の形式的な留意事項…………………………308
　　　〈図表2-10-2〉　関係図（〈Case ⑩〉）……………………309
　　　【書式2-10-3】　訴状（〈Case ⑩〉）………………………311
　Ⅵ　第1回口頭弁論手続以後の流れ……………………………317
　　　1　弁論準備手続…………………………………………………317
　　　2　和解の勧試……………………………………………………318
　　　3　X社との協議…………………………………………………319
　　　【書式2-10-4】　和解調書（〈Case ⑩〉）…………………321
　Ⅶ　最後に………………………………………………………………322

第11章　従業員の不正行為……………………………………324

　Ⅰ　事案の概要…………………………………………………………324
　Ⅱ　実務上のポイント…………………………………………………324
　Ⅲ　打合せ………………………………………………………………325
　Ⅳ　総　論………………………………………………………………325
　　　1　はじめに………………………………………………………325
　　　2　事実関係の調査………………………………………………326
　　　3　責任追及・処分の検討………………………………………326
　　　4　再発防止策の検討……………………………………………327
　Ⅴ　事実関係の調査……………………………………………………327
　　　1　客観的な証拠の収集…………………………………………327
　　　2　ヒアリングの実施……………………………………………331
　　　【書式2-11-1】　上申書（〈Case ⑪〉）……………………334
　Ⅵ　責任追及・処分の検討……………………………………………336
　　　1　丙弁護士との交渉①…………………………………………336
　　　2　社内処分の検討………………………………………………337

3　民事訴訟の準備……………………………………………338
　　【書式2-11-2】　訴状（《Case ⑪》）……………………………338
　　4　刑事告訴の準備……………………………………………341
　　【書式2-11-3】　告訴状（《Case ⑪》）…………………………342
　　5　丙弁護士との交渉②………………………………………345
　　6　Y氏からの再提案および公正証書の作成………………346
　　【書式2-11-4】　債務弁済契約公正証書（案）（《Case ⑪》）……347
　　【書式2-11-5】　委任状（《Case ⑪》）…………………………349
Ⅶ　再発防止策の検討………………………………………………350

第12章　弁護過誤……………………………………………352

Ⅰ　事案の概要………………………………………………………352
Ⅱ　実務上のポイント………………………………………………352
Ⅲ　X氏からの当初ヒアリング……………………………………353
　　（資料2-12-1）　合意書（《Case ⑫》）…………………………354
Ⅳ　法的論点の整理…………………………………………………355
　　1　対A・B関係………………………………………………355
　　2　対Y弁護士関係……………………………………………356
　　3　X氏との方針協議…………………………………………359
Ⅴ　Y弁護士へのヒアリング………………………………………360
Ⅵ　Y弁護士に対する内容証明の作成・送付……………………362
　　【書式2-12-1】　通知書（《Case ⑫》）…………………………362
Ⅶ　Y弁護士の代理人乙弁護士との面談、X氏との協議、
　　示談の成立………………………………………………………367
　　1　Y弁護士の代理人乙弁護士との面談……………………367
　　2　X氏との協議………………………………………………368
　　3　示談の成立…………………………………………………369
　　【書式2-12-2】　合意書（《Case ⑫》）…………………………369

Ⅷ　補論──委任契約における責任制限条項の必要性 ………… 370

・事項索引 ……………………………………………………………… 372
・執筆者一覧 …………………………………………………………… 374

凡　例

〈判例集等略称表記〉

民録	大審院民事判決録
民集	大審院民事判例集、最高裁判所民事判例集
裁判集民	最高裁判所裁判集民事
東高刑時報	東京高等裁判所判決時報（刑事）
判時	判例時報
判タ	判例タイムズ
労判	労働判例
LLI/DB	LLI判例秘書データベース

第1編 損害賠償請求事件のポイント

第1章 損害賠償事件処理の思考プロセス[1]

I 思考プロセスの一例（結果からの帰責）

　裁判実務としては、発生した損害を行為者に負担させることが損害の公平な負担という理念から妥当か否かを前法律的に判断し、妥当な場合、そのための理由（注意義務違反、相当因果関係等）を後付けしているといわれている。

　したがって、損害賠償事件の処理にあたっては、結果から原因をたどる、〈図表1-1-1〉の思考プロセス（学説や要件事実論の理論的説明とは全く関係なく、純粋に頭の整理のためのもの）によることが有益である。

　なお、〈図表1-1-1〉は、思考の流れを視覚化し、わかりやすくするため、時系列的に順を追って記載してあるが、実際には、ある程度並列的に、各項目を総合して判断している。

〈図表1-1-1〉　損害賠償事件処理の思考プロセス

① 「悪しき結果」の究明と確定

↓

② 「悪しき結果」から発生する不利益（損害）の確定 　（例）

---

[1] 本編では、平成29年改正（平成29年法律44号）前の民法を旧民法、同改正後の民法を新民法と略称する。

```
・損害項目（積極的財産損害・消極的財産損害・非財産的損害）の積み上げ
・金額の算定、確定
・これら損害は「悪しき結果」から通常発生するものかの判断
```

③ 「悪しき結果」を発生させたと考えられる「原因事象」の究明と確定

④ 「悪しき結果」は、法律上保護された利益を侵害するものか？ 違法か？ の判断（上記③と相関する）

⑤ 「原因事象」が「悪しき結果」の原因と考えることは公平か？ の判断
   （例）
   ・条件公式（csqn）のあてはめ
   ・加害行為から「悪しき結果」が発生することの蓋然性
   ・社会通念上の相当性

⑥ 損害を「原因事象」に帰責するための法律構成の探求
   （例）
   ・不法行為法理
   ・契約法理（狭義の債務不履行・契約不適合責任（旧民法の瑕疵担保責任））
   ・特別法（産業財産法、不正競争防止法、国家賠償法等）

⑦ 当該法律構成を前提として、当該事件で類型的に争点となる事由の抽出と検討
   （例）
   ・医療過誤における医師の過失の有無
   ・生活妨害における受忍限度論
   ・建築瑕疵における契約不適合事象（旧民法の瑕疵）
   ・名誉毀損における免責事由

⑧ 損害賠償を否定する事由（抗弁・再々抗弁）の抽出と検討
　・消滅時効
　・正当防衛等の違法性阻却事由
　・過失相殺・損益相殺

II 思考プロセスの具体例①

〈設例1〉

　Yは、Z学校の校庭で、Z学校の許可の下、同所に設置されていたサッカー用のゴールに向かってフリーキックの練習をしていた。ゴールの後方約10メートルの場所には公道があり、校庭と公道との間には高さ10メートルの防護ネットが設置されていた。

　Yがゴールに向けてボールを蹴ったところ、ゴールポストの上方にそれてしまったが、防護ネットに裂け目があったため、そこを通過してボールは公道に出てしまった。

　折から公道を自動二輪車で走行していたXは、ボールに気づくのが遅れ、これに乗り上げて転倒し、脳挫傷の傷害を負った。Xは、入院のうえ、3日後、脳挫傷により死亡した。

〈設例1〉について〈図表1-1-1〉の思考プロセスにあてはめてみると、以下のとおりとなる。

　① 「悪しき結果」は、Xの死亡である（自動二輪車の損傷も考えられるが、割愛する）。
　② Xの死亡により、以下の損害が通常発生すると考えられる。
　　・積極的財産損害…入院治療費等・弁護士費用
　　・消極的財産損害…死亡逸出利益
　　・非財産的損害……死亡慰謝料等

その金額算定をいわゆる赤い本（日弁連交通事故相談センター東京支部編『民事交通事故訴訟・損害賠償額算定基準』）を流用して行う。

③ 「悪しき結果発生」の原因事象としては、以下の2つが考えられる。

　A事象　Yがボールを蹴った行為

　B事象　防護ネットが裂けていたこと（Z学校）

④ Xの死亡という悪しき結果は、Xの生命という最も重要な法益を侵害している（法益侵害の程度は高く、それだけで違法といえる）。

⑤ 「悪しき結果」であるX死亡をA事象、B事象に帰責できるか。

　重畳的因果関係のケースであるが、A事象がなければ結果は発生せず（ボールを蹴らなければそもそも公道にボールが飛び出ない）、また、B事象がなければ結果は発生しないといえるから（ボールがそれても防護ネットが裂けていなければ公道にボールが飛び出ない）、双方とも条件関係は、一応認められる。

　A事象、B事象とも結果発生の具体的危険性を増大させるものであり、それぞれの事象から結果が生じたと考えるのが社会通念上相当であるから、帰責できる（因果関係あり）と考えることができそうである。

⑥ⓐ　A事象に関しては、Yの一般不法行為としての法律構成が考えられる（新民法709条）。

　ⓑ　B事象に関しては、Z学校の土地工作物責任としての法律構成が考えられる（新民法717条1項）。

　ⓒ　YとZ学校に対する共同不法行為（新民法719条）の法律構成も考えられる。

⑦ ⑥ⓐの構成に関して、Yには不法行為の要件である「過失」＝注意義務違反が必要となるが、Yは、安全な場所で、普通にフリーキックをしていただけであり、防護ネットが裂けていたため結果が発生したといえる。注意義務の前提として、Yに防護ネットが裂けていたことの予見可能性があるかないか（あるいは、予見義務が必要であるとの前提に立って、予見義務違反があるかないか）、過失の有無が争点となりうる。

⑥ⓑの構成に関して、土地工作物責任の要件である「土地の工作物性」および「設置・管理の瑕疵」が必要となるが、まず防護ネットが土地の工作物といえるかという点は一応争点たりうる。次に、防護ネットが前日夜に何者かによって故意に切られていたような場合、Z学校に「設置・管理の瑕疵」があるかないか、その有無が争点となりうる。

　⑥ⓒの構成に関して、共同不法行為の要件である「関連共同性」が必要となるが、A事象とB事象間に関連共同性があるかないか、その有無が争点となりうる。
⑧　〈設例1〉で、被告側からの抗弁・再抗弁として考えられる事由は以下のとおりである。
　ⓐ　請求の時期によっては、消滅時効。
　ⓑ　Xにはボールに気づくのが遅れたという過失があり、過失相殺。
　ⓒ　Xの逸出利益から死亡後の生活費を控除する必要があり、損益相殺。

Ⅲ 思考プロセスの具体例②

―〈設例2〉―
　X（医師）は、SNS上で、「X医師は、華々しく活躍しているが、A女と不倫関係にあり、医療能力は極めて低い」（本件投稿）とYに投稿され、本件投稿は拡散した。

〈設例2〉について〈図表1-1-1〉の思考プロセスにあてはめてみると、以下のとおりとなる。
①　「悪しき結果」は、本件投稿が拡散したことによるXの社会的評価の低下。
②　本件投稿により、以下の損害が通常発生すると考えられる。
　　・積極的財産損害…弁護士費用

- ・消極的財産損害…営業損失（ただし、算定・立証は難しい）
- ・非財産的損害……慰謝料
③ 「悪しき結果発生」の原因事象は、Yの投稿である。
④ 本件投稿は、Xの名誉を侵害する可能性を有している。Xの名誉は法律上の保護に値するが、本件投稿がXの名誉を侵害している＝違法かどうかは、以下の事情を判断する必要がある。
  - ・不特定または多数人に流布されたか（拡散しているので肯定）。
  - ・事実の摘示か意見ないし論評の表明か（証拠によって立証可能かどうかで判断する）。
  - ・摘示されている事実は何か。
⑤ 「悪しき結果」である本件投稿の拡散は、Yが投稿しなければあり得ないのであるから、「悪しき結果」は、Yの投稿に帰責できる。
⑥ 名誉毀損として、Yに対する一般不法行為としての法律構成が考えられる（新民法709条）。
⑦ 名誉毀損の類型的争点として、以下の事由が考えられる（上記④と重複）。
  - ・本件投稿は、事実の摘示か意見の表明か。
    「不倫関係にある」…事実の摘示
    「医療能力が低い」…意見ないし論評の表明
  - ・摘示された事実は何か（一般の読者の普通の注意と読み方を基準とする）
  - ・本件投稿は、Xの社会的評価を低下させるものか（一般の読者の普通の注意と読み方を基準とする）
  - ・名誉回復措置請求（謝罪広告等）
⑧ 〈設例2〉で、被告側からの抗弁・再抗弁として考えられる事由は以下のとおりである。
  ⓐ 免責事由（真実性、相当性の抗弁）
  ⓑ 公正な論評の法理

第2章 一般不法行為（新民法709条）

I 不法行為法理の構造

1 行動の自由の保障

行動の自由は憲法の保障するところである。

一方、不法行為責任とは、契約関係のない第三者に対して損害賠償義務を課すものであり、行動の自由の制約法理である。

しかし、違法な侵害を受けた第三者の権利保護もまた憲法の要請するところであり、この行動の自由と第三者の権利保護の衡平の観点から、近代立憲主義は、過失責任主義を採用し、第三者の権利を侵害する結果が生じたとしても、行為者に過失がない場合、その行為の責任を問わないことで、行動の自由を保障している。

過失責任主義は、行為者に対し、行動の自由を保障するための原理でもある（潮見佳男『基本講座債権各論II〔第2版増補版〕』4頁。以下、「潮見」という）。

2 被害者の救済

複雑・高度化した社会の下では、厳格に過失責任主義を適用したのでは、被害の救済に不十分な事象も現れる。

この観点から、無過失責任を認める特則、特別法が制定されるに至るが、これら特則等が存在しない場合、権利概念の拡張（権利から違法性へ）、過失

〈図表 1-2-1〉 不法行為法理

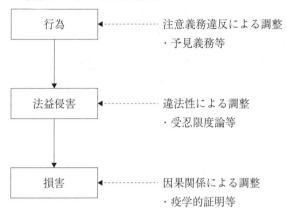

（注意義務）の高度化、相当因果関係論の採用および因果関係立証の緩和等により、条文の文言を超えて、被害者の救済を図っている。

3 行動の自由と被害救済の衡平

極めて単純化すれば、不法行為法理とは、行動の自由と被害者の救済との前法律論的な衡平であり、そのための理由づけとして上述のようなテクニカルタームが使用されているにすぎないともいえる（〈図表1-2-1〉）。

「不法行為における損害賠償責任の正しい限界づけは、個々の判例から類型的に帰納されえても、一般的な公式によって定められるべきものではない」（最判昭和48・6・7民集27巻6号681頁における大隅健一郎裁判官の反対意見）。

II 損 害

1 意 義

損害とは、不法行為がなければ被害者がおかれているであろう財産状態と、不法行為があったために被害者がおかれている財産状態との差額である（最

〈図表1-2-2〉 主な損害項目

損害 ┬ 財産的損害 ┬ 積極的損害（修理費、治療費等）
　　 │　　　　　 └ 消極的損害（休業損失、営業損失等）
　　 └ 非財産的損害（慰謝料、法人の無形的損害）

・積極的損害……領収書、見積書等で立証できるもの
・消極的損害……領収書等での立証は不能でも数理的に計算できるもの
・非財産的損害…金額の立証が不可能なもの

判昭和39・1・28民集18巻1号136頁）。

2　損害項目

　差額説に基づく差額計算にあたっては、損害項目ごとの金額を積算することによって行われる（個別積算方式）。

　主な損害項目としては、〈図表1-2-2〉のとおりである（なお、交通事故における損害項目の詳細に関しては、『事例に学ぶ交通事故事件入門』15頁以下を参照のこと）。

3　損害額の計算

　損害額の計算にあたっては、被害者の個人的事情を斟酌した具体的損害計算[2]（最判平成9・1・28民集51巻1号78頁）によるのが原則である。

　しかし、具体的損害計算を厳密に適用すると、年少者等の逸出利益は、収入がなかったのであるからゼロ円と算定せざるを得ないという不都合、不公平が生じる。このような場合、判例は、賃金センサス等を基準に、「控えめな算定方法」という概念を介して、抽象的損害計算（被害者が属するグループの平均的な人を基準とする）を行って修正を図っている。

2　たとえば、死亡逸出利益を算定するにあたり、被害者がサラリーマンで高額な給与を支給されているときは、その給与額が算定の基礎となる。

4　訴訟物と損害

　不法行為の訴訟物は、加害行為ごとに、また、被侵害法益ごとに1個とされる（最判昭和48・4・5民集27巻3号419頁）。したがって、1個の加害行為で1個の法益が侵害された場合（たとえば、車にぶつけられてけがをした場合）、損害項目は異なっていても訴訟物は1個であり、請求総額の範囲内であれば、裁判官は、損害項目ごとの請求金額に拘束されない。いわば、損害項目間の流用が認められる（上記の例で、被害者が、治療費10万円、休業損失30万円、慰謝料10万円を請求していた場合、裁判所は、治療費、休業損失をゼロ円とし、慰謝料50万円を認容することができる）。

5　賠償額の認定

　不法行為の事案によっては、損害が発生していることは認定できても、損害額を立証できない場合がある（談合が行われた場合に、地方公共団体に発生する損害等）。このような場合、裁判所は、口頭弁論の全趣旨および証拠調べの結果に基づき、相当な損害額を認定することができる（民事訴訟法248条）。なお、次項に述べる知的財産権等の根拠法にも同旨の規定がある（特許法105条の3、著作権法114条の5、商標法39条、意匠法41条、不正競争防止法9条）。

6　知的財産権等の特則

　特許権、著作権、商標権、意匠権等の知的財産権（知的財産基本法2条2項）および不正競争防止法によって保護される利益をここではまとめて知的財産権等という。

　知的財産権等が侵害された場合、前項と同様、損害の発生は認定できてもその損害額の立証に困難を来すことが多い。

　そのため、知的財産権等の根拠法では、損害の算定、損害の推定に関する特則を規定している。

　具体例としては以下のとおりである。

① 損害算定の特則1——販売利益

権利侵害者が、侵害行為組成物（模倣商品、デッドコピー等）を譲渡したときは、譲渡した数量に正当品の利益を乗じた金額を損害の額とすることができる。ただし、権利者が販売できる能力の範囲内に限定される（特許法102条1項、著作権法114条1項、商標法38条1項、意匠法39条1項、不正競争防止法5条1項）。

② 損害算定の特則2——ライセンス料

被侵害権利のライセンス料等の権利使用料に相当する金額を損害の額とすることができる（特許法102条3項、著作権法114条3項、商標法38条3項、意匠法39条3項、不正競争防止法5条3項）。

③ 損害の推定に関する特則

権利侵害者が侵害行為により利益を受けているときは、その利益を損害の額と推定する（特許法102条2項、著作権法114条2項、商標法38条2項、意匠法39条2項、不正競争防止法5条2項）。

III 法益侵害（違法性）

1 機能

完全賠償主義をとる法制下（例としてドイツ民法）では、賠償範囲が広範なものとなるため、行動の自由と被害者の救済の衡平の観点から、不法行為の対象となる行為を絶対権（生命、身体、所有権等）の侵害と狭くとらえ、権利侵害要件に賠償範囲限定機能を認める。

本邦の民法は、「これによって生じた損害を賠償する責任を負う」とのみ規定し（新民法709条）、相当因果関係を規定する新民法416条を準用していない（同法722条）。したがって、文理解釈上は完全賠償主義を採用したようにも読めるが、判例は、旧民法416条が不法行為に類推適用されることを認め、制限賠償主義をとる。これにより、相当因果関係論により賠償範囲の拡大に一定の歯止めがかけられることとなり、権利侵害要件は、被害者救済の見地

から、広く法益侵害結果を包含しつつ、行為等の違法性を要求することで賠償範囲の限定機能を有する方向に変化した。

いわゆる「権利侵害から違法性へ」のスローガンである。

2 相関関係論

違法性の有無は、被侵害利益（生命、所有権、債権、婚姻共同生活上の平和の維持等）と侵害行為（刑罰法規違反、取締法規違反、公序良俗違反、権利濫用等）との相関関係によって決するという相関関係論が通説・判例であるとされる。

しかし、相関関係論のみでは、違法性の判断基準として抽象的にすぎ、実務的運用にあたっては、「個々の判例から類型的に帰納された」判断基準によらざるを得ない。

3 おおよその類型的判断基準

(1) 重要な権利である場合

被侵害利益が、生命、身体（傷害結果等）、所有権等の重要な権利である場合、その侵害があれば、違法と解される。

この場合における行動の自由の保障は、因果関係論、過失論で主として議論される。

(2) 権利として認められるが、重要性やその保護範囲が不明瞭の場合

被侵害利益が、債権、名誉権、プライバシー権等の場合、その侵害により、一応、違法性が肯定されるが、さらに加害行為にプラスアルファを求める。

・債権侵害の場合……要件として、故意またはこれに準じる場合が必要。

・名誉権侵害の場合……事実の摘示であること（意見・論評は違法ではな

---

3 判例が旧民法416条を類推適用することに関しては、有力説からの強い批判がある。新民法416条2項は、「予見し、又は予見することができた」との条文を「予見すべきであった」に改正しており、この民法改正により、最高裁判所がなお従前の相当因果関係説（類推適用）を維持するか否か、現時点では不明であるため、本文では旧民法416条とした。

い)。

・プライバシー権侵害の場合……情報提供者の合理的期待を裏切る、利益衡量、受忍限度論等[4]

(3) 被侵害利益が生活環境に関するものである場合（人格権的利益）

日照権侵害、眺望権侵害、騒音被害等のいわゆる生活侵害型不法行為であって、被侵害利益の保護が通常肯定されるが、より明確な権利とまではいえないような場合は、受忍限度論[5]で違法性を判断する。

この場合における行動の自由の保障は、違法論で主として議論されることとなる。

私見であるが、侵害行為が、行政法規等における環境基準を上回る態様のものであるか否かが受忍限度を超えるか否かの一つのメルクマールになっていると考える。

(4) 被侵害利益が軽度のものである場合（弱い人格権的利益）

被侵害利益が、婚姻共同生活上の平和の維持、氏名を正しくよばれる利益等、上記(1)～(3)に比較して軽度のものである場合、利益衡量等により、法律上保護に値する利益であるかどうかをストレートに判断するか、法的保護性は一応認めたうえで、加害者の故意・害意等や行為の悪質性等の特別の事情を違法性判断に求める傾向にある。

4 知的財産権等の特則

知的財産権等の侵害は、その立証に困難を来すことが多いため、権利侵害のみなし規定がある（特許法101条、著作権法113条、商標法37条、意匠法38条）。

---

4 受忍限度論とは、「第三者に対する関係において、違法な権利侵害ないし利益侵害になるかどうかは、侵害行為の態様、侵害の程度、被侵害利益の性質と内容、当該工場等の所在地の地域環境、侵害行為の開始とその後の継続の経過及び状況、その間に採られた被害の防止に関する措置の有無及びその内容、効果等の諸般の事情を総合的に考察して、被害が一般社会生活上受忍すべき程度を越えるものかどうかによって決すべきである」（最判平成6・3・24判時1501号96頁）という考え方である。

5 前掲（注4）参照。

Ⅳ 因果関係（客観的帰責）

1 機 能

　因果関係については、そもそもの概念や、学説・判例が錯綜し、理解を難しくしているが、その機能は、被害者の救済の視点を踏まえた賠償範囲の調整である。

　すなわち、生じた損害につき加害者に負担させることが経験則、社会常識、法の理念等から妥当かどうかを前法律論的に判断し、妥当な場合、因果関係ありとされるのであり、相当因果関係や特別損害や保護範囲等の用語は、そのための言葉の選択の違いともいえる。

2 相当因果関係論

(1) 通説・判例

　既述のとおり、判例（前掲最判昭和48・6・7等）は、旧民法416条が不法行為にも類推適用されるとし、損害のうち、社会通念上（経験則上）相当な損害（通常損害）と加害者が予見しまたは予見することができた損害（特別事情損害・特別損害）が賠償の範囲であるとする。

(2) 2つの因果関係

　しかし、上記判例によっても、何と何との間の関係（行為と損害かまたは結果と損害か）について旧民法416条が類推適用されるのか必ずしも明確ではない。一般的には、行為と損害との間に旧民法416条が類推適用されると解されている。

　一方で、いわゆるルンバール事件判決（最判昭和50・10・24民集29巻9号1417頁）等では、加害行為と法益侵害結果との間の因果関係判断につき、旧民法416条を類推適用していない。このことから、判例の傾向としては、行為─結果間の因果関係の問題（〈図表1-2-3〉A・責任設定の因果関係）と、結果─損害間の因果関係の問題（〈図表1-2-3〉B・賠償範囲を画するための因果

〈図表1-2-3〉 2つの因果関係

関係）を別個のものととらえ、後者にのみ旧民法416条が類推適用されていると考えることもできる（八木一洋「判解」最高裁判所判例解説民事篇〔平成11年〕(上)138頁)。

(3) 事実的因果関係

事実的因果関係に関する論理学的、法律学的な議論は尽きないが、実務的に考えれば、何を立証すれば裁判所は因果関係を認めるかの問題といえる。

この点に関し、前掲最判昭和50・10・24〔ルンバール事件判決〕は、「訴訟上の因果関係の立証は（中略）、特定の事実が特定の結果発生を招来した関係を是認しうる高度の蓋然性を証明することであ」ると判示している。

すなわち、訴訟上の因果関係とは、「ある行為が結果発生の蓋然性を高めていること」といえる。

そして、その判断基準について、前掲ルンバール事件判決は、上記引用部分に続けて、「通常人が疑を差し挟まない程度に真実性の確信を持ちうるものであることを必要とし、かつ、それで足りるものである」と判示している。

まとめると、「通常人の常識・経験則に照らして、ある行為が結果発生の蓋然性を高めていること」が訴訟上の因果関係判断の枠組みとなると考える。

たとえば、自動車でドライブ中に運転手が道を間違え、結果として突然の落雷により同乗者が死亡したとする。条件公式（csqn）によれば、道を間違えなければ落雷に遭遇しなかったのであるから、条件関係は認められる。しかし、常識的に考えて、道を間違えることで落雷に遭遇する蓋然性が高まるとはいえず、因果関係は認められない。

(4) 賠償範囲を画するための因果関係

　判例に従えば、旧民法416条が類推適用され、同条1項により、結果と相当因果関係にある通常損害が賠償範囲となり、同条2項により、特別事情による損害（特別損害）であっても、行為者が行為時に予見し、または予見することができたときは、賠償範囲となる。

　なお、判例（最判平成5・9・9判時1477号42頁）は、自動車事故により軽度の後遺障害（後遺障害等級14級）を負った被害者が、これによりうつ病を発病し、自殺した事案につき、死亡による損害と当該事故との相当因果関係を認めているが、この損害が通常損害であるのか特別損害であるのかは明らかではない。特別損害であれば、行為者が行為時に被害者の自殺を予見可能であったことが必要となるが、偶発的な事故で行為者にそのような予見可能性があるはずもなく、相当因果関係は認められないはずである。通常損害であるとすれば、後遺障害等級14級の障害で自殺に至ることが社会通念上相当といえるのか疑問が残る。なお、この事案では被害者側の過失（素因減額）を認定し、8割の過失相殺がなされている。私見ではあるが、損害のうち2割を加害者に負担させるのが相当であるとの判断が先行し、その理由づけとして相当因果関係、被害者側の過失という用語により説明がなされているのではないかと考える。

(5) 因果関係の判断基準時

　因果関係は、原因行為を結果に帰責できるかという客観的帰責性の問題である。機能的には、第1段階のスクリーニング（不法行為とならないものの切り捨て）であり、この後、第2段階のスクリーニングとして、主観的帰責性の問題である故意・過失の判断がなされる。

　したがって、第1段階のスクリーニングでは、純粋に客観的事実関係によって判断されることとなり、その判断基準時は、口頭弁論終結時である。たとえば、行為時には存在しなかった新たな科学的知見が、口頭弁論終結時に現れた場合、これによって因果関係の存否が判断されることとなる。

　一方、第2段階のスクリーニングでは、主観的帰責性（非難可能性）の問

〈図表1-2-4〉 因果関係の2段階のスクリーニング

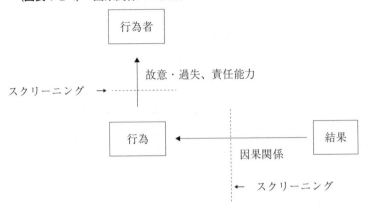

題となるため、行為時が判断の基準時となる。

V 故意・過失、責任能力（主観的帰責）

1 機能

不法行為の成立に関して、結果発生と法益侵害行為（違法性）が存在することを前提に、因果関係による第1段階のスクリーニングに続き、故意・過失、責任能力は、第2段階のスクリーニング機能を有する。言い換えれば、これらの要件は、ある行為からある結果が発生したことを肯定したうえで、そのような行為を行ったことを非難できるかどうかの観点から結果を行為者に帰責できるかの判断を行い、不法行為の成否を選別する機能を有する。

2 故意

結果発生を認識しながら、これを認容したことである。

不法行為においては、刑法と異なり、主観的態様による法律効果（損害賠償義務の発生）に差異がないため（慰謝料額に影響を及ぼすことはある）、故意・過失の区別は、あまり実益がない。

3 過失

(1) 意義

過失とは、注意義務違反である。一般的には、以下のとおり定義される。「結果発生の予見可能性がありながら、結果回避の措置をとらなかったこと（予見可能性を前提とする結果回避義務違反）」。

過失とは、そもそも意思の緊張を欠くという人の心理状態であるが、心理状態の立証は困難であるうえ、過失の内容が不明確では行動の自由の保障と被害者の救済の衡平を図ることが難しくなる。そこで、過失の内容を一定の義務（命令規範・禁止規範の遵守）をなすべきであるにもかかわらず、これを怠ったことに対する非難としてとらえるようになった。

いわゆる過失の客観化である。

(2) 判断基準

注意義務の基準としては、個々の行為者の具体的な注意能力ではなく、合理的平均人の注意能力を基準として、注意義務違反が判断される（大判明治44・11・1民録17輯617頁）。

ここでいう合理的平均人とは、全人類の平均人ではなく、加害者の職業、地位、地域性、経験等により相対化・類型化された範疇における合理的平均人である（たとえば、医師であれば、開業医か大学病院の勤務医か、都市部か過疎地域か、専門領域は何か等により、範疇化された集団内の合理的平均人となる）。

(3) 判断基準時

過失の本質は、既述のとおり、命令規範・禁止規範に反して行った行為に対する非難であるため、その判断基準時は、行為時となる（本章Ⅳ2(5)参照）。

たとえば、行為後に、行為時には存在しなかった新たな科学的知見が現れ、口頭弁論終結時には、この知見を前提とする注意義務が確立していたとしても、行為時にはそのような注意義務が確立していなかった以上、その違反を理由に行為者を非難することはできない。そのため、行為時に存在した事象のみが過失認定の判断要素（評価根拠事実）となる。

(4) 予見可能性

　行為者に結果回避義務を課すためには、結果発生を予見していたことあるいは予見できたことが必要である。そうでなければ、結果回避のために何をなすべきかの準則が全く与えられず、行為者が適法行為を行うことへの期待可能性がないばかりか、結果責任を問うに等しく、行動の自由への過度の介入となり、過失責任主義に反することとなる。

　予見可能性の内容としては、具体的危険の予見可能性が必要とされる。結果発生の抽象的危険（結果が生じる可能性）で足りるとすれば、およそ行為には損害結果を発生させる危険性を内包している以上、それでは、何ら限定機能として働かないためである。

　したがって、過失（結果回避義務違反）判断の前提として、結果発生の具体的危険についての予見可能性が要求される（〈図表1-2-5〉参照）。

(5) 予見義務

　社会の発展に伴い発生した、公害、薬害、食品公害等においては、不特定多数人に重大な損害が及ぶのに対し、加害者に結果発生の具体的危険についての予見可能性を認定するのが困難な結果、「過失なし」として損害賠償が認められない事案が生ずるに至った。

〈図表1-2-5〉　予見可能性の判断枠組み

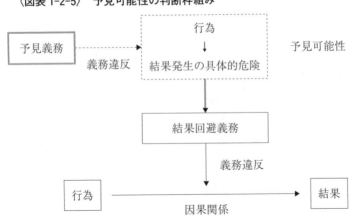

被害者の救済という不法行為制度の趣旨からすれば、かかる事態は公平・正義の観念に反する結果となる。そこで、このような場合、加害者に予見可能性の前提として、予見義務（情報収集義務、調査研究義務）を課し、予見義務に違反する場合、予見可能性があったものとする判断枠組みが採用されるに至った（熊本地判昭和48・3・20判時696号15頁〔熊本水俣病事件〕）。

この判断枠組みは、消費者や一般大衆に抽象的にせよ広く損害が発生するおそれがある場合、当該企業には、その原因解明のために必要な情報を収集し、調査研究を尽くす義務（予見義務）があり、かかる義務を尽くしたならば予見可能であった具体的危険については予見可能性があったものとして扱うものである（潮見・33頁）。

高度な予見義務を課すことにより、実質的には無過失責任を問うに等しいこととなり、被害者の救済に資する判断枠組みである。ただし、この判断枠組みを広く適用することは、行動の自由を保障する過失責任主義に反することとなり、適用場面は、公害、薬害、食品公害等、広く消費者や一般大衆に損害が発生したケースにとどまるものとされる（潮見・34頁）。

4 責任能力

自己の行為の責任を弁識する能力を欠く場合（意思無能力者、年少者等）、責任能力なしとして、損害賠償義務を負わない（新民法712条、713条）。責任能力を欠くことの主張・立証責任は、加害者側にあり、訴訟における攻防方法の抗弁にあたる。

責任能力なしとされる場合、その監督義務者等が損害賠償義務を負う（新民法714条）。

5 知的財産権等の特則

知的財産権等の侵害における侵害者の故意・過失は、その立証に困難を来すことが多いため、過失の推定規定がある（特許法103条、商標法39条、意匠法40条）。

第3章 特殊不法行為

I 監督義務者等の責任（新民法714条）

1 意義

　加害者に責任能力がない場合、その監督義務者等が損害賠償義務を負う。この責任は、加害者の責任を肩代わりして負うものではなく、監督義務者等自身の監督不行届に対する過失責任である。

　加害者の責任能力が問題となりそうな事案の場合、被害者には、以下のオプションがある。

① 加害者に責任能力ありとして加害者を被告とし、一般不法行為責任（新民法709条）を追及する。この場合、被告（加害者）が責任能力がないことを主張・立証する（抗弁）。

② 加害者に責任能力なしとして監督義務者等を被告とし、監督義務者等の責任（新民法714条）を追及する。この場合、原告（被害者）が責任能力がないことを主張・立証する（請求原因）。

③ 加害者に責任能力ありとして、監督義務者等を被告とし、その監督等に過失があったことを理由に、一般不法行為責任（新民法709条）を追及する（最判昭和49・3・22民集28巻2号347頁）。

2 監督義務者等

　監督義務者等として、以下があげられる。

① 監督義務者（新民法714条1項）
　親権者、法定の監督義務者に準ずべき者である。[6]
② 代理監督者（同条2項）
　幼稚園・学校等の教育施設、特別養護老人ホーム等の福祉施設である。

3　免責事由

(1) **監督義務を怠らなかったこと（新民法714条1項ただし書前段）**

　従前の判例は、この要件の適用に慎重であり、免責が認められるのは例外的であった。

　しかし、近年は、監督義務も一般不法行為における結果回避義務の一種ととらえ、具体的事案を検討のうえ、通常は危険性の乏しい行為につき、予見可能であるなど特別の事情が認められない限り、監督義務違反はないとして免責を認める判例も現れている（最判平成27・4・9民集69巻3号455頁〔サッカーゴール事件〕）。

(2) **監督義務違反と損害間の因果関係欠如（新民法714条1項ただし書後段）**

　監督義務を怠らなくとも損害が発生すべきものであるときは、行為（監督義務違反）と結果の間に因果関係が認められないのであるから、当然免責される。

II
使用者責任（新民法715条）

1　意　義

　被用者が事業の執行につき第三者に損害を与えた場合、その使用者は損害

6　「責任無能力者との身分関係や日常生活における接触状況に照らし、第三者に対する加害行為の防止に向けてその者が当該責任無能力者の監督を現に行いその態様が単なる事実上の監督を超えているなどその監督義務を引き受けたとみるべき特段の事情が認められる場合」（最判平成28・3・1民集70巻3号681頁）。なお、本書の執筆者の一人である畑井研吾弁護士が代理人を務めた。

賠償義務を負う。この責任は、被用者の第三者に対する損害賠償義務を使用者が肩代わりして負うもの（代位責任）と通説・判例は解している。

したがって、被害者は、新民法715条の責任追及のほか、被用者自身に対しても一般不法行為責任を追及でき、両者の関係は、不真正連帯債務となる[7]。

また、この観点からは、危険責任の原理および報償責任の原理から使用者に無過失責任を課したものといえる。

2　使用関係

使用者と被用者の間に労働契約が存在する必要はなく、実質的にみて使用者が被用者を指揮監督する関係にあれば足りる（最判昭和42・11・9民集21巻9号2336頁）。

例として、元請と下請（最判昭和45・2・12判時591号61頁）、派遣先会社と派遣労働者（大津地判平成22・6・22判時2090号90頁）、暴力団一次組織組長と三次組織組員（最判平成16・11・12民集58巻8号2078頁）。

3　事業執行性の判断

(1)　取引的不法行為

事業執行性の該当性判断にあたっては、まず、被用者の行為が使用者の事業の範囲に属することが前提となる。そのうえで、当該行為が被用者の職務の範囲内であれば、事業執行性が肯定される。

被用者の職務範囲外の行為であっても、いわゆる外形標準説（最判昭和32・7・16民集11巻7号1254頁）により、行為の外観から観察して、被用者の職務の範囲内とみられれば、やはり事業執行性は肯定される。

ただし、外形標準説は、行為の外観を信頼する第三者保護のためのものであり、外観につき悪意または重過失がある者はその適用外であり、事業執行

---

[7]　真正連帯債務と不真正連帯債務の区別を認めない新民法では、単に連帯債務になるとも考えられるが、新民法436条の文言には合致せず、執筆時点でどのような理論構成がなされるかは不明である。

性は否定される（最判昭和42・11・2民集21巻9号2278頁）。

(2) 事実的不法行為

この場合は、当該行為が使用者の支配領域内の危険であるか（最判昭和52・9・22民集31巻5号767頁）、あるいは、使用者の事業の執行行為と密接関連性があるか（最判昭和44・11・18民集23巻11号2079頁）という観点から事業執行性を判断する。

4 免責事由

選任・監督につき相当の注意を払ったことまたはこれを怠ったとしても損害が発生したであろうことが免責事由（新民法715条1項ただし書）となるが、免責が認められた例は皆無に近く、この規定は空文化している。

これは、使用者責任を既述のとおり代位責任であり無過失責任であると解すれば、その免責事由は、政策的に認められた特則と解されるため、現に存在する不法行為責任を政策的に免責すべき余地が限られるためである。

5 求償関係

使用者責任は、代位責任であり、損害を賠償した使用者は、本来の責任負担者であるべき被用者に対する求償が認められる（新民法715条3項）。

理屈上は、全額の求償が認められると考えられるが、損害の公平な負担という観念の下、信義則を根拠に求償権は制限される（最判昭和51・7・8民集30巻7号689頁）。

III
土地工作物等責任（新民法717条、国家賠償法2条）

1 意 義

土地の工作物等の設置または保存等の瑕疵により第三者に損害を与えた場合、第一次的にその占有者、二次的に所有者が賠償義務を負う。

一般的には、危険責任の原理から無過失責任を認めたものと解されている。

2　土地の工作物

　文理解釈上は、土地に接着している人工物をいうが、被害者救済の観点から、判例は広く解する傾向があり、エレベーター、エスカレーター、風呂釜、プロパンガス容器およびそのホース、小学校の運動遊具、高圧電線、鉄道軌道等も土地の工作物として認める。

3　設置または保存の瑕疵

(1)　意　義

　設置または保存の瑕疵とは、工作物が通常有すべき安全性を欠くことである（最判昭和45・8・20民集24巻9号1268頁）。

　設置時から瑕疵が存在する場合は「設置」の、設置後に瑕疵が生じた場合は「保存」の、それぞれ瑕疵となる。

(2)　通常有すべき安全性の内容

　工作物につき、およそ考えられるありとあらゆる事象（たとえば隕石の落下や物干し竿を鉄棒の代わりとして使用すること）に対し、完全なる安全性を求めることは、不可能を強いることであり、行動の自由の著しい制限となる。

　「通常有すべき安全性」とは、工作物がその種類に応じて通常備えているべき安全性であり、通常想定されない被害者・第三者の行動や同様に自然力によって生じた危険に対する安全性までは要求されない（最判平成5・3・30民集47巻4号3226頁）。

(3)　瑕疵の存否の判断方法

　以下は、潮見・160頁の記述による。

---

① 具体的に問題となった危険（注1）を視野の外におく。
② 工作物に対して通常予想される危険（注2）が何かを確定する。
③ ②の通常予想される危険に対し、工作物が通常備えるべき安全性（注3）が何かを確定する。
④ ③を充足していない場合（注4）、瑕疵があると判断される。

Ⅲ　土地工作物等責任（新民法717条、国家賠償法2条）　*27*

> （注1）例として、震度7の地震によりブロック塀が倒れた。
> （注2）例として、震度5の地震。震度6以上の地震が発生する具体的可能性がない。
> （注3）例として、震度5の地震に対しても倒壊しない強度。
> （注4）例として、当該ブロック塀は、震度5の地震に耐えられる強度を有していない。

(4)　瑕疵の判断基準時

事故時の評価を基準に瑕疵の有無が判断される（最判平成25・7・12判タ1394号130頁）。

4　免責事由

(1)　占有者の抗弁

占有者の新民法717条による責任は過失責任であるが、被害者救済の観点から、過失の立証責任が転換され、占有者は、損害の発生を防止するのに必要な注意をしたことを主張・立証することにより免責される（同条1項ただし書）。

占有者が免責された場合、所有者が新民法717条の責任を負う。

(2)　所有者の抗弁

所有者の新民法717条による責任は無過失責任であるが、所有者は、あくまで二次的責任負担者である。したがって、所有者が被告となる場合、所有者は抗弁として一次責任負担者である占有者が存在することを抗弁として主張・立証することにより免責される。なお、「占有者が損害の発生を防止するのに必要な注意をしたこと」は、再抗弁事由になると解される（潮見・164頁）。

IV 動物占有者責任（新民法718条）

1 意義

　動物（家畜、ペット、野生動物等、細菌、ウィルス等も解釈上、動物に含まれる)[8]が第三者に損害を与えた場合、その占有者または管理者は、その賠償義務を負う。

　新民法718条の責任は、過失責任であるが、被害者救済の観点から、過失の立証責任が転換されている。

2 免責事由

　上記のとおり、立証責任が転換されているため、占有者等は、動物の種類および性質に従って相当の注意をもって保管したことを主張・立証することにより免責される。ただし、免責事由は認められにくいとされている（認められた例として、東京地判平成19・3・30判時1993号48頁）。

V 共同不法行為（新民法719条）

1 意義（通説・判例による）

(1) 狭義の共同不法行為（新民法719条1項前段）

　複数の不法行為者の行為が関連共同し、各不法行為者の行為と損害との間に因果関係がある場合、各不法行為者は、連帯して賠償義務を負う。

　要件事実的には、共同不法行為の請求原因は、単独不法行為の要件事実をすべて包含し、いわゆるa＋bになる。

　たとえば、Xは、Y_1が起こした交通事故により全身打撲・肋骨骨折の傷害を負い、病院に搬送されたが、医師Y_2の医療過誤により、後遺障害が生

---

[8] 生物学的にウィルスが生物といえるか、争いがある。

じたという事案では、Y_1 および Y_2 は、X に生じた損害（後遺障害慰謝料、労働能力喪失による逸出利益等）を連帯して賠償する義務を負うことになる。

(2) **加害者不明の共同不法行為（新民法719条1項後段）**

複数の不法行為者が共同して損害を与えたが、どの不法行為者が損害を加えたかわからない場合、各不法行為者は、連帯して賠償義務を負う。

この場合、被害者救済の見地から、各行為者と損害間の因果関係（個別的因果関係）の立証責任が転換され（因果関係が推定される）、原告は、個別因果関係を主張・立証する必要はないとされている。

また、関連共同性は不要と解されている。

たとえば、X は、Y_1 が運転する自動車にひかれた直後、後続する Y_2 が運転する自動車にもひかれ、X が死亡したという事案において、Y_1 および Y_2 のどちらが原因で死亡したのか不明の場合、Y_1 および Y_2 は、X に生じた損害（死亡慰謝料、死亡による逸出利益等）を連帯して賠償する義務を負うことになる。

2 関連共同性

狭義の共同不法行為の成立要件として、関連共同性が必要となるが、判例は、意思の連絡（主観的共同性）までは不要であり、客観的関連共同性があれば足りるとしている（最判昭和43・4・23民集22巻4号964頁）。

いかなる場合に客観的関連共同性があるかについては、統一的な判例はなく、事案に応じて共同不法行為を類型化し、個別に判断していくしかないとされる。

3 加害者不明の共同不法行為における免責事由

(1) **個別的因果関係の立証**

既述のとおり、新民法719条1項後段は、個別的因果関係の立証責任の転換を図ったものと解する見地からは、共同行為者は、自らの行為と損害間の因果関係が存在しないことを主張・立証することにより免責されると解され

る。

(2) 寄与度減責

個別的因果関係の不存在が立証できない場合でも、個々の原因の結果発生に対する寄与度に応じて、自己が負担する損害賠償額の減額を認めるものである。

4 求償

従前の判例は、共同不法行為者のうち、共同不法行為者間の過失割合（寄与度）に応じた自己の内部負担額を超えて損害賠償義務を履行した者は、他の共同不法行為者に対して、自己の内部負担額を超える部分を求償できるとしていた（最判昭和63・7・1民集42巻6号451頁）。

新民法では、連帯債務と不真正連帯債務の区別はなくなり、求償に関する条文（新民法442条）も不真正連帯債務（とされていたもの）に適用されることから、新民法施行後は、共同不法行為者が一部でも損害賠償義務を履行した場合は、他の共同不法行為者に対し求償できることとなる。

第4章 不法行為の一般的抗弁事由

I 消滅時効

1 原則

　被害者または法定代理人が損害および加害者を知ったときから3年間または不法行為時から20年間で消滅時効にかかる（新民法724条）。

　20年間の消滅時効は、旧民法では除斥期間と解されてきたが、新民法により時効期間であることが明示された。これにより時効の完成猶予および更新の適用がなされる。

2 例外

　人の生命または身体を害する不法行為の消滅時効期間は、原則の3年間が5年間となる（新民法724条の2）。

3 起算点

　3年間または5年間の消滅時効は、被害者の主観的認識が時効の起算点となるため、この点が争点化することが多い。

　「損害を知ったとき」とは、被害者が損害の発生を現実に認識したときであり（最判平成14・1・29民集56巻1号218頁）、「加害者を知ったとき」とは、加害者に対する賠償責任が事実上可能な状況の下に、その可能な程度にこれを知ったときである（最判昭和48・11・16民集27巻10号1374頁）。

II 過失相殺

　被害者にも過失がある場合、損害の公平な負担の観点から、それを斟酌して損害賠償額を減額する制度である。その意味において、被害者の自己危険回避義務違反としてとらえることもできる（潮見・121頁）。
　債務不履行における過失相殺が義務的であるのに対し（新民法418条）、不法行為における過失相殺は、裁判官の裁量に委ねられており、被害者に過失があっても、過失相殺を行わないこともできる（同法722条2項）。
　被害者の過失の内容としては、不法行為の発生そのものに対する過失（信号無視で交通事故が発生）のほか、損害の発生（適切な治療を受けなかったため死亡）やその拡大（医師の指示を守らず症状悪化）に対しての過失も含まれる。

III 被害者側の過失

　被害者本人に過失がなくても、被害者と身分上、生活関係上、一体をなすとみられるような関係にある者（夫婦、親子、内縁関係者）に過失がある場合、被害者側の過失として、過失相殺がなされうる（最判昭和42・6・27民集21巻6号1507頁、最判昭和34・11・26民集13巻12号1573頁）。

IV 被害者の素因（素因減額）

　被害者本人に過失がなくても、被害者の有していた素質（素因）が損害の発生やその拡大の一因となっている場合、過失相殺の規定を類推適用し、賠償額を減額する概念である。
　素質（素因）としては、被害者の特異な性格、賠償性神経症等の心因的素因（最判昭和63・4・21民集42巻4号243頁）と、椎間板ヘルニアの既往症や先天的心臓疾患等の身体的素因がある（最判平成20・3・27判時2003号155頁）。

上記のとおり、判例も素因減額を採用しているが、いかなる素因をどの程度考慮するかは、事案ごとに個別具体的に判断する必要がある。

V 損益相殺

　被害者が不法行為と同一の原因によって利益を受けた場合であって損害と利益との間に相当因果関係が認められる場合（同質性と相互補完性がある場合）、当該利益を損害額から控除する概念である。明文の規定はないが、判例上、広く認められている。

　損益相殺（損益相殺的な調整）が認められるものとしては、死亡事故の場合における被害者の死亡後の生活費、遺族年金、障害年金、疾病手当金等の社会保険給付がある。

債務不履行

I 平成29年民法改正

　旧民法下での「瑕疵担保責任」について、実務的には、これを債務不履行とは別個の法定責任と解し運用されていた。

　新民法では、「瑕疵担保責任」につき債務不履行説に基づく改正がなされた。これにより、「瑕疵担保責任」は、契約不適合責任（担保責任）として、債務不履行の一形態として扱われる。

　また、旧民法の請負契約に関する瑕疵担保責任の規定（旧民法634条等）は削除された。旧民法下において、当該規定は、請負契約に関する債務不履行

〈図表1-5-1〉　瑕疵担保責任の新法と旧法の対照

旧民法

債務不履行	解除
	損害賠償
	（追完請求）
担保責任 （売買）	解除
	損害賠償
	代金減額

新民法

債務不履行	解除	
	損害賠償	
	売買の特則	追完請求
		代金減額

（第一東京弁護士会司法制度調査委員会編『新旧対照でわかる改正債権法の逐条解説』270頁・図を参考にした）

の特則と解されていたところ、これが削除されたことにより、債務不履行の規定（新民法415条、541条等）が直接適用されるほか、売買に関する契約不適合責任（担保責任）が準用される（同法559条）。

II 目的物給付義務

1 要件

目的物給付義務の履行遅滞、履行不能の場合、不履行の要件事実自体は、債務（契約）の成立と期限の到来（経過）もしくは履行が不可能なことを主張・立証すればよいだけなので、比較的容易である。

2 損害の内容

(1) 履行遅滞

損害の内容として、約定により賠償額の予定がなされている場合は、これによる（新民法420条）。

金銭の場合は、遅滞時の法定利率による遅延損害金が原則であり、約定利率がこれを超えるときは、約定利率による遅延損害金となる（新民法419条）。

賃貸借契約の終了に基づく明渡義務の遅滞の場合、賃料相当損害金として解除前の従前賃料とするのが実務の運用である。

(2) 履行不能

損害の内容は、債務の履行に代わる損害賠償（てん補賠償）となる（新民法415条2項1号）。具体的には、目的物が履行不能となった時の価格となる。その後、高騰したような場合で、債務者がそのことを予見すべき[9]であったときは（同法416条2項）、特別損害として高騰した価格となる（最判昭和37・11・16民集16巻11号2280頁、最判昭和47・4・20民集26巻3号520頁）。

履行不能と同一の原因により債務者が目的物の代償となる権利・利益を取

---

[9] 新民法による改正点。旧民法では「予見することができた」。立証対象（事実か評価か）が異なる。

得したときは、債権者は債務者に当該権利の移転もしくは利益の償還を請求できる（代償請求。新民法422条の2）。

III 契約締結上の過失

いわゆる契約締結上の過失（虚偽の情報提供による契約締結や契約成立直前での契約破棄）について、従前は、信義則を根拠に、付随義務違反あるいは保護義務違反（論者によって用語および構造の理解と位置づけに異同はある）として、債務不履行に基づく損害賠償請求と理解されることが多かった。

近年の判例では、否定されるべき契約を根拠として説明義務を持ち出すことは背理であるとして債務不履行構成を否定し、不法行為責任として構成するものが現れ（最判平成23・4・22民集23巻4号22頁）、契約締結上の過失のうち一定の分野に関しては、不法行為として構成することが主流となっている。ただし、これらの判例も信義則を根拠とする付随義務等が生じること自体を否定するものではなく、その射程については、十分に吟味する必要がある。

IV 安全配慮義務違反・説明義務違反等

これらの義務は、本来的給付義務とは別個の付随義務あるいは保護義務として位置づけられ（なお、労働契約法5条は、明文でこれを規定している）、その給付内容は、当事者間の合意に基づくものではなく、不明確である。

したがって、その義務違反については、安全配慮義務の内容の特定および義務違反に該当する事実につき、被害者たる原告に主張・立証責任がある（最判昭和56・2・16民集35巻1号56頁）。具体的には、行為者の予見可能性を前提に、行為時の社会状況や科学的知見に基づき、加害者（債務者）がなすべき義務の内容をまず定立し、その義務に行為者が違反したことを主張・立証していくことになるが、その作業は、不法行為の過失の主張・立証に近似する。

一般に、債務不履行責任と不法行為責任がいわゆる請求権競合の関係にある場合、債務不履行責任のほうが、立証の負担および消滅時効の点で有利であるといわれてきたが、上述のとおり、立証面で必ずしも優位性があるとはいえない事案もある。また、消滅時効に関しても、被侵害利益が、生命、身体の場合、債権の消滅時効期間は、権利行使ができることを知ってから5年間であるところ（新民法166条1項1号）、不法行為の消滅時効も既述のとおり、損害および加害者を知ったときから5年間であり（同法724条の2）、両者間にほぼ差異はなく、債務不履行責任のほうが優位性があるとはいいきれない。

V 建築瑕疵（契約不適合）に関する責任

注文した建物あるいは購入した建物に瑕疵（契約不適合）が存する場合、被害者（注文者、買主）は、売主、設計者、監理者、施工者等に対し、債務不履行（契約不適合担保責任）と構成して損害賠償請求を行うのが一般的である（新民法562条、564条、559条）。

これとは別に、以下のとおり不法行為責任を追及できる場合もある。この場合は、債務不履行責任（契約不適合担保責任）と不法行為責任が請求権競合する。

---

10 建物の瑕疵が、居住者等の生命・身体・財産に対する現実的な危険をもたらしている場合に限らず、その瑕疵の性質に鑑み、これを放置するといずれは居住者等の生命・身体・財産に対する危険が現実化することになる場合には、その瑕疵は、「建物としての基本的な安全性」を損なう瑕疵に該当する。
　具体例として、
　① その瑕疵を放置した場合に、鉄筋の腐食、劣化、コンクリートの耐力低下等を引き起こし、ひいては建物の全部または一部の倒壊等に至る建物の構造耐力にかかわる瑕疵
　② 建物の構造耐力にかかわらない瑕疵であっても、これを放置した場合に、外壁が剥落して通行人の上に落下したり、開口部、ベランダ、階段等の瑕疵により建物の利用者が転落したりするなどして人身被害につながる危険があるとき
　③ 漏水、有害物質の発生等により建物の利用者の健康や財産が損なわれる危険があるとき（潮見・39頁）。
　いわゆる施工精度型の瑕疵（建物の美観、仕上げの程度）以外は、幅広く「建物としての基本的な安全性」を損なう瑕疵に該当する可能性がある。

建物の瑕疵が「建物としての基本的な安全性」[10]を損なうものである場合、設計者、監理者、施工者等（以下、「施工関係者」という）は、契約関係にない居住者等に対する関係でも「建物としての基本的な安全性」が欠けないように配慮すべき注意義務を負っていると解される。施工関係者が当該注意義務に違反したことにより、当該瑕疵が生じ、これにより居住者等の生命、身体、財産が侵害された場合は、特段の事情がない限り[11]、施工関係者等は、不法行為により損害賠償義務を負う（最判平成19・7・6民集61巻5号1769頁）。

11　被害者が、当該瑕疵の存在を知りながらこれを前提として買い受けた場合等。

第2編 損害賠償請求事件の現場
―― モデルケースを素材として

第1章 医療過誤──接骨院の施術による受傷の有無、医学的因果関係

I 事案の概要

―〈Case ①〉―

　依頼人は接骨院を経営する柔道整復師であり、相手方は患者として接骨院を受診した女性である。

　相手方は、接骨院で低周波治療器を用いた治療を行った際、依頼人が低周波治療器のつまみを回しすぎてしまい、瞬間的に大きな電流が流れたことで、右腓腹筋炎の傷害を負ったと主張して、依頼人に損害賠償を求めている。

　依頼人は操作ミスがあったこと自体は認めており、相手方に対し、治療費は負担するのですぐに病院を受診して検査を受けるようすすめ、相手方は病院を受診したが、他覚的所見はなかった。その後、相手方は病院には行かずに高額なオイルマッサージに通い、1カ月で10万円近い費用を依頼人に請求するようになった。依頼人は一度はその支払いに応じたが、相手方の要求はエスカレートする一方であり、団体契約で損害保険に加入していたことから、保険会社に事故を通知した。

　依頼人は保険会社と協議の結果、症状の有無も施術との因果関係も明らかでないことから、現時点で相手方の請求に応じるべきではないと考え、以後相手方へのマッサージ代の支払いを拒否した。

　その後相手方からの連絡は途絶えたが、施術から3年を迎える日の間

近に、相手方の代理人弁護士から依頼人宛てに内容証明郵便で損害賠償請求の通知が届いた。依頼人が保険会社にその旨を通知したところ、依頼人側も今後は弁護士に委任して対応することとなった。

II 実務上のポイント

〈*Case*①〉における実務上のポイントは、以下の3点である。
① 交渉段階における初動調査と方針決定のあり方
② 訴訟における施術と傷害の相当因果関係に関する立証と反証
③ 症状の分析（カルテの入手、分析、活用の方法）

III 初回相談

1 相談内容

事務所に相談にやってきた依頼人（遠藤氏）とA弁護士のやりとりは以下のとおりである。

> A弁護士：はじめまして、大洋損保の市川さんからご紹介をいただきました、弁護士のAです。よろしくお願いいたします。
> 依 頼 人：遠藤接骨院を経営しています、柔道整復師の遠藤です。このたびはお手数をおかけしてすみません。よろしくお願いいたします。
> A弁護士：今回の件に関する資料はあらかじめ保険会社から受領していますが、順を追っておうかがいしたいと思います。遠藤さんが柔道整復師の資格をとられたのはいつ頃ですか。
> 依 頼 人：昭和45年ですから、かれこれ40年以上前になります。5年くらいで独立して、それからずっと女房に補助してもらいなが

ら、二人三脚で接骨院をやってきました。

A弁護士：これまで、今回のように患者さんから賠償を求められるようなご経験はありましたか。

依　頼　人：ありません。ですから、今回も最初は損害保険があるということに思いが至らなくて、自己判断で対応してお金を払ってしまったのです。それがよくなかったのかもしれません。市の無料法律相談に行ったら、担当の弁護士さんから「業界団体などで損害保険に入っているのではないですか」とアドバイスをいただいて、それで保険が使えることがわかり、保険会社さんに相談して、支払いをお断りした次第です。

A弁護士：それは大変でしたね。でも、それから3年近く請求がなかったわけですよね。

依　頼　人：そうなんです。だから、先日何の前触れもなく先方の弁護士さんから内容証明郵便で請求書（【書式2-1-1】）を受け取り驚いてしまって。

A弁護士：なるほど。相手方がこのタイミングで請求書を送ってきたのは、法律構成によっては3年で消滅時効にかかるので、おそらくそのことを意識してのことだと思います。でも、相手の請求書によっても施術から1年ほどで治療は終えたことになっているので、なぜ請求がこれほどまでに遅くなったのかはよくわからないですね。

依　頼　人：はい。本当に何も連絡がなかったので……。

A弁護士：ところで、今回の相手方である原さんの施術録をお願いしましたが、お持ちいただきましたか。

依　頼　人：はい、こちらです。右膝関節を捻って痛みがあるということで、2カ月くらいの期間、週2、3日当院に通われていた方です。

A弁護士：施術でけがをしたと主張されているのも右下肢ですよね。

依　頼　人：そうです。低周波治療器で電流を流して、それから右の膝から下、特にふくらはぎあたりがとても痛いとおっしゃっていました。

A弁護士：相手の通知では、あなたが低周波治療器のつまみを少しずつ上げていく際に、誤って急に出力を8くらいにして、慌てて反対に回して切ったと書いてあります。どんな状況だったか教えてもらえますか。

依　頼　人：治療器に電極パッドが2つついていて、それぞれがプラスとマイナスなので、電流を流す部位を両側から挟むようにして使います。出力はゼロから段々上げていき、3〜5くらいのところで、患者さんがほどよく電流を感じたところで止めます。原さんの場合は、右ひざで、4くらいで使っていて、反応が弱かったのでもう少し上げようとしてつまみを持ったときに手が滑って7か8くらいに回してしまい、原さんが「痛い」とおっしゃったので、慌ててゼロにして切りました。古い機械なので、つまみが緩くなっていたのかもしれません。

A弁護士：出力8で電流を流したのは、どれくらいの時間でしょうか。

依　頼　人：先ほど申し上げた次第なので、ほんの一瞬です。1秒くらいではないかと思います。

A弁護士：一般的にそれでけがをするようなものなのか、検討する必要がありそうですね。低周波治療器の説明書もお願いしましたが、お持ちいただいていますか。

依　頼　人：はい、こちらです。外苑前工業の「ABC-12」という機械で、20年くらい使っているものです。実物は今も接骨院にあります。

A弁護士：東京のメーカーの商品なのですね。ところで、この件で、警察から何か連絡はありましたか。

依　頼　人：はい。原さんから施術でけがをしたという申告があったとの

ことで、警察の方が来て、低周波治療器について検査したいので預からせてほしいと言われました。1カ月ほどして返却されました。

A弁護士：その後、警察から何か連絡はありましたか。

依 頼 人：3年近く経ちますが、何もありません。

A弁護士：相手の方は病院に行ったのでしょうか。

依 頼 人：はい。右膝が痛いとおっしゃっていたので、「治療費はこちらで払うので念のため病院に行っていただきたい」と伝え、近くの病院を紹介しました。

A弁護士：傷病名などは聞いていますか。

依 頼 人：当日そのまま病院に行っていただき、夜相手の方に電話してどのような診断だったのかをうかがいましたが、教えてもらえず、「しばらくマッサージに通うからその費用も負担するように」と言われました。1カ月くらいして、相手からレシートが10枚ほどと、振込先だけを書いたメモが送られてきました。レシートは柔道整復師やマッサージ師がやっているのではない、無資格の整体院のようなところのもので、但書はオイルマッサージ代、1回あたり1万円で、合計10万円程度でした。そのレシートを今日お持ちしました。

A弁護士：ありがとうございます。それで、この金額を相手の口座にお支払いになったのですか。

依 頼 人：はい。傷病名もわからないのに納得がいきませんでしたが、「それで終わるなら」と思い払ってしまいました。すると1カ月後にもまた同じくらいのレシートが送られてきたので、冒頭に申し上げたように、法律相談に行き、保険会社に相談し、支払いをお断りし、しばらく音信が途絶えたという経緯です。

A弁護士：わかりました。まず相手方に対しては、主張の根拠に不明な

> ところがありますので、その点を尋ねる内容で回答を出しておきます。並行して、警察から何か資料がとれないか、確認してみます。低周波治療器のメーカーである外苑前工業さんにもこちらから連絡をとり、情報提供を依頼してみます。
> 依頼人：ありがとうございます。よろしくお願いいたします。

　打合せ後、A弁護士は相手方代理人に対する回答を送付した（【書式2-1-2】）。

【書式2-1-1】　患者側からの受任通知（《Case①》）

平成29年4月5日

受任通知書

遠藤　一夫　殿

〒112-0004
東京都文京区後楽○-○-○渡邊ビル18階
水道橋法律事務所
原辰子代理人　弁護士　　　B

前略
　当職は、通知人原辰子（以下「通知人」といいます）を代理して、貴殿に対し、以下のとおり通知いたします。

1　通知人は、平成26年4月7日、貴殿が営む遠藤接骨院において、低周波治療器を用いて右膝に電流を流す施術を受けていたところ、貴殿が過失により低周波治療器のスイッチを急に高出力に設定し、通知人の右膝に瞬間的に大きな電流が流れました。
2　これにより通知人は右腓腹筋炎の傷害を負い、後遺障害等級14級9号相当の後遺障害が残存し、下記の損害を受けました。

治療費	10万2640円（既払い金を除く）
通院交通費	6996円
傷害慰謝料	160万0000円
休業損害	53万8698円
後遺障害慰謝料	110万0000円
逸失利益	78万8229円
合計	413万6563円

3　つきましては、本書面到達後2週間以内に、上記金員を後記の口座に振り込む方法により支払うよう請求いたします。万一当該期間にご連絡、ご送金をいただけない場合は、しかるべき法的措置を講じますのでご承知おきください。

草々

（以下略）

【書式2-1-2】　接骨院側からの回答（《Case①》）

平成29年4月10日

原辰子代理人
　弁護士　　　B　　　先生

　　　　　　　　　〒231-0022
　　　　　　　　　横浜市中区横浜公園○-○-○中部ビル24階
　　　　　　　　　　関内法律事務所
　　　　　　　　　　　遠藤一夫代理人　弁護士　　　A

前略
　遠藤一夫の代理人として、貴職からの4月5日付受任通知書に対し、以下のとおり回答いたします。
　貴職より損害賠償のご請求がありますが、具体的な通院状況や治療内容、ご請求額の計算根拠が不明ですので、立証資料と合わせ弊職宛てにご提示いただきますよう願います。これを拝見した上で、改めて弊職よりご連絡させていた

だきたく存じます。

　なお、遠藤殿が低周波治療器のスイッチの操作を誤ったことは事実ですが、原殿のご主張されるような傷害が客観的に認めうるものか、仮にこれが認められるとして、スイッチ操作の誤りと原殿の症状との間に相当因果関係を認めうるものかどうかが最も大きな問題となるものと考えています。この点につき、貴職のお考えをお聞かせいただきますよう願います。

草々

2　検　討

(1) *Point 1*──診療録等の検討

　初回相談を有意義なものにするためには、来所前に大まかな争点の見立てをして、それに基づいて依頼者に資料を持参してもらうことが重要である。

　接骨院、整骨院、マッサージ、ボディケア等の利用者が施術によって受傷したと主張されるケースにおいて、最も争点になりやすいのが施術と症状との因果関係である。患者は体のどこかに痛み・凝り等の違和感があり、その緩和を目的として来院することが通常であるため、施術後に施術部位に何らかの症状があったとしても、それは施術前から存在したものではないかということがほぼ例外なく問題となるからである。

　したがって、患者側、施術者側のいずれから相談を受ける場合においても、事故が起きたとされる施術以前に、いつからどのような症状があったのか、病院や他の整骨院等を受診したことがあったのか、当該施設では過去にどれくらい施術を受けていたのか、ということを十分に確認する必要がある。施術者側からの相談であれば、問診票や診療録等の資料を初回相談に持参してもらうことが不可欠である。

　もっとも、マッサージ、ボディケア、柔道整復師等のいずれの場合でも、病院のような詳細な問診票や診療録は作成していないケースが多い。交通事故による傷害の治療で健康保険を利用しない場合には自動車損害賠償責任保険所定の施術証明書・施術費明細書が作成されるが、それ以外のケースでは

通院日時程度の記録しかない場合もある。それでも、受傷があったとされる日以前にどれくらいの通院をしていたのかは、やはり重要な資料になると思われる。

　(2)　*Point 2*──医学的因果関係に関する見立て

　一般に、患者の訴える症状と施術との間に相当因果関係があるかどうかの判断は容易ではない。施術の内容自体に争いがあるケースも多く、また患者の訴える症状がそもそも他覚的所見を伴わないものであることも多いからである。したがって、患者側、施術者側のいずれから相談を受ける場合においても、施術と症状との因果関係について安易に決めつけることは控え、可能な限り客観的資料を集めたうえで見立てをするのが得策ではないだろうか。

　一方、交通事故の事案でも同様であるが、被害者側が主張する傷病の内容が外力に由来するようなものでなく、事故状況や医療記録を検討するまでもなくおよそ因果関係が認められ得ないと思われる事例も少なからずある。たとえば、事故により生じた傷病の内容として、椎間板腔の狭小化、変形性頸椎症、椎間板ヘルニア、肩関節拘縮等、一般的には経年性変化と理解されている傷病名が主張される事例である。

　こうした事例の中には、依頼者の意向でやむを得ずそのような主張をしている場合や、一般には経年性変化と理解されていることは承知のうえであえてそのような主張をしている事例もあるだろうが、代理人弁護士がこれらの傷病がどのようなものであるのかを全く理解していないようにうかがわれる事例も少なくない。

　医学的に誤った主張であるとの相手方の反論を受けて立つ瀬がなくなったり、依頼人にも誤った見通しを伝えてトラブルを招いたりすることを避けるためにも、できれば相談後受任前、あるいは少なくとも受任当初の段階で、診断書記載の傷病名がどのようなものなのか、最低限の調査・検討はしておくべきではないだろうか。

Ⅳ 初動の方針決定

【書式2-1-2】のとおり、まずは患者側に対し具体的な説明を求めたが、現時点で事件の正確な見立てをするにはあまりに情報が不足している。接骨院側の立場で並行して検討しておくべきことはないだろうか。

A弁護士が〈Case①〉で解明すべきと考えたのは以下の2点である。

1 症状からの検証

この種の事案で最も重要なのは、相手方の症状からの検証である。すなわち、①相手方の症状は具体的にどのようなものなのか（他覚的所見はあるのか、主訴に一貫性はあるのか等）、②どのような治療経過をたどっているのか（既往症はあるのか、経過観察や消炎鎮痛処置以外に具体的な処置が行われているのか等）、③医師はその症状の原因をどのように判断しているのか、といったことがポイントになる。

交渉段階でこれらの点を確認するために、以下の3つの方法が考えられる。

(1) 保険会社による医療調査

事故当初から保険会社が窓口となって被害者対応をしている場合、被害者から医療機関宛ての情報開示同意書を得ていることがある。治療費が保険会社から医療機関へ直接支払われている場合には、ほぼ例外なく同意書の提出がなされていると考えてよいと思われる。

このような場合、保険会社の医療調査担当スタッフが主治医と面談し、あるいは文書照会するなどして、具体的な症状や治療経過を確認することができる。

しかし、〈Case①〉のように保険会社による被害者対応がされていない場合は、同意書も入手できていないことになる。

双方が弁護士に委任するほどに紛争が先鋭化した後だと、一般にこのような医療調査は困難である。代理人経由であらためて同意書の提供を求めるケ

ースもあるが、患者側から同意書の提出を拒否されることも多い。また、医療機関側でも、紛争の板挟みになることを恐れて調査に非協力的な姿勢をとることも多く、カルテをすべて入手するということも非常に困難になる。

(2) 弁護士法23条の2に基づく照会

相手方の通院先が判明していれば、弁護士会照会を利用して医療機関からカルテを取り寄せるという方法が考えられる。

しかし、弁護士法23条の2に基づく照会（23条照会）には回答する義務がないと考えている医療機関が少なくないようであり、個人情報であること、患者の同意がないこと等を理由に回答を拒否されることもある。上記(1)の医療調査の場合と同様、相手方にカルテを開示することで、患者から当該医療機関へのクレームにつながることを恐れていることを危惧する面もあるのだろう。

弁護士会照会に応じない医療機関であっても、裁判所からの文書送付嘱託（民事訴訟法226条）にはほぼ例外なく応じるため（ただし、稀に患者の同意を求める医療機関もある）、交渉段階ではカルテの入手を断念し、手元にある証拠（診断書、診療報酬明細書等）からおおよその見立てをして訴訟にのぞむという選択肢もある。

(3) 相手方代理人への説明依頼

症状や治療状況に関する情報は患者の側にあり、その主張・立証責任を負うのは患者側であるから、交渉段階においてもまず患者側からこの点が明らかにされるべきであろう。

しかし、診断書、通院日、治療費等請求の基礎となる最低限の情報は開示されるであろうが、具体的な治療内容や既往症については説明されないことが多い。

したがって、〈*Case* ①〉では、A弁護士は、症状に関してはまずB弁護士に具体的な通院状況や治療内容を明らかにするよう求めつつ、訴訟移行した場合にはカルテを取り寄せることを前提に、その他の角度から検証を進めることとした。

2 受傷機転からの検証

　接骨院等における受傷事案でも、また交通事故の事案でも、被害者側が主張する事故態様と症状との間に整合性がないように思われることが少なからずある。
　〈*Case*①〉でも、A弁護士は第一印象として、「市販されている低周波治療器を用いた治療で、ごく短時間高い出力で電流を流したとして、これにより受傷することがありうるのだろうか」という疑問を抱いた。
　まず、A弁護士は、依頼人から「警察に低周波治療器を任意提出して1カ月ほどして返却された」との話があったため、刑事事件の捜査資料を弁護士会照会により入手できないかと考えた。しかし、検番等の確認のため警察署に問い合わせたところ、〈*Case*①〉は正式に事件として立件されておらず、記録は残っていないとのことであった。
　次に、低周波治療器に関する規制、電力による人体への影響について、インターネットや文献を用いて調査をしたところ、以下のことがわかった。

・医療機器を製造（輸入）販売するためには、それらに伴う業の許可を取得するとともに、製品ごとに厚生労働大臣の承認を受けなければならない（医薬品、医療機器等の品質、有効性及び安全性の確保等に関する法律2条4項、23条の2、23条の2の5）
・人体の抵抗は皮膚が乾燥しているときには4000オーム、皮膚が湿っているときでも約2000オームといわれている。
・直流電流に対する人体の反応として、通電時間1秒から10秒の場合でも20ミリアンペア強までは通常有害な生理的影響はないとされている。

　もっとも、施術に用いられた低周波治療器の性能に関する詳細な資料はみあたらなかったため、低周波治療器のメーカーである外苑前工業に手紙を送付し、協力を依頼した。手紙の作成にあたっては、メーカーの責任を追及するような意図であると誤解されないよう、当方は当該低周波治療器は安全な

ものであってこれによる受傷は考えがたいという立場であり、そのことを立証するために協力をお願いしたいという点が伝わるよう注意を払った。

後日、外苑前工業から調査に協力する旨の連絡があったため、A弁護士は外苑前工業を訪問し、以下の情報提供を得た。

・ABC-12は昭和62年9月から平成19年3月まで販売されていた機種であり、販売台数は1000台程度で、主な販売先は病院、接骨院等の医療機関であるが、一般家庭でも購入は可能。
・ABC-12の発売以来、同機種に関する事故報告は1件もない。
・ABC-12は昭和62年9月に東京都立工業技術センターの試験を受け、医療機器（当時の用語では「医療用具」）としての承認を受けている。
・同センターでの出力電流試験の結果によれば、ABC-12の最大出力は負荷抵抗500オームの場合に39.0ミリアンペアないし39.3ミリアンペアである。

　この結果と上記の人体の抵抗値に関する情報に基づき、オームの法則（電流(I)＝電圧(V)÷抵抗(R)）を用いて計算すると、ABC-12を最大出力に設定した場合に人体に流れる電流量は、皮膚が湿っているときでも10ミリアンペアを下回り、有害な生理的影響はないと考えられる。
・ABC-12は2枚のパットで患部を挟み、パット間に電流を流すしくみであるため、膝の低周波治療をした際にふくらはぎに通電して受傷するとは考えがたい。

また、施術に用いた低周波治療器の個体に異常がないかどうか、外苑前工業に機器を持参して検査をしてもらったところ、出力は上記テスト結果と同様であり、個体にも異常がないことが確認された。

A弁護士は以上の調査結果を依頼人および保険会社に報告し、協議の結果、施術と受傷との因果関係を否定するという基本方針を定めた。

V 交渉終了

　後日、B弁護士より、具体的な通院日と治療費の一覧、診断書、医療機関の領収書等の資料が送付されてきた。

　その内容を精査したところ、相手方は事故の当日には確かに病院へ行っているものの、その後は病院を受診せずにリラクゼーション施設にのみ通っており、約3カ月後に受診した別の病院で右腓腹筋炎の診断を受けたことが判明した。

　また、施術と症状との因果関係については、「施術を受ける前にはふくらはぎに痛みを感じたことはなかったのだから、施術によってふくらはぎを受傷したと考えるのが当然である」という主張であった。

　A弁護士は、このような治療経過と上記の受傷機転に関する検討結果を踏まえ、相手方に対し、相手方の主張する症状と施術との間に相当因果関係があるとは考えられず、賠償には応じられない旨を回答した。

　1カ月ほどして依頼人に訴状が届き（【書式2-1-3】）、A弁護士は答弁書を提出した（【書式2-1-4】）。

【書式2-1-3】　訴状（《Case ①》）

訴　　状

平成29年8月10日

東京地方裁判所民事部　御中

　　　　　　　　　原告訴訟代理人弁護士　　　A

〒〇〇〇-〇〇〇〇　東京都〇〇区〇〇1-1-1
　　　　　　　　　原　　告　　原　　辰　子

〒112-0004　東京都文京区後楽○-○-○渡邉ビル18階
電　話　03-0000-0000
ＦＡＸ　03-0000-0000
水道橋法律事務所（送達場所）
原告代理人弁護士　　　　　Ｂ

〒○○○-○○○○　東京都○○区○○2-2-2
被　　　　告　遠　藤　一　夫

損害賠償請求事件
訴訟物の価額　　454万6563円
貼用印紙額　　　２万8000円

第1　請求の趣旨
　1　被告は、原告に対し、金454万6563円およびこれに対する平成26年4月7日から支払い済まで年5分の割合による金員を支払え。
　2　訴訟費用は被告の負担とする
との判決並びに仮執行の宣言を求める。

第2　請求の原因
　1　当事者
　　被告は、東京都○○で遠藤接骨院を運営する柔道整復師であり、原告は同院において低周波治療を受けた患者である。
　2　診療契約の締結
　　原告は、平成26年2月5日に同院を受診し、右膝の神経症状の緩和のため、被告による低周波治療を継続的に受けることとなり、以後被告において原告に適切な施術を提供する旨の診療契約が締結された。
　3　本件事故の発生
　　平成26年4月7日、原告が同院において被告による低周波治療を受けていたところ、被告が誤って低周波治療器の出力つまみを最大近くに回した（以下「本件事故」という）。これにより、原告の右膝に高出力の電流が流れ、原告は右膝に激痛を感じ「痛い！」と大声を上げ、被告は慌てた様子で低周

波治療器を切った。
  4 責任原因
　被告は、原告に対し適切な施術を提供する旨の診療契約上の義務を負っていたところ、上記義務に違反して、過失により本件事故を生じさせたものであるから、債務不履行により、原告に生じた損害を賠償する責任を負う。
  5 原告の傷病名および通院状況、後遺障害
　(1) 傷病名
　　右腓腹筋炎、末梢神経障害（甲1）
　(2) 通院状況
　　①○○総合病院（平成26年4月7日）
　　②△△整体院（平成26年4月8日〜平成26年6月15日　実通院日数23日）
　　③××クリニック（平成26年7月10日〜平成27年5月20日、実通院日数30日）
　(3) 後遺障害
　　前記のとおり、原告は本件事故後平成27年5月20日まで通院加療を行ったが、同日をもって症状固定したところ、同日の時点においても原告の右腓腹筋には痛みが残存している。当該神経症状は、後遺障害等級14級9号（局部に神経症状を残すもの）に該当する。
  6 損害
　本件事故により原告に生じた損害は以下のとおりである。
　(1) 治療費　　　　　22万4640円（別紙一覧のとおり）
　(2) 通院交通費　　　6996円（別紙一覧のとおり）
　(3) 傷害慰謝料　　160万0000円
　＊通院期間13.5カ月　赤本別表Ⅰに基づく
　(4) 休業損害　　　　53万8698円
　　原告は、夫および長男長女と同居する専業主婦であるところ、少なくとも実通院日数である54日について家事労働を妨げられた。
　　したがって、休業損害として、賃金センサス平成26年女性学歴計を基礎収入として、以下のとおり算定すべきである。
　　3,641,200÷365×54≒538,698

(5) 後遺障害慰謝料　　110万0000円

　前記のとおり、本件事故により原告には後遺障害等級14級9号相当の後遺障害が残存した。これに対する慰謝料としては、110万円が相当である。

(6) 逸失利益　　78万8229円

　前記のとおり、本件事故により原告には後遺障害等級14級9号相当の後遺障害が残存しており、症状固定時から5年間、5％の労働能力を喪失したものと評価すべきである。したがって、逸失利益は以下のとおり算定すべきである。

　3,641,200×0.05×4.3295（期間5年のライプニッツ係数）≒788,229

(7) 既払金　　12万2000円

　被告は、原告に生じた治療費のうち12万2000円を原告に支払った。

(8) 弁護士費用　　41万円

　本件事故後、被告は原告に対する賠償を拒否したため、原告は本件を弁護士に委任することを余儀なくされた。

　上記(1)ないし(6)の合計額より(7)の既払金を控除した金額は413万6563円となるところ、本件事故と相当因果関係のある弁護士費用としては、41万円が相当である。

(9) 合計　　454万6563円

7　結語

　よって、原告は被告に対し、金454万6563円及びこれに対する事故日である平成26年4月7日から支払い済まで年5分の割合による金員の支払いを求める。

以　上

証拠方法

証拠説明書記載（略）のとおり

附属書類

1	訴状副本	1通
2	証拠説明書	2通
3	甲号証	各2通

4	訴訟委任状	1通

【書式2-1-4】　答弁書（《Case ①》）

平成29年(ワ)第〇〇〇〇号　損害賠償等請求事件
原　告　　原　辰子
被　告　　遠藤　一夫

　　　　　　　　　　　答　弁　書

　　　　　　　　　　　　　　　　　　　　　　　　平成29年10月10日
東京地方裁判所民事第〇部〇係　御中

　　　　　　　　　　　〒231-0022
　　　　　　　　　　　横浜市中区横浜公園〇-〇-〇中部ビル24階
　　　　　　　　　　　関内法律事務所（送達場所）
　　　　　　　　　　　被告訴訟代理人　弁護士　　　　　　A

第1　請求の趣旨に対する答弁
　1　原告の請求を棄却する
　2　訴訟費用は原告の負担とする
との判決を求める。

第2　請求の原因に対する認否
　1　当事者に対し
　　認める。
　2　診療契約の締結に対し
　　認める。
　3　本件事故の発生に対し
　　認める。なお、低周波治療器の出力つまみは0〜10の間で設定するものであり、原告に対しては4程度に設定して施術をした後、原告の反応が弱かったためにもう少し出力を上げようとつまみを持ったところ、手が滑り7〜8

付近に回し、原告が「痛い」と声を上げたことからすぐにスイッチを切ったものである。

4　責任原因に対し

被告に注意義務違反があったことは認め、原告に損害が生じたことは否認する。後述のとおり、原告は本件事故により受傷しておらず、したがって損害も発生していない。

5　原告の傷病名および通院状況、後遺障害に対し

(1)　傷病名

否認する。後述のとおり、本件事故により原告が右腓腹筋炎の傷害を負ったとは考え難い。

(2)　通院状況

①○○総合病院に通院した事実は認める。

②△△整体院については、平成26年4月8日から同年5月7日まで、実通院日数10日については通院の事実は認め（当該期間の施術費については被告より原告に支払済である）、それ以降の通院は不知。

③××クリニックへの通院の事実は不知。

(3)　後遺障害

否認する。

6　損害に対し

(1)　治療費

別紙治療費一覧記載の金額のうち、平成26年4月7日から同年5月10日分（合計62,000円）については、当該費用の発生は認め、その余は治療費については不知。

仮にこれらの治療費が発生したとして、本件事故との相当因果関係は否認する。

後述のとおり、そもそも本件事故により原告は受傷していないと考えられる上、△△整体院の費用は全身リンパマッサージの費用であって、「治療費」と呼べる性質のものではなく、本件事故との相当因果関係は認められない。また、原告は本件事故当日に○○総合病院を受診したのち、3か月以上にわたり医療機関を受診していない。××クリニックへの通院はかような治療中断の後に開始されたものであるから、この点からも本件事故

との相当因果関係は認められない。
 (2) 通院交通費
　　否認する。
 (3) 通院慰謝料
　　否認する。本件事故により原告が受傷したとは認められず、通院慰謝料を認める基礎を欠く。
 (4) 休業損害
　　否認する。本件事故により原告が受傷したとは認められず、休業損害を認める基礎を欠く。また、原告は本件事故前より右膝の痛みを訴え被告の接骨院へ通院していたものであり、本件事故の前後を通じて家事労働の能力に差異が生じたとも考えられない。
 (5) 後遺障害慰謝料
　　否認する。本件事故により原告が受傷したとは認められず、原告に後遺障害が残存することもない。
 (6) 逸失利益
　　否認する。
 (7) 既払金
　　被告が原告に対し122,000円を支払ったことは認める。
　　柔道整復師である被告としては、全身リンパマッサージの費用が治療費として認められるべきものであるかは非常に疑問であったが、原告から電話、メール等で恫喝に近い請求を受け、わずか1か月で約10万円ものマッサージ代を請求されるがままに支払ったものである。
 (8) 弁護士費用
　　否認する。
 7　結論に対し
　　争う。

第3　被告の主張

本件事故により原告が受傷したとは考えられない。その理由は以下のとおりである。
 1　治療経過からの考察

原告は本件事故により末梢神経障害、右腓腹筋炎の傷害を負ったと主張している。

しかし、原告の症状に関し今般提出された資料は事故から1年以上が経過した平成27年6月30日付の診断書1通のみであり（甲3）、症状の経過は全く不明であり、かつ後遺障害診断書もないままに後遺障害の主張がなされるなど、本件事故により原告が受傷したことを認めるに足りる証拠を欠いていると言わざるを得ない。

治療経過をみても、原告は急性期において、本件事故当日に○○総合病院を受診したきり医療機関に通院せず、他方で△△整体院において1か月で約10万円もの全身リンパマッサージを受けるという、事故により受傷した者の行動としては一般に考え難い行動を取っている。

その他、詳細は医療記録を取り寄せの上主張を補充する。

2　事故状況からの考察

本件低周波治療器は、株式会社外苑前工業が製造する「ABC-12」である（以下単に「ABC-12」という）。

同社の説明によれば、ABC-12は昭和62年9月から平成19年3月まで販売されていた機種であり、売上台数は約1000台であるが、事故の報告は1件もないとのことである。

ABC-12は（平成25年法律第84号による改正前の）薬事法第2条4項に定める医療機器である。医療機器を製造（輸入）販売する為には、それらに伴う業の許可を取得するとともに、製品ごとに、クラス分類に応じた届出または承認もしくは認証の取得を要する。ABC-12は昭和62年9月21日、東京都立工業技術センターの試験を受け、医療機器（当時の用語では「医療用具」）としての承認を受けている（医療用具承認番号○○○○）。

JIS規格では安全性を考慮した上で負荷抵抗500Ω時の最大出力50mA以下という基準を設定しているところ、同センターでの出力電流試験の結果によれば、ABC-12の最大出力は負荷抵抗500Ωの場合に39.0mAないし39.3mAである。

人体の抵抗は皮膚が乾燥している時には4000Ω、皮膚が湿っている時でも約2000Ωと言われているため、上記の試験結果からオームの法則（電流(I)＝電圧(V)÷抵抗(R)）を用いて計算すると、ABC-12を最大出力に設定した

場合に人体に流れる電流量は、皮膚が湿っている時でも10mAを下回る。

　低周波治療器により人体に流れる電流は直流電流であるところ、直流電流に対する人体の反応として、通電時間1秒から10秒の場合でも20mA強まではDC-2、すなわち「通常有害な生理的影響はない」という範囲に分類されている。

　したがって、原告の主張するように被告がABC-12を最大出力に設定したと仮定したときでさえ、原告がこれにより受傷することは通常考えられないということになる。

　また、原告は本件事故により負傷したとして〇〇警察署へ被害を申告し、被告は警察官に状況を説明し、警察官の求めに応じて本件治療器を警察に提出した。警察からは治療器に異常はなかったとの説明があり、その後被告は刑事処分を受けていない。

　当該低周波治療器は遠藤接骨院において長年に渡り使用していたもので、特段の不具合はなく、他の患者から同様の訴えがなされたことも合わせ考えると、個体に不具合があったとも考えられない。

　以上より、原告の請求には理由がなく、請求は棄却されるべきである。

以　　上

VI
第1回期日～第2回期日

　第1回期日では、原告より訴状、被告より答弁書が陳述され、被告の送付嘱託申立てが採用された。裁判官より、期日間に原告より答弁書に対する反論をし、被告は次々回これに対する再反論とカルテに基づく主張を行うよう訴訟指揮があった。

　第2回期日では原告より準備書面が提出された。原告の反論の骨子は、「本件事故前には原告のふくらはぎには痛みがなかったのだから、右腓腹筋炎は当然本件施術により生じたものと考えるべきである」「消費者庁のホームページによれば、低周波治療器の使用により受傷したという報告は多数存在することから、本件施術により原告が受傷することは十分に考えられる」

というものだった。

VII 第3回期日（カルテに基づく主張）

1　第3回期日でのやりとり

　第2回期日の直前に、〇〇総合病院および××クリニックのカルテが裁判所に到着した。

　A弁護士がこれを謄写したところ、〇〇総合病院は電子カルテであり反訳の必要な箇所はなかったが、××クリニックのカルテは手書きで、多くの部分に反訳が必要であったため、業者に依頼して反訳のうえ証拠として提出した。

　事故当日に受診した〇〇総合病院のカルテには、以下のような記載があった。

> S　本日午後1時頃、接骨院での施術時に低周波治療器のつまみを誤って最大にされ、ふくらはぎに激痛が走った。今も痛みがあり心配になって来院した。診断書希望。
> O　右膝：皮疹なし、火傷なし　関節の圧痛なし腫脹なし　可動痛もはっきりしない。
> A　現在の状況を見るに、何か大きな損傷が起こったとは考えにくい。その操作ミスと現在の症状の関連も不明であり、希望されるような診断書は作成できない。
> P　痛みの残存はあっても自然によくなることが多いので、湿布にて様子をみてはどうか。

　また、××クリニックのカルテには、以下のような記載があった。

> S　右膝神経痛　夜間痛　右膝全体が痛い感じがする　腓腹部から外側

> 頭にかけてやや痛い
> O　膝崩れなし　マクマレーテスト陰性　明らかな器質的異常は指摘できない。
> A　右膝周囲の明らかな筋力低下などはみられず、神経伝導速度や筋電図などの生理学的検査で明らかな異常所見を見いだすことは困難と考えられる。現在の主訴より右腓腹筋炎と診断することは可能だが、受傷日より日数が経過しており、低周波治療との因果関係は明らかでない。低周波治療についてあまり見識はないが、市販品が安全に作動した場合の人体被害は少ないと考える。
> P　湿布処方の上経過観察

　A弁護士は上記のカルテの記載を引用して、医師も本件施術と原告の症状について否定的な見解を述べており、施術と症状の相当因果関係は認められないと主張した。

　また、原告が引用する消費者庁の情報については、いずれも「家庭用低周波治療器を継続的に使用したところ皮膚に炎症が起きた」という事例であって、用いられた治療器、施術の態様、受傷の部位のいずれも本件とは異なっており、本件の参考になるものではないことを指摘した。

　第3回期日において、以下のようなやりとりがあった。

> 裁 判 官：被告の主張するように、カルテでも施術と症状の因果関係について否定的な見解が述べられています。医学的因果関係が争点だと思いますが、この点について原告は立証をどう考えていますか。
> B弁護士：医師に意見書の作成を打診していますが、お受けいただけるか回答を待っている状態です。原告と被告双方の本人尋問は申請する予定です。
> 裁 判 官：意見書については、少なくとも提出するかどうかの決定は次

回期日までにしてください。尋問について、被告の意見はどうですか。

A弁護士：因果関係が争点であり、施術の内容などの事実関係に大きな争いはないので、本人尋問はいずれも不要と考えます。

裁判官：裁判所も同様に考えていますが、原告は人証申請するのであれば、次回までに証拠申出書と陳述書を出してください。それをみて判断します。意見書が出ないということであれば、次回結審する可能性もありますので、その予定で準備してください。

B弁護士：了解しました。

2　検 討

(1)　*Point 1*——被告側のカルテ活用方法

　事故と症状の因果関係や症状の程度を検討するにあたり、カルテは最も重要な証拠となる。

　カルテにどの程度詳細な記載をするかは医師によって非常に大きなばらつきがあり、「経過観察」「リハビリ」「消炎鎮痛処置」というスタンプを毎回機械的に押してあるだけで、具体的な症状や医師の評価が一切記載されていないカルテも珍しくはない。

　一方、〈*Case*①〉のように、SOAP（S＝subject：患者の訴え、O＝object：客観的データ、A＝assesment：評価、P＝plan：治療方針）方式で詳細な記載がなされていることもあり、この場合には診断書、診療報酬明細書だけではわからない症状の実態や医師の見立てを知ることができる。

　なお、カルテを入手した後、代理人が独自にこれを検討して主張に反映するのか、カルテを基に医学意見書を作成すべきかは、悩ましい事例が多い。

　〈*Case*①〉のように、医学的知見がなくてもカルテの内容から十分に理解が可能と思われる事案では、少なくとも被告の側であえて費用をかけて意

見書を作成する必要はないだろう。

　一方、たとえば画像上で他覚的所見が認められる場合に、その所見が一度の外力により生じたものであると考えうるか否か、事故前後の画像と比べて患部に変化があったか否かというように、画像からの評価が問題となるケースや、治療方法が現代医学のスタンダードに照らして相当といえるか否かが争いになるケースでは、医学的な知見なくして判断を下すことは困難であるから、費用対効果の面で問題がない限り、意見書を作成したほうがよいといえるだろう。

(2)　*Point 2*——原告側のカルテ活用方法

　〈*Case* ①〉では、カルテに施術と症状の因果関係について否定的な評価が記載されており、これにより原告の形勢が不利になっている。

　原告としては、他の医師に依頼してこの評価を覆すような意見書を作成するという選択肢は考えられようが、事故から時間が経過しているため、症状についての判断材料は当時のカルテしかない。一般論として、同じカルテに基づいて主治医と逆の意見を述べることは、主治医に明白な誤診があったといえる場合でない限り困難であろう。

　この点、患者である原告は、訴訟になる前から自身のカルテを入手して検討することは可能である。よって、医学的因果関係が争点になることが予想される事案では、できれば相手方への請求前、遅くとも訴訟提起前にカルテを入手して、代理人がその内容を十分に検討してから方針を決定すべきではないだろうか。

　〈*Case* ①〉についていえば、B弁護士が依頼を受けた時点で消滅時効の問題もあったため、カルテの検討は未了のまま訴訟外での請求を行うことはやむを得なかったと思われる。しかし、その後訴訟提起までの6カ月の間にカルテを入手し、その内容を検討すれば、〈*Case* ①〉では医学的因果関係についてカルテ以外の方法で立証をしなければ請求棄却となる可能性が高いという見立ては可能であったと思われる。

　そして、説得的な意見書を得られるならば、被告側の指摘を受ける前に、

訴訟提起の時点でカルテとともに意見書を甲号証として提出したほうがよいであろう。

一方、説得的な意見書が得られないのであれば、訴訟提起自体を見送ることも検討すべきであろうし、依頼人がそれでも訴訟を望むのであれば、勝算が非常に小さいことをあらかじめ十分に理解してもらう必要があるだろう。

VIII 第4回期日（結審）〜判決

第4回期日において、B弁護士は、原告の陳述書と証拠申出書を提出し、意見書の提出予定はないと述べた。

裁判官は人証申請を採用せず、双方の追加の主張・立証がないことを確認し、弁論を終結した。

判決では、本件施術によって原告が受傷したとは認められず、施術当日に念のため病院を受診することまでは相当といえるが、原告にそれ以上の損害はなく、原告の損害額は被告からの既払い額を下回るとして、請求棄却の判決が言い渡された。

原告はこの判決に控訴せず、判決確定により事件は終了した。

本稿は、複数の事例を組み合わせるなどして構成したものであり、実際の事例とは異なる。

第2章 インターネット上の名誉毀損

I 事案の概要

―〈*Case* ②〉―

Xは、氏名不詳の者が作成したブログに自分の経営する店の悪口を書かれたので損害賠償を求めようと考えている。どのように対応すればよいか。

II 実務上のポイント

〈*Case* ②〉における実務上のポイントは、以下の6点である。

① 名誉毀損の成否
② 請求の流れ
③ ブログ運営会社に対する訴訟外請求
④ 発信者情報開示仮処分申立て
⑤ 発信者情報開示請求訴訟
⑥ 名誉毀損による損害賠償請求訴訟

III
名誉毀損の成否

　平成29年11月某日、甲弁護士がまるで進まない起案から逃げるように、事務所でネットサーフィンをしているところ、突然、飲食店を経営している中学時代の友人のＸ氏から電話があった。

　甲弁護士：久しぶり、年末の同窓会以来だな、どうかしたのか。
　Ｘ　氏：ちょっと相談にのってほしいんだ。今ネットを見られるか。
　甲弁護士：ああ、ちょうど見ているところだ。
　Ｘ　氏：だったら「へっぽこグルマンの酒場ブログ」で検索してみてくれ。
　甲弁護士：はいはい。……出てきたぞ。あれれ、ブログにお前の店が掲載されているじゃないか。
　Ｘ　氏：そうなんだよ。どうも俺の店の客らしいんだが、店の悪口が書いてあるんだ。この前、常連のお客さんに指摘されて初めて知ったんだが、内容がひどくてさ。これ、何とかならないか。
　甲弁護士：書いたのは誰だかわかっているのか。
　Ｘ　氏：それがわからないんだ。「へっぽこグルマン」っていうハンドルネームしかなくて……。
　甲弁護士：わかった。ちょっと考えてみるよ。

1　甲弁護士の悩み

　甲弁護士は電話を切ってから、ブログの記事をプリントアウトして読んでみた。そもそも、この記事はＸ氏が経営する店のどんな権利を侵害しているのだろうか。

> **へっぽこグルマンの酒場ブログ**
>
> 2017年9月18日 「イタリアンX」は虚偽表示セクハラレストラン
> 2017.9.18 23:55
> 今日は○○町の「イタリアンX」に突撃！！！
> メニューを見ると「当店のピザは石窯で焼いています。」と書いてあるので、特製マルゲリータを注文しましたが…んんん？　怪しい食感（ ;∀;）。おかしいと思ってさりげなく厨房の方を見たら、案の定石窯はありませんでした。石窯で焼いているというのは完全「嘘」です。
>
> 気分が悪くなって帰ろうと、可愛い店員さんにお会計を頼みました。すると…店長らしき男性がその店員さんを呼び止めて、数々のセクハラをしてるんです！「今日は何時に家に帰るの？」とか「送っていこうか？」とかここでは書けないようなことも…。
>
> ここのお店は店長が奥さんとやっている店です。今日はたまたま奥さんがいなかったんですが、奥さんがいない間に堂々とセクハラするとか信じられません！！！　この近くに○○女子大があるので女子大生のお客さんをよく見るんですが、女子大生はこのお店に行かない方がいいと思いますよ。
> （以下略）

2　解　説

(1)　総　論

　インターネット上の表現が問題とされる代表的な場合は、内容が誹謗中傷である場合、または、私生活上の秘密を暴露する場合である。

　前者は名誉毀損であるかどうか、後者はプライバシー侵害であるかどうかが問題となる。

　このほか、刑事法上の信用毀損や業務妨害、ないし不正競争防止法違反を検討すべき場合もあるので、相談を受けた場合には、名誉毀損やプライバシ

一侵害にとどまらず、ほかに何らかの法的問題がないか考える必要がある。

本章では特に名誉毀損に限定して既述する。

(2) 名誉毀損とは何か

(A) 民法710条

民法710条が「他人の身体、自由若しくは名誉を侵害した場合」にも賠償責任を負うと定めていることから、名誉毀損が不法行為にあたることは問題がない。問題は何をもって名誉毀損といえるか、である。

(B) 「名誉」とは

「名誉」とは「人がその品性、徳行、名声、信用等の人格的価値について社会から受ける客観的な評価、すなわち社会的名誉を指すものであって、人が自己自身の人格的価値について有する主観的な評価、すなわち名誉感情は含まない」(最判昭和31・12・18民集24巻13号21頁)。つまり、外部的名誉に限定される。

なお、名誉感情を害したことを不法行為とする損害賠償請求は成立しうるので、名誉毀損にあたるかどうか自体が争われる事件では、名誉感情を害した不法行為も予備的に主張するとよい。

(C) 「名誉を毀損する」とは

「名誉を毀損する」とは「人の社会的評価を傷つけること」であり、その判断は、「一般読者の普通の注意と読み方を基準として解釈した意味内容に従」って行う(最判昭和31・7・20民集10巻8号1059頁)。

また、社会的評価の低下については、判例が「他人の社会的評価を低下させる内容の記事を掲載した新聞が発行され、当該記事の対象とされた者がその記事内容に従って評価を受ける危険性が生ずることによって、不法行為が成立する」(最判平成9・5・27民集51巻5号2009頁)としていることから、社会的評価の低下を招く危険性を生じさせたことで足りる。

(3) 名誉毀損の要件事実

以上より、名誉毀損による損害賠償請求の要件事実は以下のようになる。

① 被告が原告の名誉を毀損したこと（＝社会的評価を低下させるような事実の流布をしたこと）
② ①についての故意・過失
③ ①によって原告の社会的評価が低下する危険が発生したこと
④ 損害の発生および額
⑤ ③と④の因果関係

(4) 刑事上の「名誉毀損」との違い

刑事上の名誉毀損については刑法230条1項で「公然と事実を摘示し、人の名誉を毀損した者は」と定められていることから、事実の摘示による名誉毀損に限定され、また、公然性が必要とされている点等で、民事上の名誉毀損と異なる。

よって、刑事上の名誉毀損では事実の摘示ではない意見の表明や論評では成立しないが、民事上の名誉毀損は成立しうる（最判平成9・9・9民集51巻8号3804頁）。

なお、民事上の名誉毀損では公然性が必要とされていないものの、「社会といえるだけの一定の広がり」を有する対象に開示されたといえる必要がある（東京高判平成19・2・27判タ1257号164頁）ことに注意が必要である。

(5) 摘示事実

名誉毀損を検討するにあたっては、当該記事がどのような事実を摘示（「てきし」と読み、「てきじ」ではないことに注意）しているかをまず確定する必要がある。

なぜなら、社会的評価の低下についても、後述する真実性、相当性の抗弁についても、記事の記載そのものではなく、その記事の記載が摘示している事実こそが対象となるからである。

この摘示事実は、一般人の普通の注意と読み方によって判断される。

よって、名誉毀損についての訴状や申立書における権利侵害性の記述の冒

頭には、「この記事は○○と記載されており、一般人の普通の注意と読み方に照らすと、摘示事実は「□□」という事実である。」と記載するのが望ましい。

なお、雑誌記事など長い文章についての名誉毀損訴訟では、原告側で主張した摘示事実に対し、被告側から社会的評価を低下させないような摘示事実が主張されるなど、「摘示事実が何か」という点が最初の争点になることが多い。

3　検　討

〈Case②〉におけるブログの記事が摘示しているのは、①イタリアンXではピザをすべて石窯で焼いているとメニューに書いてあるのに、実際には石窯がないので、石窯で焼いているのは嘘であること、②店長が既婚者であるにもかかわらず店員に対してセクハラ発言をしていること、の2点である。

①については、石窯で焼いているといいながら実際には石窯がなく、石窯で焼いていなかったという事実は、一般人の読み方と注意に照らすと、ピザというイタリア料理について本格的に石窯で焼いていると嘘をついていたことになり、店の社会的評価を低下させるから、名誉毀損にあたるといえる。

②については、店長が既婚者でありながら店員にセクハラをしているという事実は、一般人の読み方と注意に照らすと、女性を蔑ろにする店という印象を与え、ましてや女子大に近く女子大生の客が多い環境と、昨今のセクハラに対して厳しく対処する社会状況においては、店の社会的評価を低下させるから、名誉毀損にあたるといえる。

IV　請求の流れ

1　甲弁護士の悩み

〈Case②〉におけるブログ記事が「イタリアンX」を経営する会社に対する名誉毀損にあたりそうなことはわかった。しかし、へっぽこグルマンと

名乗る発信者が誰だかわからない以上、当人に対してすぐに、直接、損害賠償請求をすることはできない。

　現時点で、唯一正体が明らかで、請求の相手になりそうなのはブログ運営会社である。そして、運営会社はブログによる違法な表現を助長しているともいえるのだから、損害賠償請求の対象になりそうにも思える。

　反面で、運営会社は発信者にサービスを提供しているにすぎないから、記事について責任を負わないとも考えられる。

　すると、誰に対して、どのような順序で、どのように請求をしていけばよいのだろうか。

2　解　説

(1)　プロバイダ責任制限法とは

　本来、プロバイダが提供するサービス上で違法な表現行為が行われた場合、プロバイダは違法な表現行為を助長した面もあるので、被害者に対して賠償責任を負いうる。かといって、被害者の要求によりむやみに記事を削除したり、発信者の情報を開示したりすると、今度は発信者に対して賠償責任を負いかねない。

　そのような問題を受けて成立した「特定電気通信役務提供者の損害賠償責任の制限及び発信者情報の開示に関する法律」（通称、プロバイダ責任制限法）は、その名のとおり、通常であれば、違法な表現行為によって責任を負うべきプロバイダの責任を制限し、その制限の代わりに、一定の条件下での発信者情報開示請求を認めるという法律である。

　インターネット上の表現行為によって権利を侵害された者は、この法律を根拠に、プロバイダに対して発信者情報開示を求めることができる。

(2)　プロバイダ責任制限法4条1項柱書

> 第4条　特定電気通信による情報の流通によって自己の権利を侵害されたとする者は、次の各号のいずれにも該当するときに限り、当該特定電気通信の

用に供される特定電気通信設備を用いる特定電気通信役務提供者（以下「開示関係役務提供者」という。）に対し、当該開示関係役務提供者が保有する当該権利の侵害に係る発信者情報（氏名、住所その他の侵害情報の発信者の特定に資する情報であって総務省令で定めるものをいう。以下同じ。）の開示を請求することができる。
① 侵害情報の流通によって当該開示の請求をする者の権利が侵害されたことが明らかであるとき。
② 当該発信者情報が当該開示の請求をする者の損害賠償請求権の行使のために必要である場合その他発信者情報の開示を受けるべき正当な理由があるとき。

(A) 「特定電気通信による情報の流通によって自己の権利を侵害されたとする者」

不特定の者によって受信されることを目的とする電気通信の送信によって、自己の権利を侵害された者をいう。権利侵害は、民法709条の権利侵害と同趣旨と考えてよい。インターネット上のブログや掲示板の記事により名誉を毀損された者は基本的に該当する。

(B) 「特定電気通信役務提供者」

特定電気通信設備を用いて他人の通信を媒介し、その他特定電気通信設備を他人の通信の用に供する者をいう。ブログの運営会社、掲示板の管理会社などを指すが、営利・非営利を問わないし、また、業者に限らず個人でも該当しうる。

(C) 「当該開示関係役務提供者が保有する」

基本的に、開示関係役務提供者が開示しうる権限を有していることをいう。

(D) 「発信者情報」

総務省が定める「特定電気通信役務提供者の損害賠償責任の制限及び発信者情報の開示に関する法律第四条第一項の発信者情報を定める省令」における発信者情報は以下のとおりである。

① 氏名または名称

② 住所
③ 電子メールアドレス
④ IPアドレス（数字の羅列で表される端末の「住所」的な情報）
⑤ タイムスタンプ（投稿がされた日時の情報）
⑥ その他

(3) プロバイダ責任制限法4条1項1号・2号

(A) 開示請求の要件

プロバイダ責任制限法4条1項柱書にあたり、さらに、同項1号、2号の要件をいずれも満たした場合には開示請求をすることができる。

ここで、2号の「正当な理由」は損害賠償等の請求権行使の目的があれば広く認められるので、実務上主に問題となるのは、1号の「権利が侵害されたことが明らかであるとき」という要件である。

(B) 権利侵害の明白性

発信者情報の開示にあたっては、発信者の有するプライバシーおよび表現の利益と、被害者の権利回復を図る必要性とのバランスをとる必要があるので、ここでは権利侵害の明白性が求められている。

権利侵害の明白性とは、不法行為の成立を阻却する事由の存在をうかがわせるような事情が存在しないことを指す。

したがって、名誉毀損の場合には、その成立阻却事由である真実性、相当性の抗弁が成立しないこともあわせて主張・立証する必要がある。

(C) 真実性の抗弁

ある表現が名誉毀損の要件を満たす場合でも、その行為が①公共の利害に関する事柄についてのものであり（事実の公共性）、②その行為の目的がもっぱら公益を図るものである（目的の公益性）場合に、③そこで摘示された事実が真実であると証明できるときには、違法性が阻却され、不法行為の成立が否定される（最判昭和41・6・23民集20巻5号1118頁）。

公共性のある事実とは、公衆がその事項について知っていたいと思い、そう思うことが正当であるものを指し、公共性があるかどうかは、摘示された

事実自体の内容・性質に照らして客観的に判断される。具体的には、政府や公職者に関する事実、犯罪や裁判に関する事実があたる。

目的の公益性とは、主たる動機が公益を図る目的であればよい。主たる目的が敵対感情からくる誹謗中傷や人身攻撃である場合には否定されることが多いとされる。

真実性の証明について、その証明度は高度の蓋然性であり、基準時は事実審の口頭弁論終結時である。

(D) **相当性の抗弁**

ある表現が名誉毀損の要件を満たし、また真実であると証明できない場合であっても、事実の公共性、目的の公益性があり、③行為者において事実を真実と信ずるにつき相当の理由があるといえる場合には、責任が阻却され、不法行為の成立が否定される。

真実と信ずるにつき相当の理由、という相当性の判断は、単に人づてに聞いただけではもちろん足りず、信用できる情報源から情報を得たか、裏付け調査が十分になされているか、それを受けて被侵害者本人などから事情聴取をしているかなどを考慮要素として、ある程度厳格に判断される。真実性判断と異なり基準時は表現行為の時であることに注意が必要である。

3　検　討

(1)　損害賠償請求までの段階

損害賠償請求までは、以下のプロセスを経ることになる。

①　訴訟外の交渉

ブログであれば運営会社（他のサイトであればコンテンツプロバイダ）に対して、訴訟外で、発信者情報開示ないし削除を求める。

②　発信者情報開示仮処分

ブログ運営会社が応じない場合、同社に対して発信者情報開示ないし削除を求める仮処分を申し立てる。この場合、開示される情報はIPアドレスとタイムスタンプのみである。

③　発信者情報開示訴訟

　IPアドレスを基にプロバイダを特定し、プロバイダに対して発信者の住所、氏名を開示することを求める訴訟を提起する。

④　損害賠償請求訴訟

　開示された発信者の住所、氏名を基に、発信者に対して損害賠償請求訴訟を提起する。

(2)　方向性の選択

　インターネット上の名誉毀損においては、解決の方向性として、①削除、②損害賠償請求と、大きく2つに分かれる。

　実際、損害賠償請求は任意交渉、仮処分、開示の本訴、損害賠償請求の本訴と何段階も経る必要があるのに対し、削除請求はブログ運営会社への任意請求のみで実現することが多いので比較的短時間で実現でき、かつ手軽である。

　また、当初は「誰がこんなことを書いたのか」という怒りから損害賠償請求まで行うことを求める依頼者も多いが、いざやってみると、数段階の法的手続には手間と時間がかかり、実費や弁護士報酬の負担も大きいことから、途中でやる気がなくなる依頼者もいる。さらに、判決を得たとしても慰謝料は手続に見合うほど高額ではなく、相手によっては執行できるかどうかすら怪しい事案も多い。

　そこで、この種の事件を受任する場合には、受任当初から各方針のメリットとデメリットをきちんと説明し、依頼者がどの程度の対応を求めているのかを確認する必要がある。

V　ブログ運営会社への訴訟外請求

1　甲弁護士の悩み

　甲弁護士は法的構成についてひととおり整理し、まずはブログ運営会社に対して開示請求書を送ることにした。

しかし、手元には開示請求書のひな型もなく、また、どのような添付資料をつければよいのかもわからない。さらに、書面を送ったとして、運営会社は通常どのように対応してくるのだろうか。

2　解　説

(1)　相手方の特定

ブログ運営会社はブログをたどれば出てくる場合が多いが、コンテンツプロバイダについては、「WHO IS」で検索をかけて出てくる、日本レジストリサービスのサイト（〈http://whois.jprs.jp/〉）などで、ドメイン名を入力して検索することで特定する。

送付先は部署を特定せず、その会社宛てに送ればよい。

(2)　記載の方法

会社によっては開示請求書のひな型を作成している場合が多いが、基本的には、プロバイダ責任制限法4条1項に基づいて開示請求を行うこと、掲載された情報の詳細、侵害された権利、権利侵害の明白性等を具体的に記述する。

特に、権利侵害の明白性については、摘示事実を確定して名誉毀損性を論じたうえで、プロバイダ責任制限法4条1項1号に該当することを示すために、真実性、相当性の抗弁が成立しないことも論じる必要がある。

その際、真実でないことについては積極的に証拠を添付すると交渉が成功しやすくなるので、検討すべきである。

(3)　送付後の対応

会社宛てに請求書を送付すると、追って担当部署より連絡が入る。

会社としては、まず発信者に意見照会をして、それを受けて会社としての回答をするという流れをとっているところが多い。そして、発信者より意見が得られなかった場合には、削除請求については比較的柔軟に応じてくれることが多い。

しかし、開示請求については発信者のプライバシーにもかかわるため、権

利侵害性が一見して明らかでない限り、応じない可能性が高い。

　この時点で、適宜証拠を追加するなり、また、仮処分に進むなり検討することとなる。

【書式2-2-1】　発信者情報開示請求書（《Case②》）

Y株式会社
代表取締役社長○○　殿

平成29年11月○日

発信者情報開示請求書

　　　　　　　　　　　　開示請求者　　株式会社イタリアンX
　　　　　　　　　　　　〒○○○-○○○○
　　　　　　　　　　　　東京都○○区○○×丁目×番×号
　　　　　　　　　　　　（送達場所）甲法律事務所
　　　　　　　　　　　　代理人弁護士　　甲　野　太　郎

　貴社が管理する特定電気通信設備に掲載された下記の情報の流通により、当職が代理人を務めます上記会社（以下「開示請求者」といいます。）の権利が侵害されたので、特定電気通信役務提供者の損害賠償責任の制限及び発信者情報の開示に関する法律（プロバイダ責任制限法。以下「法」といいます。）第4条第1項に基づき、貴社が保有する、下記記載の、侵害情報の発信者の特定に資する情報（以下「発信者情報」といいます。）を開示下さるよう請求します。

記

1　掲載された情報
　(1)　ブログの題名「へっぽこグルマンの酒場ブログ」
　(2)　記事の題名
　　　「「イタリアンX」は虚偽表示セクハラレストラン」
　　　（URL：http://○○○.html）
　　　内容は別紙の通り

記事投稿の日付　2017年9月18日23時55分

2　侵害された権利
　開示請求者の名誉権

3　権利が明らかに侵害されたとする理由
　(1)　権利が侵害されていること
　　　ア　本件記事の摘示事実は……である。
　　　イ　当該摘示事実は、……開示請求者の社会的評価を低下させる。
　　　ウ　よって、開示請求者の名誉権を侵害する。
　(2)　免責要件を充足していないこと
　　　……という摘示事実は真実ではない。また、真実であると信じるにつき相当性もない。よって、免責要件を満たさない。
　(3)　小括
　　　よって、開示請求者の名誉権は明らかに侵害されている。

4　発信者情報の開示を受けるべき正当理由
　(1)　損害賠償請求権の行使のために必要であるため
　(2)　謝罪広告等の名誉回復措置の要請のために必要であるため
　(3)　差止請求権の行使のために必要であるため
　(4)　発信者に対する開示要求のために必要であるため

5　開示を請求する発信者情報
　(1)　発信者の氏名又は名称
　(2)　発信者の住所
　(3)　発信者の電子メールアドレス
　(4)　発信者が侵害情報を流通させた際の、当該発信者のIPアドレス
　(5)　(4)のIPアドレスから侵害情報が送信された年月日及び時刻

6　証拠
　(1)　本件ブログ記事のプリントアウト

(2)　石窯の写真
　　(3)　従業員陳述書
　　(4)　……

7　添付書類
　　(1)　委任状
　　(2)　現在事項全部証明書

8　発信者に示したくない私の情報（複数選択可）
　　(1)　「権利が明らかに侵害されたとする理由」欄記載事項
　　(2)　添付した証拠

3　検　討

　甲弁護士は開示請求の書式を得て、請求書の起案を行った。また、摘示事実が真実でないことの証拠がないかX氏に問い合わせたところ、石窯については、厨房の入り口から死角になっているだけで実際に存在していることがわかり、その石窯の写真を得た。また、セクハラについては、店で1人だけ雇っている従業員は実はX氏の妹であり、当日発信者が聞いたであろう会話は、X氏が従業員である自分の妹を心配してかけた言葉であることがわかったので、その旨の妹の陳述書を得た。
　そこで、それらの証拠を添付して請求書を運営会社に送った。

VI　発信者情報開示仮処分申立て

1　甲弁護士の悩み

　開示請求書を送ったところ、運営会社の担当者から電話が入り、発信者に意見照会をしたところ、開示してほしくないこと、また、虚偽表示やセクハラを告発するのは公共の事実であり公益目的であって、石窯がないこともセ

クハラも真実であるという意見なので、任意交渉では開示できないとの回答だった。

そこで、甲弁護士は運営会社に対して発信者情報開示仮処分を申し立てることにしたが、またしても、手続について知識がないので困ってしまった。

2　解　説

(1)　仮処分の申立て方法

運営会社が任意請求に応じなかった場合、運営会社に対してIPアドレス、タイムスタンプの開示を求める仮処分命令申立てを行う。開示仮処分の管轄は運営会社の本店住所地であり、管轄が東京地方裁判所の場合は、宛て名は民事9部（保全部）である。

東京地方裁判所での手続の流れは、申立て後すぐに双方審尋の期日が入り、期日では裁判所2階の民事9部受付で申し出て、待合室で順番を待ち、放送で呼び出されたら裁判官室の指定の裁判官の席に行って、相手方同席の下、裁判官から書面のチェックを受ける。

そして、仮に不備があれば補充したうえで、担保決定がなされ、法務局で供託した後、仮処分が発令される。担保金は通常の事案であれば30万円であることが多い。

(2)　申立書の記載内容

記載内容については基本的に訴訟外の請求書と変わらないが、保全の必要性として、IPアドレスとタイムスタンプはプロバイダにおいて保管期間が決まっているため（おおよそ3カ月から6カ月）、急がないとそれが消されてしまうことを記載する。また、形式としては、別紙として発信者情報目録や投稿記事目録をつける。

(3)　発令後の手続

発令された後は、それに基づいて運営会社よりIPアドレスとタイムスタンプが開示される。

そこで、WHO IS検索のサイトでIPアドレスを入力し、当該IPアドレス

の経由プロバイダを調べる。IPアドレスとは端末の「住所」のような情報であり、それを検索することで、発信者が使用した端末が使用しているインターネットプロバイダが判明するのである。

【書式 2-2-2】 仮処分申立書（《Case ②》）

仮処分命令申立書

平成29年12月○日

東京地方裁判所民事第 9 部　御中

債権者代理人弁護士　　甲　野　太　郎

当事者の表示　　別紙当事者目録（略）記載のとおり

第 1　申立の趣旨
　債務者は、債権者に対し、別紙記事目録に係る別紙発信者情報目録記載の情報を仮に開示せよ。
　との裁判を求める。

第 2　被保全権利
　1　当事者
　　(1)　債権者は……
　　(2)　債務者は……というインターネットサービスプロバイダ事業を営む事業者である。誰でも……のトップページにアクセスし、アカウントを作成してログインすることにより、無料でブログを開設することができる。また、原則として誰でもインターネット上でブログを閲覧することができる。
　2　債権者に対する権利侵害
　　(1)　権利が侵害されていること
　　　　（略）
　　(2)　免責要件を充足していないこと

(略)
(3) 小括
......
以上より、上記記事により債権者の権利が侵害されたことは明らかである。
3 開示を受けるべき正当な理由
債権者は本件ブログ記事の発信者に対して、不法行為に基づく損害賠償請求等をする予定であるが、この権利を行使するためには、債務者が保有する別紙発信者情報目録記載の情報の開示を受ける必要がある。
4 まとめ
よって、債権者らは債務者に対し、特定電気通信役務提供者の損害賠償責任の制限及び発信者情報の開示に関する法律4条1項に基づき、本件発信者情報の開示請求権を有するものである。

第3 保全の必要性
1 債権者らは、債務者に対して、本件記事の発信者情報（IPアドレス等）の開示を求める本案訴訟を提起すべく準備中である。そして、債務者からIPアドレスの開示を受けた後、経由プロバイダに対して発信者情報（発信者の住所・氏名）の開示を求める予定である。
2 ところが、債務者が発信者情報としてIPアドレスしか情報を保存していないことが通常であるものと思われるが、この場合、経由プロバイダにおける発信者情報の保存期間が限られているため、債務者から早急にIPアドレスの開示を受け、その内容から特定される経由プロバイダに対して当該IPアドレス及びタイムスタンプを提示しなければ、発信者の住所・氏名を特定することが出来なくなってしまう。
3 そこで、債権者らは、本申立に及んだ次第である。

疎明方法

　　　　疎甲1号証　　　現在事項全部証明書
　　　　疎甲2号証　　　ブログ記事写し

附属書類

1	疎甲号各証写し	各1通
2	訴訟委任状	1通

（別紙）

発信者情報目録

別紙記事目録記載の記事に係る下記情報
① 別紙記事目録記載の記事を投稿した際のIPアドレス
② 前項のIPアドレスが割り当てられた電気通信設備から債務者の用いる特定電気通信設備に前項の各投稿記事が送信された年月日及び時刻

（別紙）

投稿記事目録

ブログの題名「へっぽこグルマンの酒場ブログ」
記事の題名「「イタリアンX」は虚偽表示セクハラレストラン」
URL：http://○○○.html
記事投稿の日付　2017年9月18日23時55分
（以下略）

Ⅶ 発信者情報開示請求訴訟

1　甲弁護士の悩み

　甲弁護士が仮処分によって開示されたIPアドレスについてWHO IS検索をかけたところ、当該アドレスの経由プロバイダが判明した。
　そこで、甲弁護士から経由プロバイダに対して訴訟外の開示請求をしたが、同社は応じられないと回答した。そこで、甲弁護士は同社に対して発信者情報開示請求の本訴を提起しようと考えている。
　このタイミングでX氏から、裁判というのは金と時間がかかると聞いて

いるが、実費はいくらかかるのか、そして、この訴訟は何回くらいで終わるのかという質問があったが、甲弁護士はすぐには答えられず、困ってしまった。

2 解説

(1) 訴訟提起の方法

発信者情報開示請求訴訟は非財産権上の訴訟なので、訴額は160万円、貼用印紙額は1万3000円である。管轄は仮処分と同じく、プロバイダの本店所在地である。

(2) 訴訟の流れ

基本的には、プロバイダは第1回期日前に発信者に対して意見照会をして、その意見を参考として主張・立証を行う。意見照会の回答書もプロバイダ側の証拠として提出されることが多い。回答書について的確に要件事実を踏まえて主張している場合にはそれに反論する必要があるが、要件事実とは関係ない主張を重ねている場合には、あまり進行に影響しない。

ともあれ、主たる争点は法律論であるから、双方1回から2回の反論を3回程度の期日で行ったうえで結審し、判決に至ることが多い。

【書式2-2-3】 訴状（《Case ②》）

訴　　状

平成30年2月〇日

東京地方裁判所　御中

原告訴訟代理人弁護士　甲　野　太　郎

当事者の表示　別紙当事者目録（略）記載のとおり

発信者情報開示請求事件

訴訟物の価額　金160万円

貼用印紙額　　金13,000円

第1　請求の趣旨
　1　被告は、原告に対し、別紙記事目録（略）に係る別紙発信者情報目録（略）記載の情報を開示せよ。
　2　訴訟費用は被告の負担とする。
　との裁判を求める。

第2　請求の原因
　1　当事者
　　(1)　原告は……。
　　(2)　被告は……というインターネットサービスプロバイダ事業を営む事業者である（甲○）。
　2　原告に対する権利侵害
　　（略）
　3　開示を受けるべき正当な理由
　　原告は本件ブログ記事の発信者に対して、不法行為に基づく損害賠償請求等をする予定であるが、この権利を行使するためには、被告が保有する別紙発信者情報目録記載の情報の開示を受ける必要がある。
　4　まとめ
　　よって、原告は被告に対し、特定電気通信役務提供者の損害賠償責任の制限及び発信者情報の開示に関する法律4条1項に基づき、本件発信者情報の開示請求権を有するものである。

第3　被告から発信者情報の開示を受けるべき正当な理由
　1　原告は、本件発信者の氏名・住所等が明らかになり次第、本件発信者に対して損害賠償請求を行う予定である。
　2　原告は本件ブログの管理会社である○○株式会社に対して本件発信者特定のために必要な情報の開示を求め仮処分命令申立を行った結果（東京地裁平成29年(ヨ)第○○号）、仮処分命令が発令され（甲○）、同社より発信者のIPアドレス・タイムスタンプの開示を受けた（甲○）。

この開示情報から本件発信者は被告の管理するサービスのユーザーであることが判明した（甲○）。
　3　そこで、原告は、平成29年11月○○日に、被告会社担当部署であるカスタマーサービス部インターネットセキュリティ担当に架電し、本件発信者についての任意の情報開示の見通しを問い合わせたところ、被告会社においては、一般的に、明らかに権利侵害を行っていると判断される場合以外は権利侵害性が判断できないため、任意の開示をせず、裁判所の判断に委ねている旨、及び、本件では仮処分に先立つ任意の発信者情報開示請求について拒絶された事案であるから、同様の判断が下される可能性が高い旨の回答があった。

第4　よって、原告は、特定電気通信役務提供者の損害賠償責任の制限及び発信者情報の開示に関する法律第4条1項に基づき、請求の趣旨記載のとおりの判決を求める次第である。
　（以下略）

VIII 名誉毀損による損害賠償請求訴訟

　甲弁護士は幸運にも発信者情報開示請求訴訟の一審で勝訴することができ、ようやく、発信者である「へっぽこグルマン」の住所と氏名が判明した。
　この氏名をX氏に告げたところ、X氏から連絡があった。

　X　氏：もしもし、この名前なんだがな、妹が見覚えがあるって言ってるぞ。
　甲弁護士：え？　ただの店の客じゃないのか。
　X　氏：いや、どうも何回も店にきたことがある客で、妹のことを好きになったらしく、何度か食事に誘われたり、連絡先と名前を書いた紙を渡されたりしたんだそうだ。
　甲弁護士：それならば、どうして店の悪口を書くんだろう。

Ｘ　氏：妹が言うには、妹に親しく接する俺に対して敵対心をもっていたみたいで、妹には「あの店長、いくら〇〇さんが可愛いからって、奥さんもいるのに〇〇さんに馴れ馴れしくして、嫌な人ですよね」とか言っていたらしいんだよ。妹は面倒くさいから笑ってごまかしていたらしいんだが。

甲弁護士：なるほど、それで店の悪口を書いたってことか……。

　Ｘ　氏：そうだと思う。でさ、以前、お前から説明してもらった「公益性」ってあったろ。今回の記事は完全な逆恨みで、公益性がないことは、はっきりしているから、この記事が真実かどうかとか面倒なことをいわないでも、早いところ裁判が終わるんじゃないのか。

甲弁護士：それはどうだろうなあ。

　Ｘ　氏：それからさ、実際には、慰謝料ってどのくらいとれるんだい。

甲弁護士：わかった。調べておくよ。

1　甲弁護士の悩み

　電話を切ってから甲弁護士はふと考えた。確かに、公益性がないのなら、成立阻却事由の要件の１つが欠ける以上、真実性も相当性も主張・立証しないで勝訴できるのが理屈ではある。しかし、実際の訴訟でそのとおりにいくのだろうか。

　また、今回の訴訟では記事によって売上げが下がったわけではないから、精神的苦痛に対する慰謝料のみを求めているが、相場はいくらくらいなのだろうか。

2 解　説
(1) 名誉毀損訴訟の一般的な進行と争点
(A) 摘示事実＋社会的評価の低下

訴状で特定した摘示事実は、当然のごとく原告の社会的評価を低下させるものであるから（逆にいえば、社会的評価を低下させると評価できるように記事から摘示事実を切り出しているから）、被告側は答弁書において、原告とは異なる摘示事実を主張し、それによれば原告の社会的評価は低下せず、名誉毀損は成立しないと主張する。

名誉毀損訴訟では、たいてい第1段階としてこの争点が出るので、初期の期日は摘示事実の確定に費やされることが多い。

(B) 相当性

摘示事実が確定された場合、次に大きい争点になるのは、相当性である。

もちろん、真実性が争点になることもあり得るし、被告は真実性の抗弁と相当性の抗弁の双方を主張する。しかし、実際には、真実でない（少なくとも原告はそう思っている）からこそ原告側は提訴まで踏みきっているのであるし、原告についての記載であれば原告側に真実性の資料がある以上、被告側も真実かどうかまでは立証できないことが多い。

また、事実の公共性や目的の公益性についても、原告が私人であったとしても、必ずしも公共性、公益性を欠くとはいいきれず、よほど一見して明白に公共性、公益性を欠くというのでなければ、これをもって判断の決め手とするのは難しいことが多い。

そこで、基本的には相当性の争点について主張・立証を交わし、審理を進める脇で、双方が事実の公共性、目的の公益性についても主張し、その後いざ相当性が認められそうだとなったときに、両争点に審理の中心が移ることが多いようである。

(2) 慰謝料の相場

精神的損害に対する慰謝料については、従前「100万円ルール」とよばれていたように、高くても100万円とする低額の相場があった。

しかし、近年名誉毀損行為の悪質化や情報流通の高速化、広範化に伴い、名誉毀損によって被る精神的苦痛が拡大していることから、必ずしも低額にとどまるわけではなく、行為の悪質性、情報の伝播の広さ、被害者の属性などにより、高額の慰謝料が認められる事案も増えている。

3 検 討

〈Case②〉では、仮に発信者がX氏の妹に対して好意をもち、それにより誤解のうえでX氏に対して敵対心をもったとしても、そのことが主たる理由で本件記事を書いたかどうかは確定できない。そこで、その点は主張するとしても、摘示事実は真実ではないのだから、通常どおり、相当性がないことが審理の中心となっていくと思われる。

この際には、少なくとも発信者自身の証人尋問が行われると思われるので、なおさらX氏の期待するように早急に勝訴判決を得ることは難しい。

本件記事が店やX氏の悪口を書いた一度のみの記事で、また、このブログの閲覧回数も伸びておらず、さらに他の客に悪口が影響しなかったなどの事情があるのならば、慰謝料は低額にとどまるが、そうでなければ高額になる可能性もある。

4 和 解

甲弁護士は訴訟を提起し、相手方は本件摘示事実はあくまで消費者保護のために店の偽装やセクハラを告発する公益目的があり、事実も公共性があることを主張したが、石窯については発信者が軽く厨房をのぞいただけで、そこからは死角になっている石窯には気づけなかったことや、X氏の妹に事実確認をしていなかったことなどから、明らかに調査が不足しており、事実が真実と信じるについて相当な理由がないとの心証が裁判所から開示された。

しかし、X氏から、何度か通ってくれた客とは最後まで争いたくないとの意向が示されたため、発信者の謝罪と再発防止、そして解決金10万円の支払いという条件で和解した。

IX 後始末

　事件解決のお祝いとしてX氏が店に招待してくれたので、甲弁護士は妻と一緒にイタリアンXに行った。訪れるのは初めてだが、落ち着いた内装であり、X氏の妻も妹も感じの良い接客態度で、とても居心地がよい。しかも、石窯で焼いたピザは絶品で、気がついたら何ピースも食べて妻に怒られる始末である。

　こんな素敵な店でも、ひょんなことからインターネットに悪口を書かれて、それが世界に瞬時に広まっていくのだから、生きづらい世の中である。

　法的に事後的な解決を図るより、皆がある程度のネットリテラシーをもつように教育したほうがずっと効果的なのではないかと、甲弁護士は手元のワインを飲みつつ思うのだった。

　本稿は、複数の事例を組み合わせるなどして構成したものであり、実際の事例とは異なる。

第3章 喧嘩闘争

I 事案の概要

─〈Case ③〉─

　平成25年9月20日午前1時00分頃、相談者A（当時20歳の学生）とその友人BおよびC（それぞれ当時22歳、21歳の学生）の3人が、駅前の繁華街で飲食した後、終電に乗ろうと駅に向かう途中の歩道上で、道をふさいでいたXらのグループ3人とすれ違いざまに、BがXから「肩があたった」などと因縁をつけられ、双方6人で喧嘩闘争に発展した（以下、「本事件」という）。Xは、Aら3人に対し、本事件により、加療3週間の上口唇の裂傷を負い、顔面に外貌醜状が残ったとして、本事件から3年が経過する10日前に、治療費、慰謝料および逸失利益等の損害賠償請求訴訟を提起した。なお、Aも本事件により、顔面打撲傷および顔面裂傷の傷害を負っていた。

〈図表 2-3-1〉　**本事件の構図**

II 実務上のポイント

〈*Case*③〉における実務上のポイントは、以下の6点である。

① 独立したての弁護士の心構え
② 不法行為による損害賠償請求の消滅時効の起算点
③ 反訴提起の要否と時期
④ 一部請求と残部請求についての時効中断
⑤ 喧嘩闘争の場合の正当防衛
⑥ 喧嘩闘争の場合の過失割合

III 初回相談

　甲弁護士は、登録4年目の弁護士である。勤務弁護士を3年経験した後、このままでは自分のお客を得ることができないと悟り、独立を考えた。もっとも、東京で1人での独立は厳しいので、弁護士会の求人案内で、経費負担のパートナー募集の事務所を探して、3人の共同経営の事務所に移籍した。

　甲弁護士は、移籍にあたり、さまざまな営業活動（種まき）をしていたが、その一環として士業交流会に出席し、そこで乙税理士と出会った。乙税理士も独立したてとのことで、ここは恩を売ろうと思い、今まで自分でやっていた確定申告手続をお願いすることとした。すると、ほどなく、乙税理士から、自分の顧客である中小企業の社長から、息子のA氏が訴えられたとして、本件の相談をもちかけられた。

　甲弁護士は、早速乙税理士からA氏の連絡先を聞き、事務所で最初の相談を受けることになった。なお、初回の相談料については、乙税理士の紹介とのことで無料とさせていただいた。

甲弁護士：初めまして。乙税理士からご紹介を受けました弁護士の甲と

申します。いつも、乙税理士にはお世話になっております。本日は、どうぞよろしくお願いいたします。
Ａ　氏：初めまして。父から、乙税理士さんのご紹介と聞いて、本日は参りました。どうぞよろしくお願いいたします。３年も前の事件なのに、今頃突然訴えられてどうしていいかわからなくて。これが届いた訴状です（【書式2-3-1】）。
甲弁護士：早速拝見いたします。訴訟提起日は、平成28年９月10日となっていますね。事件が平成25年９月20日のようなので、３年の消滅時効間際に申し立てたのですね。
Ａ　氏：そうですか。それで、今頃訴状が届いたのですね。
甲弁護士：訴状についてですが、Ａさんにはまず、認否といって、一文一文について、認める…〇、認めない…×、知らない場合…△と分けていただき、×については、認めない理由とそれを基礎づける証拠があるかをご確認いただきます。具体的には後ほどうかがいますが、今、大まかでかまわないのですが、この訴状に書かれている事実に間違いはありますか。
Ａ　氏：間違いも何も、私は、今回の事件について、ほとんど知らないというのが真相です。私は、原告と２つ年上の先輩Ｂさんがもめ始めたので、止めに入ろうと２人の間に体を入れました。すると、原告からいきなり殴られ、その後気を失っていたらしく、気がついたら、駆けつけた警察の人が、私に何か話しかけていたというのが真実です。
甲弁護士：そうすると、暴行に全く加わっていなかったのですね。
Ａ　氏：はい。それどころか、私も顔に裂傷を負いました。
甲弁護士：本事件後、警察の取調べがあったかと思いますが、その旨をお話されましたか。
Ａ　氏：もちろんです。もっとも、取調べは、すぐには行われませんでした。事件当日は、後日詳しく事情を聞くからと言われて、

すぐに帰されました。私が警察によばれたのは、約 1 カ月後の平成25年10月20日でした。そこで、初めて、加害者が X であることを知りました。

甲弁護士：警察からは、ほかに本事件の状況について何か聞かされましたか。

Ａ　氏：いいえ。警察での取調べは、この 1 回限りでしたが、そのときも、警察から、本事件の状況について詳細に聞かされることはありませんでした。

甲弁護士：その取調べ後、本事件について、加害者側と何か話をしましたか。

Ａ　氏：直接に話したことはありません。しかし、その年の12月中旬頃、Ｂ先輩のお父さんと、Ｃ先輩とは話したことがあります。

甲弁護士：Ｂさんのお父さんとＣさんとはどのようなことを話しましたか。

Ａ　氏：本事件は、Ｘ側 3 人対当方 3 人の喧嘩闘争で、Ｂ先輩は私がそこで何をしていたかはよく覚えていないとのことです。ただ、Ｂ先輩が X を直接殴ったことは認めているようで、X と示談の話をしているとのことでした。Ｃは私の 1 つ上の先輩で、Ｂ先輩のお父さんと話をした 2、3 日後くらいに話をしました。Ｃ先輩によると、私が X から殴られ横たわっていたこと、Ｂ先輩が X を殴っていたことを見たと教えてくれました。また、Ｂ先輩のお父さんが、Ｃ先輩にも連絡をしてきて、X 側と示談をするので、任せてほしいなどと言ってきたとのことです。

甲弁護士：その後、ＢさんやＣさんとは、本事件について何も話していないのですか。

Ａ　氏：はい。本事件について動いたのは、3 年近く経っていきなり起こされたこの裁判です。裁判は初めてですし、内容をみる

と、自分も1200万円も請求されているようです。父とも相談したのですが、自分たちではとても対応できないので、ぜひ甲弁護士さんにお願いしたいと思います。

甲弁護士：わかりました。弁護士費用の見積りは○○円となります。ご自宅にもち帰っていただき、お父様ともう一度お話してください。よろしければ、次回のご相談時に委任状と委任契約書にご署名とご捺印をいただきますので、その際はご印鑑をお持ちください。また、先ほどの訴状に対する認否もしていただければと思います。本日はどうもありがとうございました。

【書式2-3-1】 訴状（《Case③》）

訴　　　　状

平成28年9月10日

東京地方裁判所民事部　御中

原告訴訟代理人弁護士　　○　○　○　○

当事者の表示　別紙当事者目録（略）記載のとおり

損害賠償請求事件
　　訴訟物の価額　　1230万8895円
　　貼用印紙の額　　5万9000円

第1　請求の趣旨
　1　被告らは、原告に対し、連帯して金1230万8895円及びこれに対する平成25年9月20日から支払済みまで年5分の割合による金員を支払え
　2　訴訟費用は被告らの負担とする
との判決並びに仮執行宣言を求める。

第2　請求の原因
　1　当事者
　　　原告は、本件事件当時21歳の大学生であった。被告Bは当時22歳、被告Cは当時21歳、被告Aは当時20歳で、それぞれ大学生であった。
　2　傷害事件の発生
　　　平成25年9月20日午前1時00分頃、東京都新宿区○○○丁目路上において、被告らが、原告に対し暴行を加え、加療3週間の上口唇の裂傷を負い、顔面に外貌醜状が残った（以下「本件事件」という）（甲1）。
　3　原告の傷害及び後遺障害
　　　本件事件により、原告は、上口唇裂傷の傷害を負い、上口唇に長さ3センチメートルの線状痕（後遺障害）が残った（甲2）。
　4　共同不法行為
　　　上記3の傷害及び後遺障害は、被告らの共同の暴行によるもので、被告らは、共同不法行為責任を負う。
　5　原告の損害
　　　後記(1)～(5)の合計金1230万8895円
　　(1)　治療費　10万円（甲1、3）
　　(2)　傷害慰謝料　28万円
　　(3)　逸失利益　790万9905円
　　　　3センチメートルの線状痕が自賠法施行令別表第2の後遺障害等級12級14号に相当し、労働喪失率を14％（労働省労働基準局長通牒別表労働能力喪失表）、年収を賃金センサス大学卒20～24歳平均の315万9900円、労働可能期間46年（21～67歳）で計算。
　　(4)　後遺症慰謝料　290万円
　　　赤い本　後遺障害等級12級相当
　　(5)　弁護士費用　111万8990円
　6　結語
　　　よって、原告は、被告らに対し、請求の趣旨記載のとおりの請求をする。
（以下略）

Ⅳ 初回相談後の検討

　甲弁護士は、初回相談を踏まえ、以下のように事件を整理した。

　Ａ氏の話からすると、そもそもＡ氏の暴行が認められず、仮に認められたとしても、正当防衛として違法性が阻却される可能性がある。しかし、3年前の事件であり、当事者の記憶もあいまいであろうし、本人尋問まで至ったら、きちんと対応できず因果関係等が認定されない可能性がある反面、Ｘ氏が実際にけがをしている以上、共同不法行為の何らかの関連性が認められてしまうおそれもある。そこで、落としどころとして、ＢＣはともかく当方は支払わない（求償も受けない）ゼロ和解も視野に入れて戦略を練ることとした。

　ゼロ和解をめざすには、Ａ氏も本事件で負傷したとのことだったので、反訴提起が有効であると考えた。印紙代も軽くしたいし、損害額の調査も間に合わないだろうから、一部請求がよいであろう。

　ただ、反訴提起には問題があった。本事件からすでに3年の消滅時効期間が経過していたからだ（改正民法では、人の生命、身体を害する不法行為の場合には、加害者を知った時から「5年間」とされている。改正民法724条の2。第1編第4章Ⅰ2参照）。本訴提起は時効中断事由にはならない。そこで、Ａ氏が、加害者を知ったのは1カ月後の取調べ時であった、と言っていたことを思い出した。かかる事実をもって、民法724条前段の「加害者を知った時」として、主張を構成することにした。そうだとしても今日（初回相談日）は平成28年10月7日であり、取調べ時を起算点としても、時効期間経過まであと12日しかない。ここは、できる限り早くＡ氏と打合せをして、最優先で反訴提起を準備しなければならない。

　もっとも、和解は相手方の合意があってのことである。〈*Case*③〉は、敵方だけではなく、味方3名が被告となっている事件である。味方の内部負担の問題もあり、1対1の争いと比べて和解は容易ではないことが予想され

る。反訴提起と並行して、正当防衛の要件についての主張・立証、および、仮に味方の責任が認められてしまう場合のＡ氏の過失割合がゼロもしくはより少なくなるような主張・立証準備をする必要がある。

V 事件の受任

1 ２度目の相談

甲弁護士とＡ氏との２度目の相談が行われた。やりとりは以下のとおりである。

> 甲弁護士：こんにちは。ご家族の方とはお話になりましたか。
> Ａ　氏　：はい。先生に依頼したいと思います。社会人１年目ですが、早く本件に区切りをつけて新スタートを切りたいです。弁護士費用については、社会人１年目でお金がありませんので、親に立て替えてもらい、必ず返済すると約束しました。
> 甲弁護士：そうですか。では、本事件の解決に向けて一緒に頑張りましょう。本件では、法的な争点がいくつかございます。その中で、「加害者を知った時」を立証する証拠の有無と、反訴の内容となる損害についておうかがいします。まず、前者の点ですが、取調べの場所、時間、担当者、調書作成の有無など教えてください。
> Ａ　氏　：はい。取調べは、平成25年10月20日の午前10時から２時間ぐらいでした。担当者は、新宿南警察署の〇〇さんです。調書をとられたかは覚えておりません。
> 甲弁護士：次に反訴の点ですが、これは、先ほど説明申し上げたとおり、こちらも訴えて、１つの解決策として、展開によっては双方貸し借りなしのゼロ和解をめざすというものです。この点については、ご理解いただけましたでしょうか。

A　氏：はい。私も、顔に裂傷を負いましたが、当時やっていたモデルの仕事に影響がございました。感情的にも訴えたいですし、戦略的にも効果があるとのことであればお願いしたいです。ただ、費用の点が……。

甲弁護士：費用ですが、そんなに手間もかからないですし、誤解を恐れずに言えば、本事件の解決オプションを増やすための戦略的な道具の側面もあるので、実費だけいただければかまいません。

A　氏：わかりました。それではお願いします。

甲弁護士：そうは言うものの、反訴により損害賠償請求するには、損害を基礎づける根拠がなくてはなりません。診断書や写真などの証拠の有無、それに先ほどおっしゃっていたモデル業への影響などを教えてください。

A　氏：はい。病院には行ったのですが、診断書はとっておりません。しかし、けがを撮影した写真は何枚かあります。モデル業ですが、私は、カットやファッションのモデルをやっており、雑誌や広告に出してもらっていました。月に7〜8万円程度の収入があり、生活の足しにしておりました。今回のけがのために、2カ月くらいモデル業ができませんでした。

甲弁護士：なるほど、それなりに損害がありそうですね。あとは、証拠次第ですね。取り急ぎ、慰謝料のみを主張して、治療費や休業損害などは、あとで追加請求いたしましょう。後ほど、ご準備いただきたいこと、揃えていただきたい書類一覧をメールでお送りいたします。

A　氏：わかりました。なるべく早く準備いたします。

2 事件の受任にあたり

甲弁護士は、2回目の相談の最後に、依頼の意思を確認するにあたり、再度、〈Case③〉で考えられる次のリスクをA氏に説明した。

① 仲間であるはずのBやCが、自分の罪を軽くするもしくは免れるために、Aを引っ張り込む主張をするおそれがあること
② 仮に、Aが暴行をしていないとしても、現場の状況からみて、BCの暴行との関連性が認められるおそれがあること
③ 反訴については、消滅時効の抗弁を出されるおそれがあること

A氏は上記リスクがあることを承知したうえで、訴訟委任状および委任契約書に署名・捺印をした。Aの意思としては、そもそも暴行をしておらず、かつ、自身もけがをして損害を被っているので、最低でも持ち出しがないような解決を望むとのことであった。

委任契約書に署名等をもらった後、時間があったので、前回の相談時にお願いしておいた、訴状の認否確認をしてその日の相談を終えた。

〈Case③〉は、甲弁護士が独立してすぐの受任であった。自分の営業が奏功して得た仕事であり、委任状の受任者も当然であるが単独名義である。勤務弁護士時代に、ボスから「弁護士の仕事は仕事をとってきて報酬を回収することが7割。具体的な紛争解決処理は3割」と日頃言われていたことを思い出した。そのときはよく意味がわからなかったが、今では身にしみてわかる気がした。

VI 訴訟

1 反訴

本事件から3年が経過してしまっているものの、A氏が加害者を知ったとする取調べ時からは3年は経過していない。しかし、その期間経過までにあと1週間しかない。損害の立証方法として、診療報酬明細書等の医証、けがの写真、モデルの給与明細などが必要であるが、反訴提起を最優先し、証

拠はけがの写真のみを先に送ってもらい、損害項目は慰謝料のみを一部請求した。

【書式2-3-2】 反訴状（〈Case ③〉）

反 訴 状

平成28年10月14日

東京地方裁判所民事部　御中

反訴原告訴訟代理人弁護士　　　　甲

当事者の表示　別紙当事者目録（略）記載のとおり

損害賠償請求反訴事件
　　訴訟物の価額　　52万0000円
　　貼用印紙の額　　6000円

貴庁平成28年(ワ)第○号損害賠償請求事件（以下「本訴事件」という。）について、被告Ａは次のとおり反訴を提起する。

第1　請求の趣旨
　1　反訴被告は、反訴原告に対し、52万円及びこれに対する平成25年9月20日から支払済みまで年5分の割合による金員を支払え
　2　訴訟費用は反訴被告の負担とする
との判決並びに仮執行宣言を求める。

第2　請求の原因
　1　傷害事件の発生
　　　平成25年9月20日午前1時00分ころ、反訴被告が、反訴原告に対し、故意に反訴原告を路上に押し倒し、後頭部を強打させるなどした上、路上で仰向けとなった反訴原告に馬乗りとなり、反訴原告の顔面を繰り返し殴りつけるなどの暴行を加え、よって、顔面打撲傷及び顔面裂傷の傷害を負っ

た（以下「本件暴行」という）。
2 損害の程度及び損害額
 (1) 損害の程度
　　本件暴行により反訴原告の顔面に痣や裂傷痕ができるなどした（乙1）。
　　本件暴行当時、反訴原告は、学生の身分ではあったものの、モデルの仕事で生計を立てており、雑誌、広告に掲載されるなどしていた（乙2）。しかるに、本件暴行後2か月程度の間、反訴原告は、モデルの仕事を行うことができないなどの損害を被った。
 (2) 損害額
　　上記(1)記載のとおり、反訴原告は、本件暴行により、反訴原告の商売道具ともいうべき顔面を傷つけられたものであり、反訴原告の被った精神的苦痛を金銭的に評価するのであれば、どんなに少なく見積もっても52万円を下ることはない。
　　なお、反訴原告には、上記慰謝料以外にも休業損害等の損害が発生しているが、追って請求を拡張する。
3 結語
　　よって、反訴原告は、反訴被告に対し、不法行為に基づく損害賠償債務のうち金52万円及びこれに対する不法行為の日である平成25年9月20日から支払済みまで民法所定の年5分の割合による遅延損害金の支払いを求める。

以上

反訴提起をするにあたり、以下の点を悩んだ。
　(1) 一部請求の明示の仕方
　損害額の証拠方法を収集する時間がなかったため、やむを得ず、慰謝料の損害項目だけを一部請求する形をとった。反訴提起時では総額が不明なため、よって書きでは、「不法行為に基づく損害賠償債務のうち金52万円」と一部請求であることを明示した（【書式2-3-2】反訴状第2の3）。
　なお、52万円の慰謝料額は、A氏が2カ月間モデルの仕事ができなかっ

たことを受けて、いわゆる赤い本別表Ⅰの通院2カ月の慰謝料額を参考にした（公益財団法人日弁連交通事故相談センター東京支部『民事交通事故訴訟・損害賠償額算定基準（平成25年）』149頁）。

(2) 一部請求と残部についての時効中断

一部請求として訴えが認められるとしても、残部についても時効中断が認められるかは争いがある。古典的な論点で、判例・学説に諸説あるところだが、かかる点について、近時、以下のような最高裁判決が出ているので、判旨を一部抜粋する。

「明示的一部請求の訴えが提起された場合、……残部につき権利行使の意思が継続的に表示されているとはいえない特段の事情のない限り、当該訴えの提起は、残部について、裁判上の催告として消滅時効の中断の効力を生ずるというべきであり、債権者は、当該訴えに係る訴訟の終了後6箇月以内に民法153条所定の措置を講ずることにより、残部について消滅時効を確定的に中断することができると解するのが相当である」（最判平成25・6・6判タ1390号136頁）。

上記最高裁判決によると、少なくとも、残部について催告の効力が生じることになり、請求の拡張について、本件反訴終了後6カ月間の猶予ができることになる。

2 答弁書

無事反訴提起が受理され、ひとまず安堵した。次にとりかかるのは答弁書作成である。共同被告間の内部負担の問題もあり、他の2名（B・C）の動向について、知りたいところであったが（A氏が失神中の現場の状況等）、現在、両名に代理人がついている情報もなく、また、A氏もここ2年くらい両名とは連絡を取り合っていないとのことである。甲弁護士は、ここは、両名の動向を気にせず、A氏は一切責任を負わない主張を展開することとした。

原告が請求する1200万円超の損害の多くを占めるのは、外貌醜状の後遺障

害（自動車損害賠償保障法施行令別表第2の後遺障害等級12級14号に相当）が認められることを前提とし（一般財団法人労災サポートセンター『労災補償障害認定必携〔第16版〕』186頁参照）、労働可能期間を67歳までにするなどして算定された逸失利益および後遺症慰謝料である。

　甲弁護士は、外貌醜状について、交通事故の被害者側の代理人として裁判で争ったことがあった。自動車損害賠償責任保険（自賠責）で後遺障害等級12級14号が認定されていた事案であったが、本人尋問まで行い、その時点での醜状痕も裁判所の見えるところとなり（後遺障害診断時に比べ、かなりわかりづらくなっていた）、労働可能期間や労働喪失率について、裁判官から、厳しい心証を吐露された経験があった。

　本事件の原告の損害額の主張部分には、指摘する余地が多々あると考えられたので、仮に認容されても積極損害に慰謝料が少しプラスされた程度で100万円にも満たないだろうと考えていた。

　しかし、A氏にとって中心となる主張は、違法性もしくは責任がないことの主張である。すなわち、そもそもA氏には暴行がなく、仮に何らかの行為が認められたとしても正当防衛が認められ、さらに違法性が阻却されないとしても、失神していたことを強くアピールして、過失割合を極力ゼロに近づけることである。答弁書では、そのあたりを詳細に記載するようにした。

【書式2-3-3】　答弁書（《*Case* ③》）

平成28年㋺第○○号　損害賠償請求事件
原　告　　X
被　告　　A　外2名

答　弁　書

平成28年11月24日

東京地方裁判所民事第○部○係　御中

〒〇〇〇-〇〇〇〇　　東京都〇〇区〇〇1-2-3
　　　　　　　　　　〇〇法律事務所（送達場所）
　　　　　　　　　　被告A訴訟代理人弁護士　　〇　〇　〇　〇
　　　　　　　　　　電　話　03-0000-0000
　　　　　　　　　　ＦＡＸ　03-0000-0000

第1　請求の趣旨に対する答弁
 1　原告の請求を棄却する
 2　訴訟費用は原告の負担とする
との判決を求める。

第2　請求の原因に対する認否及び反論
 1　請求原因1の事実に対する認否
　　（略）
 2　同2の事実に対する認否
　　（略）
 3　同3の事実に対する認否
　　不知。
 4　同4の事実に対する認否
　　否認ないし争う。
 5　同5の事実に対する認否及び反論
　(1)　認否
　　　同5(1)ないし(5)について否認ないし不知。
　(2)　反論
　　　以下に述べるとおり、原告の請求は全体として根拠薄弱である上、その金額も不相当に過大であり、認められる余地はない。
　　ア　治療費
　　　……原告の提出したどの証拠を見ても、原告の受傷原因が明らかでなく、本件事故との因果関係が不明である。
　　イ　傷害慰謝料
　　　原告は、赤い本別表Ⅰをもとに傷害慰謝料額を算出しているようで

あるが、上記ア記載のとおり、原告の通院と本件事故との間の因果関係が明らかでない。仮に因果関係が認められるものと仮定しても、原告の主張する受傷内容や通院実日数からすると、原告主張の傷害慰謝料額は高額に過ぎる。

　ウ　後遺症慰謝料

　　原告は、原告の上口唇部に長さ3センチメートルの線状痕があることを前提に、自賠法施行令別表第2第12級14号の後遺障害が残存しているなどと主張する。しかしながら、甲第2号証の写真を見ても、線状痕自体の長さが3センチメートルに満たないことは明らかである。

　　また、同号にいう外貌醜状に該当するには、当該醜状が人目につく箇所に存する必要があるところ、原告の主張する線状痕の一部は左鼻翼に隠れている（甲2）。左鼻翼に隠れた部分を除くと、原告主張の線状痕はさらに短くなるから、同号にいう外貌醜状に該当するはずもない。……

　エ　逸失利益

　　上記ウ記載のとおり、原告には後遺障害など残存していないから、逸失利益など生じるはずがない。なお、原告の線状痕が後遺障害に該当すると仮定しても、外貌醜状は労働能力に影響を及ぼすものでなく、やはり原告には逸失利益など生じない。

　　なお念のため、原告は、67歳までの46年間が労働能力喪失期間であるなどと主張しているが、外貌醜状は徐々に回復する性質のものであり、上記期間が長期に過ぎること、原告主張の逸失利益の根拠につき何らの立証もなされていないことを付言しておく。

6　同6に対する認否

　争う。

第3　被告Aの主張

1　被告A自身が原告のいう共同不法行為に関与していないこと

　(1)　概要

　　　（略）

　(2)　被告Aはそもそも暴行を行っていない

本件事件直前、原告とその仲間である訴外Ｙら３人が、現場付近歩道上を横に列を組むような形で、被告ら３人の方向に歩いてきた。被告らは、Ｂを先頭にして、その５メートルくらい後ろを被告Ａと被告Ｃが話しながら歩いていた。すると現場付近で、「おい待て、肩があたっただろ」と原告の声が聞こえ、その後すぐに「何だ、喧嘩売ってんのか」と被告Ｂの声が聞こえた。被告Ａが声のする前方を確認すると、原告が被告Ｂに詰めより、被告Ｂの胸を一押しした。被告Ａはとっさの判断で、原告と被告Ｂの間に手を差し入れて分け入り、原告のこれ以上の暴行を制止しようとした。すると、原告が、突如、被告Ａの方に体を向け、被告Ａの胸ぐらをつかんだ上、被告Ａを押し倒した。原告は、仰向けに倒れた被告Ａに馬乗りになり、被告Ａの顔面を殴りつけるなどの暴行を加えた。

　　　被告Ａは失神し、その後、本件事件の記憶がなく、被告Ａが意識を取り戻したのは、本件事件現場に臨場した警察官から「この靴、君の？」などと声をかけられたときであった。……

　　　本件事件後に被告Ｃから聞いた話によると、被告Ａは、原告に押し倒され、原告は、被告Ａに対し、馬乗りの状態で何度も顔面を殴りつけるなどの暴行を加えていたとのことである。

　　　このように、被告Ａは、原告を制止しようと手を差し出したのみであり（以下「制止行為」という）、その後は原告から一方的に暴力を振るわれたに過ぎないから、被告Ａ自身が原告に対して暴行を加えた事実はない。
　(3)　関連共同性がないこと
　　　（略）
　(4)　小括
　　　被告Ａ自身が原告に対して暴行を加えておらず、被告Ａの制止行為と原告の主張する受傷原因との間に関連共同性がないことも明らかであるから、被告Ａは、原告に対し、共同不法行為責任など負うこともない。
　２　正当防衛が成立すること
　(1)　概要

被告Aの制止行為自体が被告らの共同不法行為の一部であるまたは被告らの行為が共同不法行為の要件を充足するものと仮定しても、以下に述べるとおり、正当防衛（民法第720条第1項）により違法性が阻却されるから、被告Aが損害賠償義務を負うものでない。

(2) 被告Aの制止行為について

ア 被告Aが原告に対して制止行為を行った時点において、原告は、被告Bに対し、被告Bの胸を一押しするなどの暴行を加えていたものであり、かかる行為は「不法行為」に該当する。

イ ……このような状況下において、原告の暴行がエスカレートしないよう、原告と被告Bとの距離をとるべく手を差し出した被告Aの制止行為は、被告Bの身体の安全という権利または法律上保護される利益を防衛するためのものに他ならない。

ウ ……被告Aの制止行為は、そもそも加害行為に該当しない。仮に加害行為に該当するとしても、被告Aの制止行為は、……から必要性及び相当性が認められ、「やむを得ず」した行為と言える。

エ このように、被告Aの制止行為は、それ自体不法行為に該当するような性質のものではないが、不法行為に該当するものと仮定しても、正当防衛の成立により、違法性が阻却される。

したがって、被告Aは制止行為につき不法行為責任を負うものでない。

(3) 小括

被告Aは、被告側の加害行為に一切関与していない上、民法第720条第1項により被告Aの制止行為の違法性が阻却されるため、被告Aが原告に対し損害賠償義務を負うことはない。

3 結語

以上のように、原告の被告Aに対する請求に理由がないことは明らかであるから、原告の請求は直ちに棄却されなければならない。

以上

3 期日の進行

(1) 第1回期日

　甲弁護士としては、第1回期日にあたり、〈*Case*③〉では、反訴提起と絡めて、原告と裁判所に対し、賠償金を支払う意思が全くないことを先に示したかったことから、いわゆる3行答弁ではなく、実質的な答弁書を提出することとした。

　第1回期日直前に、裁判所から、相被告らが擬制陳述するとのことで、第2回の期日調整の連絡があった。甲弁護士は、早い段階で相被告らに会えないのは残念だと思っていたところ、ほどなく、相被告らのそれぞれの代理人から電話がかかってきた。B氏の代理人は、B氏が中心となって暴行したことは認めるようであり、C氏の代理人は、これから詳細に事情聴取するとのことであった。両代理人の用件は、できたら答弁書を送ってほしいとのことだった。A氏の立場を早めに伝えたほうが円滑な進行に資すると考えて送ることとし、同時に、今後提出する主張書面・証拠については、それぞれ相被告にも送付することで合意した。

　結局第1回期日には、原告代理人と甲弁護士が出頭し、訴状、反訴状および各答弁書が陳述された。なお、このとき、原告側から、管轄警察署に本事件の捜査状況について調査嘱託の申立てもなされた。

(2) 第2回期日

　第2回期日の直前に、B氏およびC氏の答弁書が送られてきた。闘争の経緯、および、暴行の状況など、それぞれ違う主張がなされていた。B氏の答弁書は、事前の代理人の話のとおり、原告の負傷はB氏の暴行によることを認めたうえで、正当防衛などを主張していた。A氏にとって、あまり影響のない内容であった。しかし、C氏の答弁書では、C氏は闘争中、現場から少し離れたところにおり、収まった頃に様子をみにきたとし、遠目からみたところによると、B氏のみならず、A氏も原告に暴行を加えていたと主張されていた。A氏の主張と相容れない内容であった。

　第2回期日では、答弁書が出揃ったので、原告の反論をみて今後の進行に

ついて検討することとなった。なお、次回期日から、弁論準備手続に付されることになった。

(3) 第3回期日

原告の反論の準備書面が出された。当然であるが、みごとに4人の主張が分かれた。また、裁判官から、調査嘱託申立ての回答は警察署から得ることができなかったと報告された。当時の闘争状況について、誰も立証のしようがない状態である。

裁判官は、早々と心証を開示し始めた。「証拠は出尽くしたと思います。このまま証拠調べをしたとしても、それぞれが主張書面どおりの主張をするだけで、あまり意味はないでしょう。客観的な証拠がない本件では、正当防衛の立証も難しいでしょう。本件では、実際に原告がけがを負っているので、被告側に何らかの賠償責任が生じるものと判断せざるを得ません。他方、被告Aもけがをして、モデル業に支障を来しているようです。そこで、これらの点を踏まえ、和解をすすめたいのですがいかがですか」と言ってきた。4人の代理人は、とりあえず、裁判官の和解案を聞くことにした。

まず、原告代理人が話を聞き、次に、被告側3人の代理人がまとめて話を聞いた。和解金額は、60万円であった。裁判官は詳細な理由を述べなかったが、「100を超えると被告らに抵抗があり、かと言って、実損部分だけだと原告にも酷なので、このあたりかな」などと言っていた。

続けて、「難しいのは、被告間の負担割合ですね。和解ですので、被告間でもご納得いただかなければなりません。裁判所としては、被告Bの責任が被告Cよりも大きいと考えております。被告Aについては、自身も傷害を負っており、モデル業にも支障が出ているようなので、負担割合ゼロでどうかと考えております。次回までに検討してみてください。被告BおよびCの代理人は、60万円の内訳を期日間でお話され、その結果を〇月〇日まで裁判所までお伝えください。もし合意できない場合には、裁判所から具体的な内訳を示します」と言った。

4 和解

(1) 依頼者への説明

　裁判官が提示した和解内容は、A氏にとっては、当初着地点として想定したとおりのゼロ和解であり、願ったり叶ったりの内容であった。ただ、依頼者に対しては、〈Case③〉では、和解が最善であることを、慎重かつ説得的に説明する必要がある（実際、〈Case③〉では最善の内容であると思料している）。

　甲弁護士は、大事な局面なので、A氏に事務所まできてもらい、次のように説明した。

甲弁護士：メールで期日報告書を送らせていただきましたが、先日の期日で、裁判所から和解の打診がございました。和解の内容も期日報告書で詳細をお伝えしましたが、BCに60万円を支払わせ、Aさんには、ご自身も損害を被っているとのことで、支払義務がないとするものです。

A　氏：そうすると、私は、一銭もX（原告）に支払わなくてもよいのですね。でも、BやCから、お前も共犯だろうなどと言われ、あとから、何らかの請求がきませんか。

甲弁護士：そこは、重要なところで、まさに、裁判所は、ABC間の負担割合をはっきりとさせ、その負担割合を支払えば、ABC間でも精算が済んだことにしようとしているのです。

A　氏：今回の和解案で私に支払義務がないということは、BCに対してもないということになるのですね。

甲弁護士：そのような理解でかまいません。

A　氏：ただ、今回のXの訴えにより、私も感情的に、自分の損害を認めさせたい気持もあります。

甲弁護士：そこですが、Aさんの請求をあくまでも争うということになると、裁判所も判決を出すにあたり、きちんと事実認定を

しなければなりません。そうすると、当方の不利な部分、すなわち、ご自身の損害について客観的な証拠が乏しいこと、消滅時効を主張されるおそれがあること、Xに対する暴行について先輩CがAさんに不利な主張をしていることなどが認定されるおそれもあり、Aさんに損害賠償義務が認められる可能性もゼロではありません。また、本事件では、当事者が4人もいます。判決が出れば、誰かしらが不満をもって控訴する可能性があり、紛争解決までに時間と裁判費用がよけいにかかります。これらの判決によることのリスクを考えれば、Aさんに持ち出しのない本件和解案は、弁護士として、悪くない解決であると考えます。

A　氏：よくわかりました。念のため、家族と相談して、すぐにお返事を差し上げます。

(2) 和解期日

　A氏から、裁判所の和解案を受諾するとの返事がきた。あとは、原告および相被告らが受諾してくれるかである。特に、相被告間が原因で破談になるのは避けたい（破談よりは、被告A氏が少し負担してもよいくらいである）。

　まず、原告の代理人が弁論準備室によばれ、ほどなく、被告らの代理人3人が同時によばれた。裁判官から甲弁護士だけが意思確認をされた。甲弁護士は、前回のゼロ和解でかまわないが、被告BCからの求償もないようにしてもらいたいと回答した。すると、裁判官が、「原告も和解金60万円でお受けするとのことです。被告BC間は、Bが50万円、Cが10万円で事前に合意の連絡を受けておりました。被告Aの意思も確認しましたので、これで成立ですね。よかった。今、書記官をよんできます」と言った。最後は拍子抜けした感じだったが、無事、成立して何よりだった。

【書式2-3-4】 和解条項（《Case③》）

和解条項

1　原告（反訴被告。以下、単に「原告」という。）に対し、本件解決金として、被告Bは50万円の、被告Cは10万円の各支払義務があることをそれぞれ認める。
2　被告B及び被告Cは、原告に対し、前項の各金員を平成29年5月31日限り、下記口座に振り込む方法によりそれぞれ支払う。ただし、振込手数料は、上記被告らの負担とする。

記

　　預金口座（略）
3　原告は、その余の請求を放棄する。
4　被告（反訴原告）Aは、反訴請求を放棄する。
5　当事者双方は、原告と被告B、同（反訴原告）A及び被告Cとの間には、本和解条項に定めるほか、何らの債権債務がないことを相互に確認する。
6　訴訟費用は、各自の負担とする。

以　上

　甲弁護士は、帰りのエレベーターを待っているときに、B氏の代理人に、「原告は1200万円以上も請求しておきながら、よく60万円で和解を受けましたね」と話しかけた。すると、B氏の代理人は、「本事件後、原告代理人と示談交渉をしていてね。Bが殴っちゃったのはB本人も認めていたし、示談金50万円で合意が成立する直前まで進んでいたんだよ」と打ち明けられた。甲弁護士は、その話を聞いて、和解金60万円、Bの負担金50万円ですんなり決着がついたことに合点がいった。と同時に、もっと早くB氏の代理人と接触できていればと思った。

VII 最後に

〈Case③〉は、甲弁護士が独立直後に自分で営業（種まき）して獲得した最初の事件であり、かつ、単独で終結させた事件であった。振り返ってみると、勤務弁護士時代のボスが言っていたとおり、本事件においても、仕事をとってきて報酬を回収することに要した労力と、紛争解決に要した労力の比率は、7：3くらいであったかもしれない。

その「仕事をとってきて報酬を回収する」部分であるが、さらに「①種まき→②相談にこさせる→③受任する→④事件処理→⑤報酬の回収」の行程に分解できることに気づいてきた。それぞれの行程に、弁護士の実力がそのまま反映されるのであろう。そういえば、そのボスは、こうも言っていた。

「仕事（お客様）を得るには、目の前の一つひとつの案件を一生懸命こなし、その中で、自信と信用を築いていくしかない。自信と信用が身に付いてくればお客様がお客様を紹介してくれる」。

本稿は、複数の事例を組み合わせるなどして構成したものであり、実際の事例とは異なる。

第4章 ペットに伴うトラブル
──動物の占有者・管理者の責任

I 事案の概要

―〈Case ④〉―

　平成29年△月、甲弁護士は、ボス弁の顧問先の従業員であるX氏から、公園を散歩中に犬に咬みつかれ、右腕に犬咬傷(いぬこうしょう)の傷害を負ったとの相談を受けた。

　X氏によれば、公園を散歩中に犬をみかけ、ふと近づいたところ、その犬に突然飛びかかられて右腕を咬まれたとのことであった。X氏の右腕を咬んだ犬は、事故当時、長さ調節が可能なリード(引き綱)をつけていたが、リードが長すぎたために制止ができず咬みつき事故に至ったのだという。また、事故当時、飼い主は海外旅行中であって、その親族が犬と散歩していた際に起きた事故という。

　X氏は、飼い主やその親族との間で話合いを継続していたが、事故態様に関する双方の認識の相違が大きく、飼い主やその親族は損害賠償に応じる意思がなかった。

　このため、X氏は、甲弁護士に依頼して対応することとなった。

II 実務上のポイント

〈*Case*④〉における実務上のポイントは、以下の3点である。
① 動物の占有者・管理者の責任
② 過失相殺
③ 証拠収集

III 相談の記録

1 事務所内での呼出し

ある日の夕刻、甲弁護士が事務所で準備書面を作成していると、ボス弁の乙弁護士から呼び出された。

乙弁護士によれば、顧問先の会社の従業員のX氏が公園の散歩中に犬に咬まれたとのことだった。X氏は、入院はせずに済んだらしいが、まだ通院中らしい。

本日午後6時にX氏から電話があるとのことだが、乙弁護士は急用が入ったため、甲弁護士が対応することとなった。

甲弁護士は、X氏とは以前、別件でお世話になった間柄であった。甲弁護士には、X氏はよく笑う明るい人という印象があった。

2 X氏からの電話

甲弁護士が準備書面の作成を続けていると、午後6時になり、X氏から事務所に電話が入った。電話に出ると、久しぶりに聞いたX氏の声は暗く沈んでいた。あいさつを済ませると、X氏は本題を切り出してきた。

> X 氏：……実は、2カ月ほど前ですが、休日に自宅近くの公園を散歩していたんです。おとなしそうな犬がいたのがなぜか気に

なって、近づいて行きましたら、突然、右腕を咬まれてしまったんです。
甲弁護士：犬種は何か、わかりますか。
　Ｘ　氏：柴犬のようです。
甲弁護士：犬が立った時の地面から背中までの高さは、だいたいどのくらいでしたか。
　Ｘ　氏：40センチくらいでしょうか。
甲弁護士：その犬はリード（引き綱）をつけていましたか。
　Ｘ　氏：そうですね。長さ調節が可能なリードをつけていたと思います。
甲弁護士：リードをつけていても咬まれたということは、Ｘさんがかなり犬に近づいたということはなかったのでしょうか。
　Ｘ　氏：いいえ、私のほうからはそんなに近づいた記憶はございません。せいぜい、2メートルくらいの距離だったでしょうか。そうしたら、いきなり飛びかかってきたんです。私は、犬がつながれていたリードが長すぎて、飛びかかった犬を制止できずに咬まれたんだと思っています。
甲弁護士：それで、おけがの具合はいかがですか。
　Ｘ　氏：右腕にしびれがあって、現在通院しているところです。
甲弁護士：事故当初は入院したのですか。
　Ｘ　氏：いいえ、入院はしなくて済みました。
甲弁護士：お仕事を休業したことはありましたか。
　Ｘ　氏：ええ、犬に咬まれてから2週間くらいは、医師の指示もあり仕事を休んでいました。
甲弁護士：もう、仕事には復帰しているんですね。
　Ｘ　氏：はい、そうです。
甲弁護士：Ｘさん、利き腕は右腕ですか。
　Ｘ　氏：はい。利き腕を咬まれてしまったんで、キーボードを打って

いるときにしびれが出ると、仕事に支障が出てしまいます。
甲弁護士：それは大変ですね……今はどのくらいのペースで通院しているのですか。
Ｘ　氏：おおむね週１日は通院しています。
甲弁護士：今後時間が経過すれば、しびれや傷痕はなくなりそうなんですか。
Ｘ　氏：いえ……しびれは完全になくなることはないようなんです。傷痕も消えず、一生残るようです。
甲弁護士：そうですか……それで、飼い主とは話はできているんですか。
Ｘ　氏：それが、飼い主のY_1は、事故当時、海外旅行に行っていたらしくて、父親のY_2に犬を預けていたようなんです。今回の事故は、Y_2が犬を散歩させていた際の事故なので、今は、主にその父親Y_2と話をしています。ところが、そのY_2というのが、私が犬の40センチくらいの距離まで近づいて、いきなり手を差し出したのが原因だといって、責任を全く認めようとしないんです。
甲弁護士：だいぶ事故状況の認識が違うようですね。それでは、直接お会いして、ゆっくりお話をうかがいたく存じます。体調もすぐれない中恐縮ですが、お時間を頂戴することはできますか。
Ｘ　氏：ありがとうございます。ぜひ、お話を聞いていただければと思います。
甲弁護士：その際には、診断書やＸさんが認識しておられる事故状況図を紙に書いて持ってきてください。
Ｘ　氏：わかりました。

3　関連法令の調査

Ｘ氏との電話を終えると、甲弁護士は、基本的なところは、今日のうち

に調べておこうと考え、関連法令を調べ始めた。大まかに調べた結果は次のとおりである。

(1) 民事関係

(A) 占有者責任（民法718条1項本文）

民法718条1項本文は、「動物の占有者は、その動物が他人に加えた損害を賠償する責任を負う」と規定する。これは、被害者保護のために過失の立証責任を転換させたものであり、不法行為責任（民法709条）の特則である。動物を占有する者は社会に対する加害の危険があるので、占有者が危険を管理し得るものとして賠償責任を負うべきという考え方（危険責任）に基づく。

甲弁護士は、飼い主Y_1に対し、民法718条1項に基づいて損害賠償を求めるべきと考えた。

(B) 免責規定（民法718条1項ただし書）

民法718条1項ただし書は、「ただし、動物の種類及び性質に従い相当の注意をもってその管理をしたときは、この限りでない」と規定する。すなわち、占有者が「相当の注意」を払って管理していたことを立証すれば免責される。判例・裁判例の傾向としては、たやすく飼い主に免責事由を認めることはなく、無過失責任に近い運用となっているようだ。もっとも、裁判例は、免責事由をたやすく認めない一方で、過失相殺（民法722条）によって、損害の公平な分担を図っている。

甲弁護士は、X氏とY_2との間では事故状況の認識が大きく異なるものの、事故状況がY_2の主張どおりだったとしてもYらが免責されるとは想定しがたく、過失割合が主たる争点となると予想した。

(C) 管理者責任（民法718条2項）

民法718条2項は、「占有者に代わって動物を管理する者」について、同条1項と同様の責任を負う旨規定する。「占有者に代わって動物を管理する者」については学説上議論があるが、判例上は、受寄者や運送人等を指すとされる。占有者と別に管理者がある場合において、占有者が、動物の種類および性質に従い相当の注意をもって、管理者を選任・監督したことを立証すれば、

占有者は免責され、管理者のみが責任を負うこととなる（最判昭和40・9・24民集19巻6号1668頁）。

甲弁護士は、事故当時犬を散歩させていたY_2に対し、民法718条2項に基づいて損害賠償を求めるべきと考えた。

(2) 刑事関係

重過失致傷罪（刑法211条1項後段）が成立すると、5年以下の懲役もしくは禁錮または100万円以下の罰金が科せられる。土佐犬が犬舎から逸走して幼児に咬みつき、頭部陥没骨折等の傷害を負わせた事案において重過失致傷罪の成立を認めた裁判例がある（東京高判平成12・6・13東高刑時報51巻1～12号76頁）。

過失致傷罪（刑法209条1項）が成立すると、30万円以下の罰金または科料が科せられる。過失致傷罪は親告罪である（同条2項）。

〈Case④〉におけるX氏からの電話では、刑事関係について聴き漏らしていたため、来所の際に忘れずに確認しておくこととした。

(3) 行政関係

狂犬病予防法、動物の愛護及び管理に関する法律（動愛法）、動物愛護条例が主たる法令と思われた。

(A) 狂犬病予防法

狂犬病予防法は、狂犬病の発生予防とまん延予防を目的とする（同法1条）。

たとえば、犬を取得した者は、原則として取得から30日以内に、市区町村長に犬の登録を申請する必要があり、登録申請を受けた市区町村長は、登録原簿に登録し、犬の所有者に対し鑑札を交付する（狂犬病予防法4条）。犬の所有者は、鑑札の装着義務があり、これに違反した場合は20万円以下の罰金が科される（同法27条1号）。

また、犬の所有者は、狂犬病の予防注射を毎年1回受けさせなければならず、市区町村長は、予防注射を受けた犬の所有者に注射済票を交付する（狂犬病予防法5条）。犬の所有者は、注射済票の装着義務があり、これに違反し

た場合は20万円以下の罰金が科される（同法27条2号）。

　甲弁護士は、事故当時に犬が鑑札や注射済票を装着していたか確認していなかったため、X氏が来所の際に確認することとした。

(B)　**動物の愛護及び管理に関する法律**

　動物の愛護及び管理に関する法律（以下、「動愛法」という）は、動物の虐待や遺棄を予防して動物愛護精神を普及させ、動物の管理に関する事項を定めて動物による危害を防止し、もって人と動物の共生する社会を実現することを目的とする（同法1条）。

　動愛法7条1項に、動物の所有者または占有者が人の身体等を加害しない義務が規定されているが、この義務は努力義務にとどまっている。甲弁護士は動愛法違反が直接にY_1・Y_2の法的責任につながりにくいと考えた。

(C)　**動物愛護条例**

　各自治体の動物愛護条例には、犬のけい留義務が規定されている（たとえば、東京都動物の愛護及び管理に関する条例9条1号、大阪府動物の愛護及び管理に関する条例4条等）。

　また、各自治体の動物愛護条例には、事故発生後の届出義務が規定されている。たとえば、東京都動物の愛護及び管理に関する条例（以下、「都条例」という）には、事故発生とその後の措置に関し、事故発生から24時間以内に知事に届出をする義務が規定されており（都条例29条1項）、事故発生等の届出義務に違反した場合には拘留または科料が科される（同条例40条2号）。

　また、咬みつき事故の発生から48時間以内に狂犬病の疑いの有無について獣医師の検診を受ける義務が規定されており（都条例29条2項）、咬みつき事故発生後の検診義務に違反した場合には、5万円以下の罰金が科される（同条例39条2号）。

　〈*Case*④〉では、X氏によれば、犬はリードでつながれていたものの、リードが長すぎて事故の発生を防止できなかったようであり、けい留義務違反の有無、程度が過失相殺において争点となると思われた。また、事故発生後の届出や受診の有無についても、Yらの飼い主・管理者としての自覚の

有無に関連する事実であり、甲弁護士の知りたいところであった。

4　X氏の訪問

後日、X氏は、甲弁護士の法律事務所を訪問した。久しぶりに会うX氏は、以前と比べると、やはり若干暗い印象であった。

甲弁護士：お久しぶりです。今回は、本当に大変な目にあわれましたね。
　X　氏：まさか犬に咬まれるなんて、予想しませんでした。
甲弁護士：病状はいかがですか。
　X　氏：先日、お電話でお話した状況と変わりありません。右腕のしびれがとれないんです。医者からは、少なくとも今後2カ月は通院が必要だろうと言われています。
甲弁護士：そうなんですね。事故状況図はお持ちいただけましたか。
　X　氏：はい。こちらになります（〈図表2-4-1〉参照）。
甲弁護士：ありがとうございます。この図を基に、事故状況をもう一度説明してもらえますか。
　X　氏：はい。私が公園を歩いている途中、柴犬がいるのに気づきまして、何とも暗そうな表情だったんで、気になって近づいて行ったんです。それから、2メートルくらいのところまで近づいたところ、いきなり右腕に咬みつかれたんです。犬のすぐ近くまで近づいて行って、右手を差し出したなんて記憶はないんですよ……リードが緩んでいたとしか考えられないです。
甲弁護士：周りに誰か目撃者はいましたか。
　X　氏：いいえ、△△公園のひっそりとした道を散歩していた途中だったので、残念ですが周囲に目撃者らしき人はいなかったと思います。
甲弁護士：ところで、Y_2は、リードが緩んでいたことは認めています

か。
X　　氏：いいえ、リードは1メートルくらいで、緩んでなどいなかったと言っています。
甲弁護士：そうですか。当時、海外旅行に行っていたY_1とは、どういったお話をしているのですか。
X　　氏：Y_1も、事故状況については父親のY_2の言っていることを信じているようで、責任についてもY_2と同様に一切認めない態度です。ただ、Y_1は保険に入っているようです。
甲弁護士：そうですか。ところで、犬には登録番号が記載された犬鑑札や注射済票を首輪（カラー）につけていましたか。
X　　氏：ちょっとわかりませんね。突然のことだったので。
甲弁護士：そうですよね。Xさんは、事故当日は、犬に咬まれて救急車で病院に運ばれたのですか。
X　　氏：そうです。××病院に救急搬送されました。
甲弁護士：それでは、消防署に救急搬送の記録が作成されていると思います。過失割合に関する重要な証拠となる可能性がありますので、消防署に弁護士会照会をして、事故状況を調べてみましょう。
X　　氏：よろしくお願いします。
甲弁護士：警察には、もう被害届は提出しましたか。
X　　氏：ええ、事故から数日後に提出しました。
甲弁護士：そうですか。事故現場で警察官に事故状況を説明したことはありましたか。
X　　氏：いいえ、ありません。
甲弁護士：それでは、供述調書は作成しましたか。
X　　氏：ええ、警察官に事故状況をお話して、それを調書にまとめてはもらいました。
甲弁護士：その後、警察からは、Y_2の刑事処分に関する連絡はありま

したか。
X　氏：いいえ、ありません。
甲弁護士：後ほど、担当の警察官の連絡先を教えてください。私のほうから確認してみます。
X　氏：わかりました。
甲弁護士：ところで、Xさんは、現在、健康保険を使って通院されていますね。
X　氏：はい。
甲弁護士：Xさんが加入しているのは健康保険組合でしたか。
X　氏：そうです。△△健康保険組合です。
甲弁護士：△△健康保険組合には、今回の事故について届出をしましたか。
X　氏：いいえ、特に届出はしていません。
甲弁護士：それでは、今回の事故を健康保険組合に電話で連絡して、必要書類を取り寄せたうえで届出をしましょう。必要書類が届きましたら、私に連絡してください。
X　氏：わかりました。
甲弁護士：本日、Xさんより正式にご依頼をいただきましたので、明日にでも、Y_1・Y_2宛てに受任通知書を発送しようと思います。
X　氏：よろしくお願いします。
甲弁護士：これからは、もしY_1・Y_2から電話があっても出ないでください。そして、電話があった旨を私にお伝えください。
X　氏：わかりました。

(1) **健康保険組合に対する届出**

　X氏は、現在、健康保険を利用して通院していた。第三者の行為が原因で治療が必要となった際には、健康保険組合は、同組合が支払った医療費に

ついて、当該第三者に対して求償権を行使する必要がある（健康保険法57条1項）。このため、健康保険法は、健康保険組合が加入者に対し第三者行為に関する書類提出を求めることができる旨規定し（同法59条）、これに正当な理由なく応じない場合に保険給付を拒否する権限を与えている（同法121条）。健康保険組合による求償権の取得の法的性質が、損害賠償による代位（民法422条）とすると、求償権は不法行為時から3年間で時効消滅することとなる。

　甲弁護士は、健康保険組合に時効管理の機会を与えるため、X氏に対し、第三者行為について届出をするように指示した。また、X氏が同組合に提出する事故状況図等の書類が、Yらに対して開示される可能性もあるので、X氏が同組合に提出する書類の内容についても確認することとした。

(2) 実況見分調書

　X氏は、警察に被害届を提出しており、(重)過失致傷罪の被疑事実によ

〈図表2-4-1〉　X氏の作成した事故状況図

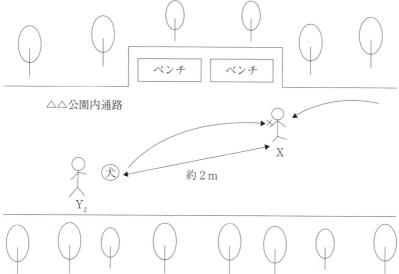

り捜査が開始されている様子であった。甲弁護士は、捜査機関と連絡をとり、捜査の進捗状況を確認することとした。捜査中は実況見分調書等の閲覧謄写に応じないため、終局処分後にY_2立会いの下での実況見分調書の閲覧謄写を行うこととした。

(3) 犬の登録原簿

他方、甲弁護士は、保健所に対して、犬の登録原簿の弁護士会照会を行い、Y_1の飼い犬の種類、出生年月、毛色等の回答により、飼い犬や飼い主を正確に特定しようかどうか悩んだが、Y_1、Y_2はいずれも、Y_1の飼い犬が咬傷事故を起こしたこと自体は争っていないようなので、少なくとも現段階では、保健所に対する弁護士会照会は不要と判断した。

IV 受任後の対応

1 弁護士会照会(救急搬送記録)

甲弁護士は、救急搬送記録の弁護士会照会について、消防署の担当部署に電話で連絡して照会事項の打合せをした。この際、消防署の担当職員より、一問一答式のほうが回答しやすい旨の示唆があったため、照会事項を一問一答形式とした。甲弁護士は、【書式 2-4-1】のとおりの照会申出書を作成し、所属弁護士会に提出して照会申出を行った。照会事項や照会理由に不備があると、弁護士会から補正の指示があるが、本申出については補正の指示はなかった。

【書式 2-4-1】 照会申出書(《Case ④》)

照会申出書

平成29年○○月○○日

○○弁護士会 会長殿

```
                              住　　所　東京都○○区○○1-2-3
                              事務所名　　□□法律事務所
                              電　　話　03-○○○○-△△△△
                              Ｆ Ａ Ｘ　03-○○○○-××××
                              申出人氏名　　　　甲　　　　印
                              （登録番号 No.△△△△△）
```

　当職受任中の下記事件について、弁護士法第23条の2第1項に基づき、下記の照会事項について照会の申出をいたします。

1　受任事件
　(1)　当事者（事件における立場も記載して下さい）
　　　依頼者名　X
　　　相手方名　Y₁、Y₂
　(2)　事件名・係属庁・事件番号（準備中の場合は、その旨を記載して下さい）
　　　事件名　　損害賠償請求事件
　　　係属庁　　なし
　　　事件番号　なし

2　照会先（担当部署が判明している場合は、それも記載して下さい）
　(1)　名　　称　○○消防署
　(2)　住　　所　〒○○○-○○○○
　　　　　　　　東京都○○区○○4-5-6
　(3)　電　　話　03-××××-××××（内線△△△△）

3　照会事項
　(1)　下記事故について、次のアないしクの照会事項について回答をお願いします。なお、回答に代えて救急搬送記録の写しを添付していただければ幸いです。

記

発生日時　平成29年△月△日午前△時△分頃
発生場所　東京都○○区○○7-8-9　△△公園内路上
傷病者名　X（生年月日　昭和□□年□□月□□日、住所　東京都○○区○○5-6-7）

- ア　救急隊の出動時刻
- イ　救急隊の現場到着時刻
- ウ　到着時の傷病者の容態
- エ　到着時の傷病者の主訴とその聴取者
- オ　搬送時の傷病者の容態
- カ　搬送時の傷病者の主訴とその聴取者
- キ　病院到着時刻
- ク　事故状況とその聴取者

(2) その他、上記事故につき、開示できる全事項を開示頂ければと存じます。

4　照会理由

　当職は上記事故について、X氏から飼い犬の飼い主Y_1及び管理者Y_2に対する損害賠償請求事件を受任したところ、X氏とY_1・Y_2との間で、損害賠償請求権の存否について争いがあり、上記事故の発生状況等を立証する必要があるため、本申立てに及んだ次第です。

以上

2　受任通知の発送

　また、甲弁護士は、飼い主Y_1、管理者Y_2宛てに、受任通知書を内容証明郵便で発送した。特に管理者Y_2に対しては、事故態様の回答を求めた。

【書式2-4-2】　受任通知書（Y_2宛て）

〒×××－××××
　東京都××区○○1-1-1
　被通知人　Y_2　殿

受任通知書

平成29年○月○日

〒○○○-○○○○
東京都○○区○○1-2-3
□□法律事務所
　ＴＥＬ　03-○○○○-△△△△
　ＦＡＸ　03-○○○○-××××
通知人代理人弁護士　　　甲

冠省
　当職は、今般、下記咬傷事故に関する損害賠償請求事件につきまして、通知人の代理人に就任致しましたので、通知人Ｘ氏（以下、「通知人」といいます。）を代理して、被通知人Y_2殿（以下、「被通知人」といいます。）に対し、次のとおりご通知申し上げます。
　通知人は、下記咬傷事故が発生した状況について、通知人が△△公園内路上を散歩していたところ、Y_1殿の飼い犬を目にし、ふと近付こうとしたところ、急に飛びかかられ、右腕を咬まれたと認識しております。
　他方、被通知人は、通知人の認識とは異なる認識をされている旨伺っております。つきましては、被通知人においてご認識されている下記咬傷事故の発生状況を、当職宛に書面にてお送り頂きますようお願い申し上げます。書式につきましては、被通知人のご自由で結構でございますが、図面を作成して頂けますと幸いです。
　通知人と致しましても、下記咬傷事故について早期円満解決を望んでおりますので、ご協力の程宜しくお願い致します。
　なお、今後につきましては、当職が窓口となりますので、通知人に対して一切のご連絡をなさらぬよう、お願い致します。

草々

記
　発生日時　　平成29年△月△日午前△時△分頃

発生場所	東京都○○区○○7-8-9　△△公園内路上
飼 い 主	Y_1殿
管 理 者	被通知人
飼 い 犬	柴犬

　受任通知書の内容証明は、Y_1には発送から2日後に到達し、Y_2には発送から3日後に到達した。
　その後、Y_2から【書式2-4-3】のとおりの書面と事故状況図がFAXで送られてきた。

【書式2-4-3】　Y_2からの回答書（《Case ④》）

```
□□法律事務所
弁護士　甲　先生
ＦＡＸ　03-○○○○-××××
```

ご回答

平成29年△△月○○日
Y_2

　平成29年△月△日発生のX殿の受傷事故における、貴職からの受任通知書につきまして、次のとおりお返事させていただきます。
　貴職のおっしゃるとおり、X殿は、X殿が当方の飼い犬に近づいた際に、当方の飼い犬が突如として飛びかかり、右腕に咬みついたと話されておりました。
　私は、平成29年△月△日当時、当方の飼い犬を散歩に連れておりましたが、X殿のお話しについては、下記のとおり異論がございます。
　私は、当方の飼い犬にリードを付けて散歩しており、その長さも1メートルくらいであって、当方の飼い犬が不意に挙動した際にも、即座に対応できる状況にございました。
　しかし、X殿は、不用意に当方の飼い犬の眼前にまで近付いた上、その右腕を当方の飼い犬の鼻付近に差し出しました。当方の飼い犬は、普段は気性の

> おとなしい柴犬ですが、X殿の行動に怯え、やむなくX殿の右腕に噛みついてしまったのです。
> また、X殿は右腕を差し出したことを否定しておられますが、X殿がおっしゃるとおり、X殿が右腕を差し出していなかったとすれば、当方の飼い犬がX殿の右腕に咬みついた理由が不明です。
> 以上の次第ですから、私としては、X殿の受傷に関する責任の一切を負いかねますので、悪しからずご容赦ください。
>
> 以上

3　不起訴処分と実況見分調書の入手

甲弁護士は、X氏との面談後、担当の警察官に電話で連絡をしたが、Y_2 はすでに書類送検が済んでいるとのことだった。担当の警察官によれば、事故当時、犬は鑑札・注射済票を装着しており、Y_2 は事故発生後の届出や検診を済ませていたようであった。

甲弁護士は検番（検察庁の事件番号）を聞き、区検察庁へ電話した。すると、Y_2 はすでに不起訴処分となっていたことが判明した。甲弁護士は、不起訴処分となった理由を尋ねたが、その理由は明かされなかった。

不起訴処分となったため、甲弁護士は、実況見分調書の謄写を行うこととした。甲弁護士は、委任状と職印を持参して検察庁の記録担当に行き、刑事記録の謄写を申請した。申請から2日後、謄写センターから謄写が完了した旨の連絡があり、甲弁護士は、検察庁に再び出向いて実況見分調書の写しを受領した。その内容は、Y_2 の供述内容を実況見分調書としたものであって、すでにFAXされていた Y_2 の事故状況図と同様の内容であった。

4　弁護士会照会の回答書の受領

弁護士会照会の申出から1カ月ほど経過すると、消防署に対する弁護士会照会の回答書が届いた。

回答書には、救急搬送記録の写しは添付されておらず、一問一答の形式で

〈図表 2-4-2〉 Y₂ が作成した事故状況図

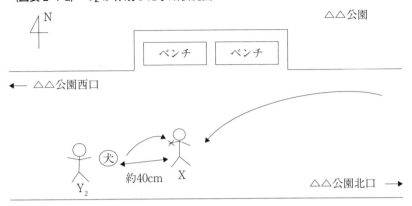

回答されていた。そして、事故状況については、次のとおりの回答であった。

> (8) 事故状況
> 　平成29年△月△日午前△時頃、△△公園路上において、傷病者が右腕を差し出したところ、犬がとびかかってきて右腕を咬まれた（現場にて傷病者から救急隊長が聴取）。

　本回答は、救急記録等の資料を基に作成されたものと予想された。そして、今後 Y₁ らが弁護士に依頼した場合、同様の回答書を弁護士会照会によって入手することも懸念された。

　甲弁護士は、Y₂ の主張する事故状況に整合的な回答書の内容を受け、動物の占有者責任における免責規定や過失相殺について調査し直すこととした。

5　法令の再調査

(1)　免責規定

　民法718条1項ただし書にいう「相当の注意」とは、動物の種類および性質に従い、通常払うべき程度の注意義務を意味し、異常な事態に対処しうべき程度の注意義務まで課したものではない（最判昭和37・2・1民集16巻2号

143頁)。

　そして、その具体的な注意義務の内容は、個々の事案に即して具体的に決せられるが、一般的には、動物の種類・雌雄・年齢、動物の性質・性癖・病気、動物の加害歴、占有者らにつき、その職業・保管に対する熟練度、動物の馴致の程度、加害時における措置態度など、被害者につき、警戒心の有無、被害誘発の有無、被害時の状況などの諸点が考慮される（蕪山厳「判解」最高裁判所判例解説民事篇〔昭和37年度〕28頁）。

　免責規定の適用を認めた裁判例としては、（一般人に開放された土地でないことが容易に看取できる）空地に無断で侵入した者が、（当該空地にて係留されていた）犬に咬みつかれた事案がある（東京地判昭和52・11・30判時893号54頁）。

(2)　過失相殺

　犬の咬みつき事故に関する過失相殺について、次のような事例があった。

① 　被害者3割：飼い主7割

　　被告方において、電気関係の工事のためにハシゴを取ろうとしたところ、ハシゴの近くに鉄鎖で係留されていたシェパード犬がいたにもかかわらず、漫然とハシゴに近づいて咬まれたという事案（大阪地堺支判昭和41・11・21判時477号30頁）

② 　被害者5割：飼い主5割

　　事故当時1歳10カ月の幼児が、母親が知人と立ち話をしている隙に、玄関脇支柱に係留されている犬に近づいてしまい咬まれたという事案（大阪高判昭和46・11・16判タ274号170頁）

③ 　被害者6割：飼い主4割

　　飼い主が犬の近くで植木の手入れをしていたところ、面識のない他人の庭先に入り込み、犬が興奮状態であったのに両手を差し出してより一層興奮させた結果咬みつかれたという事案（京都地判昭和56・5・18判タ465号158頁）

④ 　被害者6割：飼い主4割

必要もないのにわざわざ飼い犬をかまいに行き、飼い犬の左前足を自分の右手につかんだ状態で、飼い犬の右前足を自分の左手でつかもうとしたため、飼い犬は、両足をつかまれ、無防備な姿勢を強要されることを警戒して咬みつかれたという事案（京都地判平成14・1・11判例集未登載（平成13年(ワ)2000号）[LLI/DB・L05750278]）。

X氏には、私有地に入り込んだ事情がないこと（事案③との違い）、犬の片足をつかんだうえで、さらに他方の足をつかもうとした事情がないこと（事案④との違い）からすれば、仮に事故の発生状況がY₂の主張のとおりであったとしても、事例③、④と同様に過失割合が6割となるとは予想しがたかった。

6　X氏への電話

甲弁護士は、X氏へ電話をかけ、Y₂からの回答書や消防署からの回答書を踏まえて、今後の方針を協議した。

>甲弁護士：Y₂から「ご回答」という書面とY₂が認識する事故状況図が届きました。Y₂は、Xさんがおっしゃるとおり、Xさんが犬に40センチほど近づいた後、右腕を差し出したため、犬が咬みついたという主張ですね。また、Y₂はすでに不起訴処分となっていたことが判明しました。不起訴処分のうち起訴猶予と思われます。それから、消防署から弁護士会照会の回答書が届きました。この内容ですが、事故の状況について、Xさんが右腕を差し出したところ、犬が飛びかかってきて右腕を咬まれたという回答でした。Xさん自身が、現場で救急隊長に話したこととして記載されています。
>
>X　氏：そんなことを言った記憶はないのですが……。
>
>甲弁護士：消防署からの回答を前提としましても、至近距離まで近づかない間に右手を差し出して、飛びかかられて咬まれたのか、

	至近距離まで近づいて右手を差し出して咬まれたのか、は不明です。しかし、仮に Y_2 の主張が認められれば、場合によっては5割程度の過失相殺は覚悟しないといけないと考えております。
Ｘ　氏：	そうですか……。
甲弁護士：	消防署の回答は、われわれにとって意外な内容でした。しかし、消防署の回答を前提としましても、責任を一切否定する Y_1・Y_2 の主張が裁判で通るものとも思えません。まずは、Ｘさんが受けた傷害の症状固定を待って損害額を算定しましょう。
Ｘ　氏：	わかりました。

7　請求書の発送

　Ｘ氏より、今月末には症状固定に至る旨、担当医師より話があったとの連絡があった。これを受け、甲弁護士は、自動車損害賠償責任保険後遺障害診断書をＸ氏に郵送し、Ｘ氏より担当医師に対して、同診断書に記載してもらい、その他診療録を入手してもらうこととした。

　その後、損害関係の資料一式がＸ氏より届き、甲弁護士は Y_1・Y_2 に対して、損害賠償請求する旨の通知書（【書式2-4-4】）を発送した。

【書式2-4-4】　通知書（《Case ④》）

〒〇〇〇-〇〇〇〇
　東京都××区〇〇1-1-1
　被通知人　Y_2　殿

通　知　書

平成29年〇月〇日

　　　　　　　　　　通知人Ｘ代理人弁護士　　　　甲

　拝啓　時下ますますご盛栄のこととお慶び申し上げます。
　早速ですが、通知人は、平成29年△月△日午前△時頃、△△公園路上において、被通知人Y₂殿が管理・保管していたY₁殿の飼い犬に飛びかかられ、右腕に咬みつかれたため、右前腕犬咬傷等の傷害を負いました。
　かかる事故状況に鑑みますと、被通知人及びY₁殿には、通知人に発生した全損害を賠償すべき責任があります。
　通知人に発生した損害は、以下のとおりです。
　１　損害額
　　(1)　治療費　　　　　　　金14万5423円
　　(2)　通院交通費　　　　　金１万0432円
　　(3)　休業損害　　　　　　金16万1231円
　　(4)　通院慰謝料　　　　　金90万0000円
　　(5)　後遺障害慰謝料　　　金290万0000円
　　(6)　後遺症逸失利益　　　金773万6874円
　　(7)　合計　　　　　　　　金1185万3960円
　通知人は、被通知人らに対し、上記金員を支払うよう請求致しますので、本通知到達後２週間以内に、下記銀行口座宛にお振り込み下さるようお願い致します。
　なお、上記期間内にお支払いを確認できない場合には、上記金額に遅延損害金及び弁護士費用を付加した上で訴訟提起する予定でございます。かかる事態は、通知人としても望むところではありませんので、誠意あるご対応を宜しくお願い申し上げます。
　以上、要用のみで恐縮ですが、取り急ぎご通知致します。
　　　　　　　　　　　　　　　記
　　　　　　　〇〇銀行　〇〇支店
　　　　　　　普通預金　口座番号×××××××
　　　　　　　口座名義　弁護士　甲　預り金口
　　　　　　　　　　　　　　　　　　　　　　　　　　以上

　後日、Y₂から甲弁護士へＦＡＸがあった。内容は、前回の回答書と同様、

X氏に本件事故が発生したすべての原因があり、X氏の損害については、一切の賠償をしかねるというものであった。

その後、甲弁護士は、Y_1・Y_2との間で、数回電話でのやりとりをしたが、Y_1・Y_2が事故の責任を一切認めないという姿勢に変化はなかった。

このため、Y_1・Y_2を相手方として、提訴する運びとなった。

1 提訴

甲弁護士は、Y_1・Y_2を相手どって、東京地方裁判所に訴訟を提起した。

【書式2-4-5】 訴状（〈Case ④〉）

訴　　状

平成29年〇月〇日

東京地方裁判所　御中

　　　　　　　　原告訴訟代理人弁護士　　　　甲

　　　　　　　　〒〇〇〇-〇〇〇〇
　　　　　　　　東京都〇〇区〇〇5-6-7
　　　　　　　　原　　　　　告　　　　　　　X
　　　　　　　　〒〇〇〇-〇〇〇〇
　　　　　　　　東京都〇〇区〇〇1-2-3
　　　　　　　　□□法律事務所（送達場所）
　　　　　　　　ＴＥＬ　03-〇〇〇〇-△△△△
　　　　　　　　ＦＡＸ　03-〇〇〇〇-××××
　　　　　　　　原告代理人弁護士　　　　　　甲

〒○○○-○○○○
東京都××区○○3-2-1
被告　　　　　Y₁

〒○○○-○○○○
東京都××区○○1-1-1
被告　　　　　Y₂

損害賠償請求事件
訴訟物の価格　金1303万9356円
貼用印紙額　　金6万2000円

第1　請求の趣旨
 1　被告らは、原告に対し、連帯して、金1303万9356円及びこれに対する平成29年△月△日から支払済みまで年5分の割合による金員を支払え。
 2　訴訟費用は、被告らの負担とする。
との判決並びに仮執行の宣言を求める。

第2　請求の原因
 1　当事者
　　原告は、平成29年△月△日に発生した下記咬傷事故の被害者である。被告Y₁は、下記飼犬の飼主であり、被告Y₂は、下記咬傷事故の当時、下記飼犬を散歩に連れており、下記飼犬を管理していた。
 2　咬傷事故の発生
　　原告が咬傷の被害を受けた咬傷事故は下記のとおりである。
　(1)　日　時
　　　平成29年△月△日　午前△時△分ころ
　(2)　場　所
　　　東京都○○区○○7-8-9　△△公園内路上
　(3)　飼　犬
　　　柴犬（以下「本件飼犬」という。）
　(4)　態　様
　　　原告が、△△公園内路上を歩行し、飼犬を目にしたところ、本件飼犬

との距離約2メートルの地点において、本件飼犬が原告に向かって飛びかかってきて、原告の右腕を咬んだ（甲1）。
3 被告らの責任
 (1) 被告Y_2の責任
　　動物の管理者は、動物の種類及び性質に従い相当の注意をもってその管理をした場合でない限り、その動物が他人に加えた損害を賠償する責任を負う（民法718条2項）。
　　この点、被告Y_2は、本件事故当時、本件飼犬を保管・管理していたところ、本件飼犬をつないでいたリード（引き綱）を緩めたままにしていたため、原告に対して襲いかかった本件飼犬を制止することができず、本件飼犬のなすがままになったために本件咬傷事故を発生させ、右前腕犬咬創等の傷害を負わせたものであるから、民法718条2項に基づき、本件事故により原告に生じた損害を賠償する責任を負う。
 (2) 被告Y_1の責任
　　動物の占有者が、自己に代わって動物を保管するものを選任して保管・管理させた場合、動物の種類及び性質に従い相当の注意をもって、保管者を選任・監督した場合でない限り、原告に生じた損害を賠償する責任を負う（最判昭和40・9・24民集19巻6号1668頁）。
　　この点、被告Y_1は、本件事故当時、海外旅行に行っており、被告Y_2に対し、本件飼犬を保管・管理させていたところ、被告Y_1は被告Y_2に本件飼犬を保管・管理させるに当たり、何ら書類を取り交わしておらず、被告Y_2に対し、何ら適切な指示を与えた形跡がないのであって、保管者を選任・監督するに当たり相当の注意をしたとは到底言えない。
　　したがって、被告Y_1は、民法718条1項に基づき、本件事故により原告に生じた損害を賠償する責任を負う。
4 損害
　原告は、本件事故により、右前腕犬咬創等の傷害を負い（甲2）、本件事故当日及びその翌日の2日間××病院に（甲3）、平成29年△月△日から同年△月△日までの間に18日間△△病院に通院し（甲4）、同年△月△日に右前腕挫傷縫合術を受けた（甲3）。原告は同年△月△日に症状固定

したが、その後も右前腕から同手関節にかけての疼痛及びしびれ、右前腕部の醜状瘢痕の後遺症が残っている（甲5）。

原告が本件事故によって被った損害は次のとおりである。

(1) 治療費　　　金14万5423円（甲6）
(2) 通院交通費　金1万0432円（甲7）
(3) 休業損害　　金16万1231円（甲8）
(4) 通院慰謝料　金90万0000円

『民事交通事故訴訟・損害賠償額算定基準』〔公益財団法人日弁連交通事故相談センター東京支部編集・発行〕（以下、「赤い本」という。）別表Ⅰによれば、通院期間4ヶ月の場合の通院慰謝料は90万円である。

(5) 後遺障害慰謝料　金290万0000円

原告の上記各後遺症は、自動車損害賠償保障法施行令別表第2の12級13号（局部に頑固な神経症状を残すもの）、14級4号（上肢の露出面に手のひらの大きさの醜いあとを残すもの）に該当し、総合して12級に該当する。赤い本によれば、12級の場合の後遺障害慰謝料として290万円が相当というべきである。

(6) 後遺症逸失利益　金773万6874円

前記のとおり、本件事故により原告には後遺障害等級12級13号相当の後遺障害が残存しており、症状固定時から17年間、14％の労働能力を喪失したものと評価すべきである。したがって、逸失利益は以下のとおり算定すべきである。

490万1800円×0.14×11.2741（期間17年のライプニッツ係数）
＝773万6874円

(7) 弁護士費用　金118万5396円

上記(1)ないし(6)の合計額は金1185万3960円となるところ、本件事故と因果関係のある弁護士費用としては、次のとおり金118万5396円が相当である。

1185万3960円×0.1＝118万5396円

(8) 合計　金1303万9356円

上記(1)ないし(7)の合計額は金1303万9356円である。

5　結論

よって、原告は、被告らに対し、不法行為に基づく損害賠償（民法718条）として、連帯して、上記損害額の合計金1303万9356円及びこれに対する平成29年△月△日から支払済みまで民事法定利率である年5分の割合による遅延損害金の支払いを求める。

証拠方法

証拠説明書（略）記載のとおり

附属書類

訴訟委任状	1通
訴状副本	2通
証拠説明書	3通
甲号証	各3通

以　上

　第1回期日の1週間前に、Y_1およびY_2の代理人である丙弁護士より、追って認否反論する旨の簡単な答弁書がFAX送信された。Yらは、双方とも丙弁護士を代理人として選任した。

2　第1回期日

　第1回期日が開かれたが、丙弁護士は出頭しなかった。甲弁護士は訴状を陳述し、答弁書は擬制陳述となった。第2回期日の調整が行われ、次回弁論準備期日が指定された。

　その後、第2回期日の1週間前に、丙弁護士より準備書面1（【書式2-4-6】）がFAX送信された。

【書式2-4-6】　Yら準備書面1（《Case④》）

平成29年(ワ)第○○○○号
原　告　　X
被　告　　Y_1、Y_2

準備書面 1

平成29年○月○日

東京地方裁判所　御中

被告ら代理人弁護士　　　　　丙

第1　請求の原因に対する認否
　1　請求の原因第1項「当事者」について
　　　原告及び被告らが本件咬傷事故の当事者である事実を認める。
　2　同第2項「咬傷事故の発生」について
　　　同(1)ないし同(3)を認め、同(4)の事故態様は否認する。本件咬傷事故の事故態様は後述する。
　3　同第3項「被告らの責任」について
　(1)　「被告 Y_2 の責任」について
　　　　第1段落は認め、第2段落は否認ないし争う。本件咬傷事故の事故態様を後述する。
　(2)　「被告 Y_1 の責任」について
　　　　第1段落は認め、第2段落は否認し、第3段落は争う。詳細は後述する。被告 Y_1 の選任・監督の態様は後述する。
　4　同第4項「損害」について
　　　被告らは、本件咬傷事故に関して責任原因自体が存するものではないと主張するものであるが、あえて認否するとすれば、治療費、通院交通費、休業損害については認めるが、その余は否認する。
　5　同第5項「結論」について
　　　争う。

第2　被告らの主張
　1　免責
　(1)　被告 Y_2 の主張
　　　　被告 Y_2 は、本件飼犬が他人に危害を加えることのないよう次のとお

りの注意を払っていた。

　本件飼犬は、雌の柴犬だが、大人しい性格であり、被告らが認識する限り、これまで咬んだことはなかった。被告 Y_2 の自宅と被告 Y_1 の自宅は徒歩10分程の距離であり、頻繁に行き来する間柄であった（乙１）。このため被告 Y_2 はこれまで日常的に本件飼犬と触れ合ってきており、本件飼犬と十分に信頼関係を築いていた（乙２）。

　被告 Y_2 は、△△公園を本件飼犬とともに散歩するに当たり、長さ調節可能なリードでつないでいた。そして、万が一にも本件飼犬が△△公園の他の来園者に危害を加えることのないよう、△△公園内では、リードの長さを変化させることなく、常に１ｍ程度の長さで散歩していた。

　これにもかかわらず、原告は、何の必要もなく、本件飼犬の約40cmの地点にまで近付いてきた上、本件飼犬の眼前にその右手を伸ばしたのである。本件飼犬は、原告の不審な行動に徒に警戒心を刺激され、防御のためにやむなく咬みついたのであった（乙３）。

　なお、被告 Y_2 は、不幸にも本件事故が発生した後、原告のケガの応急処置に協力するとともに、速やかに保健所へ事故等の届出をし、××動物病院で検診を受けたことは言うまでもない（乙４）。

　これらの事実からすれば、被告 Y_2 は、本件飼犬が他人に危害を加えることのないよう、十分な注意を払っていたものであり、民法718条１項ただし書によって免責されるべきである。

(2)　被告 Y_1 の主張

　被告 Y_1 は、被告 Y_2 に本件飼犬を保管させるに当たり、本件飼犬が他人に危害を加えることのないよう、次のとおりの注意を払っていた。

　既述のとおり、本件飼犬は大人しい性格である。本件飼犬はもともと平成27年〇月に保健所で殺処分される予定であった。無責任な飼い主の下、多くの動物が殺処分される中、被告 Y_1 は、その現状に耐えかね、△△の里親紹介制度の下で、里親となった経緯がある（乙５）。そのため、被告 Y_1 が里親になる前における咬みつきの有無は不詳であるが、被告 Y_1 が里親になって以降は一度も咬みついたことはなかった。

　また、既述のとおり、被告 Y_1 の自宅と被告 Y_2 の自宅は徒歩10分程の距離であり、頻繁に行き来する間柄であった。被告 Y_1 は海外旅行に

> 行くにあたり、本件飼犬を被告 Y_2 に預けたのであるが、信頼関係を築いていない他者に対し保管・管理させたのではなく、既に十分に信頼関係を築いていた被告 Y_2 に保管・管理を任せたのであった。
>
> 　更に、被告 Y_1 は、本件飼犬にストレスをためないよう、午前中約30分の散歩を欠かしておらず、被告 Y_1 が海外旅行する際にも、本件飼犬の保管者・管理者である Y_2 に対して、散歩を欠かさぬよう指示していた。のみならず、被告 Y_1 は、海外旅行に行っている途中、ほぼ毎日のように Y_2 へ連絡を取って、本件飼犬の状況を確認していた（乙6）。
>
> 　これらの事実からすれば、被告 Y_1 は、本件飼犬の性質に照らして相当の注意をもって、Y_2 に保管・管理させていたというべきであって、被告 Y_1 は免責されるべきである。
>
> 　　　　　　　　　　　　　　　　　　　　　　　　　　　　　以上

3　第2回期日（弁論準備期日）

　丙弁護士が準備書面1（【書式2-4-6】）を陳述し、双方の書証が調べられた。

　裁判所より丙弁護士に対し、争点明確化のため損害に関する反論を促され、丙弁護士は次回期日までに反論することとなった。他方、甲弁護士は、次回期日までに事故態様について認否反論することとなり、第2回期日は終了した。

　甲弁護士は事務所に戻ると、期日報告書を X 氏に送付した。

4　和解協議

その後、X 氏から事務所に電話がかかってきた。

> X　　氏：甲先生、この訴訟をすぐにも終わらせたいのですが。
> 甲弁護士：え！　突然どうしたんですか。
> X　　氏：今回、丙弁護士が出してきた準備書面に、Y_1 があの犬の里親と書いてありました。

> 甲弁護士：ええ。
> 　X　氏：実は私、昔の話ですが、里親に養育されていた時期があったんです。もちろん、私の場合の里親と犬の里親とは全く違うのですが。ただ、私があの犬の近くまで接近して、手を出してしまったと思うようになったんです。
> 甲弁護士：Xさんは、早期に被告らと和解をしたいということですか。
> 　X　氏：ええ、そうです。
> 甲弁護士：……恐れ入りますが、もう少し落ち着いて考えたほうがいいと思います。和解といっても相手のある話ですし、拙速な和解交渉は、Xさんにとって、後で振り返ると受け入れがたい、不当な和解内容ともなりかねません。
> 　X　氏：先生、もう私は、お互い何を揉めているんだ、と思うようになってしまったんです。申し訳ありませんが、よろしくお願いします。

　甲弁護士は、X氏が複雑な家庭環境で育ったとは聞いていたが、里親の下で養育されていた時期があったとは知らなかった。

　丙弁護士の準備書面で書かれていた「里親」とは、子どもや若者の里親ではない。

　今日の日本では、多くの動物が殺処分されており、各都道府県の動物愛護センター等では、新たな飼い主（里親）を随時募集している。

　甲弁護士は、X氏に対して説得を試みたものの、X氏の意思は変わらず、X氏の早期和解の要望を踏まえ、和解交渉の方針を打ち合わせた。

　甲弁護士は、和解交渉においては、①後遺症の等級、②労働能力喪失期間、③過失割合がポイントと想定した。

　①後遺症の等級については、右前腕から同手関節にかけての疼痛やしびれが、他覚的に証明可能か（12級）、他覚的に証明不能か（14級ないし等級非該当）が争点と予想され（神経症状の後遺障害等級の該当判断については、財団法

人日弁連交通事故相談センター『交通事故損害額算定基準——実務運用と解説——〔21訂版〕』（青本）283頁以下に詳しい）、打合せの結果、後遺症については、14級に譲歩することが確認された。

次に、X氏は早期和解のため、②労働能力喪失期間5年間、③過失割合5割まで譲歩可能であることが確認された。

甲弁護士は、丙弁護士に電話を入れ、和解交渉の打診をした。

丙弁護士としても、免責の主張が認められるとの見通しをもっておらず、交渉の結果、後遺障害等級14級、労働能力喪失期間5年間、労働能力喪失率5％、過失相殺4割で和解が整う見通しとなった。

甲弁護士と丙弁護士は和解条項の調整を行い、次回期日において和解が整った。

【書式2-4-7】　和解条項案（《Case ④》）

和解条項案

1　Y_1及びY_2（以下「被告ら」という。）は、原告に対し、連帯して、本件解決金として、212万5522円の支払義務があることを認める。
2　被告らは、連帯して、原告に対し、前項の金員を平成30年○月○日限り、原告代理人指定の下記口座に振込送金の方法により支払う。なお、振込手数料は、被告らの負担とする。

記

　　　金融機関　○○銀行　○○支店
　　　預金種別　普通預金口座
　　　口座番号　△△△△△△△
　　　口座名義　弁護士　甲　預り金口

3　原告は、その余の請求を放棄する。
4　原告及び被告らは、原告と被告らとの間には、本和解条項に定めるほか、何らの債権債務のないことを相互に確認する。
5　訴訟費用は各自の負担とする。

VI 帰り道

　甲弁護士は、裁判所を出ると、X氏へ電話をかけ、和解が成立したことを報告した。

　電話口のX氏は、ふっきれた様子で、以前よりも声色が明るいように感じた。

　X氏は、今は犬を飼うことはできないが、環境が整い次第、犬の里親になる意向という。

　春がそこまで近づいてきていた。

　本稿は、複数の事例を組み合わせるなどして構成したものであり、実際の事例とは異なる。

施設内転倒事故

I 事案の概要

〈Case⑤〉

　甲野花子氏は87歳の女性であり、認知症のため有料老人ホームに入居している。入居直後と2カ月後に、立て続けに転倒し、2回目の転倒の際に大腿骨頸部を骨折する重傷を負い、歩行が困難になった。損害賠償について、花子氏の子の一郎氏が施設側との交渉を行っていたが、施設側からは予想外に低い金額しか提示されない。

II 実務上のポイント

〈Case⑤〉における実務上のポイントは、以下の2点である。
① 本人に意思能力が認められない場合の対応方針
② 安全配慮義務違反の立証方法

III 受任の経緯

　ある日、X弁護士の下に、顧問会社の社長であるA氏から電話があった。A氏によれば、A氏の友人の母が認知症で老人ホームに入居していたとこ

ろ、施設内での転倒が原因で骨折し、施設側との間で損害賠償の交渉を行っているが、なかなか思うように進まないので、弁護士に一度相談したいとのことであった。

　X弁護士は、A氏の申出を快諾し、その友人に事務所に来てもらうことになった。

　A氏の友人の甲野一郎氏（以下、「一郎氏」という）は62歳の男性である。

1　事故状況の聴取

> 一　郎　氏：今日はよろしくお願いします。突然のお願いで申し訳ございません。
>
> X弁護士：いえいえ、こちらこそ、今日はよろしくお願いします。Aさんからお聞きしているのは概要だけで、詳細はお聞きしていませんので、まず、お母様がけがをした経緯をお聞かせいただけますか。
>
> 一　郎　氏：それが本当にひどい話なんですよ。母は一昨年の11月に松戸市の「乙田ホーム」という老人ホームに入居したのですが、入居した4日後と、その2カ月後に、立て続けに転倒し、大腿骨のつけ根を骨折して歩けなくなりました。施設は、最初は「申し訳ありません」「全責任はこちらにあるので、真摯に対応させていただきます」などと言っていたのですが、提案された和解金額は信じられないくらい低い金額で、全く納得ができません。しかも、先日わかったことでしたが、ほかにも母は何回か転倒していたのに、われわれには何の報告もされていませんでした。許せないという気持です。先生、どうにかなりませんか。

　一郎氏は少々興奮しており、思い出すだけでも腹立たしいといった様子で

ある。気持はわかるが、方針を検討するためには、まず、詳細な事実関係を聞き取る必要がある。X弁護士は、順を追って細かく質問をすることにした。

> X弁護士：お気持はよくわかります。今後の方針を考えるにも、少し詳しい話をお聞きする必要があると思いますので、順を追って質問させてください。まず、お母様のお名前と年齢を教えていただけますか。
> 一郎氏：甲野花子。現在87歳です。
> X弁護士：どういう経緯で、乙田ホームに入居することになったのですか。
> 一郎氏：母は、父が亡くなってから千葉県の自宅で一人暮らしをしていたのですが、5年ほど前から認知症の症状が出始めました。徐々に症状が悪化して、3年前くらいから、戸締まりや火元の管理が危なっかしい状態になったので、1人で暮らすのは難しいということになりました。それで、老人ホームを探していたのですが、どこも満員で、なかなか入居できない状態が続き、ようやく、一昨年の11月に、新しくできた乙田ホームに入居することができたのです。
> X弁護士：乙田ホームのサービス内容はどのようなものなのですか。
> 一郎氏：乙田ホームは、介護付きの有料老人ホームで、各入居者は個室で生活し、24時間、職員による介護を受けることができます。
> X弁護士：乙田ホームとの入居契約書はありますか。
> 一郎氏：はい。持ってきています。

(資料2-5-1) 入居契約書（抜粋）（《Case⑤》）

入居契約書

目的施設の表示
住　　所　　千葉県松戸市〇〇1-2-3
名　　称　　乙田ホーム
類　　型　　介護付有料老人ホーム（一般型特定施設入居者生活介護）
介護居室　　個室（18平方メートル）

　入居者　甲野花子（以下「甲」という。）と株式会社乙田（以下「乙」という。）とは、以下のとおり入居契約を締結する。

第1条（目的）
　乙は、甲に対し、目的施設を終身利用させ、本契約に定める各種サービスを提供するものとし、甲は、乙に対し、その対価及び必要な費用を支払うものとする。
　（略）

第4条（賠償責任）
　乙は、サービスの提供に伴って、乙の責めに帰すべき事由により甲の生命、身体、財産に損害を及ぼした場合は、甲に対してその損害を賠償する。
　（略）

第30条（身元引受人）
 1 甲は、身元引受人を定めなければならない。
 2 前項の身元引受人は、甲の支払い能力低下、判断能力低下、病気又は死亡などにより甲が意思決定や利用料金の支払いができなくなった場合、甲に代わり、乙と協議の上、意思決定又は弁済を行い、必要に応じ、甲の身柄を引き取る責任を負う。

（以下略）

以上

　入居契約書は、一郎氏が「甲野花子代理人」として署名押印をしており、

一郎氏自身も、入居契約書30条の身元引受人として署名押印をしていた。

> X弁護士：お母様の部屋はどんな部屋なのですか。
> 一　郎　氏：10畳くらいの広さの洋室で、ベッドとトイレがついています。
> X弁護士：職員の方はどこにいるのですか。
> 一　郎　氏：病院でいうナースステーションのようなところに何人か詰めていて、定期的に各居室を見回りに来る感じです。部屋にある呼び鈴を押すと来てくれることになっていました。
> X弁護士：入居時のお母様の認知症はどの程度でしたか。
> 一　郎　氏：もの忘れがひどくなっており、私のことはまだ何とか理解できていたものの、最近起こったことは何も覚えていないような状況でした。会話をしていても、話がかみ合わず、つじつま合わせのようなことばかり言っていました。
> X弁護士：要介護度はどうでしたか。
> 一　郎　氏：要介護3の認定を受けていました。
> X弁護士：身体に不自由なところはありましたか。
> 一　郎　氏：いいえ、身体のほうはいたって健康でした。年齢のわりには健脚で、すいすいと歩いていました。

施設の状況と入居時の花子氏の状態は大まかに把握することができた。次に、X弁護士は、事故の状況を聞き取ることにした。

> X弁護士：最初の転倒事故についてうかがいますが、いつ起きたのですか。
> 一　郎　氏：母が入居した4日後、平成27年11月10日の朝5時頃です。
> X弁護士：甲野さんはどのようにして事故を知ったのですか。
> 一　郎　氏：入居した4日後の昼頃に、乙田ホームの職員から私に電話がかかってきて、「お母様が転倒してけがをされました」と言

われました。仕事を早めに切り上げて夕方に施設に行ったところ、母は車いすに乗っていました。顔にあざができて、右の手首にギプスを巻いていました。

X弁護士：職員からは、どういう状況で転倒したという説明だったのですか。

一　郎　氏：母の居室からドスンという音がしたので職員が駆けつけたところ、母が居室内の床で横になって倒れていたとのことです。ズボンを膝下くらいまではいていた状態だったので、朝起きて、着替えようとしている最中に転倒したのではないかということでした。

X弁護士：事故の状況について、お母様から話を聞くことはできましたか。

一　郎　氏：認知症のため、そういう話をきちんとできるような状態ではなく、ただ、痛い、痛いというだけでした。おそらく、どうしてけがをしたのかも忘れてしまっていると思います。

X弁護士：どういうけがをされたのですか。

一　郎　氏：顔は打撲だったのですが、右手首は骨折していました。また、右の大腿骨にひびが入ったとのことでした。

X弁護士：その後のけがの経過はどうでしたか。

一　郎　氏：右足のほうは完治したのですが、右手首は変形してしまい、動かせなくなりました。

X弁護士：施設の方とは、事故の防止について何か話をしましたか。

一　郎　氏：事故後すぐに施設長と面談をする機会があり、謝罪を受けました。その際に、筋力や平衡感覚が低下していて転倒しやすく、環境の変化に戸惑い、家に帰ろうとするなどして落ち着かない傾向があるので、今後は見守りを徹底し、着替えや移動にはつき添いを行うようにしますとの説明がありました。

X弁護士：次に、その2カ月後の、大腿骨のつけ根を骨折したという転

> 倒事故についてうかがいますが、そちらはいつ発生したのですか。
>
> 一　郎　氏：平成28年1月17日の夜10時頃です。
>
> X弁護士：どのようにして事故を知ったのですか。
>
> 一　郎　氏：転倒後すぐに施設から電話があって、「お母様が転倒してけがをしました。車で病院に連れて行っています」と言われました。私と妻が急いで病院に車で駆けつけたところ、お医者さんから、左の大腿骨の頸部が折れていると言われ、そのまま入院になりました。
>
> X弁護士：どういう治療を受けたのですか。
>
> 一　郎　氏：お医者さんからは、一般的には手術が必要だけれども、母の場合は高齢で体力的に手術に耐えられるかどうか不安があるし、認知症のため、術後、安静にしたり、指示に従ってリハビリをすることが困難なので、手術しても歩けるようになる可能性は低いと言われました。それで、結局手術はせず、痛み止めと経過観察だけ行うことになりました。
>
> X弁護士：事故の状況については、施設からはどんな説明がありましたか。
>
> 一　郎　氏：夜、職員が母をベッドに寝かせて、しばらく見守った後、眠りについたので部屋を出たところ、数分して、部屋から物音がしたので駆けつけたら、母がベッドの下に倒れていたとのことです。ベッドから降りようとして転倒したのではないかとのことでした。

　いずれも、職員が目を離した際に個室内で生じた転倒事故である。事故の状況については職員からの話以外に情報がないとのことであり、仮に施設側が責任を争ってきた場合には、過失の立証が問題になるように思えた。X弁護士は、花子氏の状況に照らして職員が花子氏の様子を見守るべき義務が

あったといえるか否かがポイントになりそうだと思いながら、さらに話を聞くことにした。

2　交渉経過の聴取

> X弁護士：その後、施設側と賠償について交渉をされたとのことですが、どんなやりとりをしたのですか。
> 一　郎　氏：何回か話し合いをしました。最初の話し合いでは、施設の運営会社の役員と施設長から謝罪と経緯の簡単な説明があり、「全責任はこちらにあるので、真摯に対応させていただきます」と言われて、それで終わりました。その後しばらく何の提案もなかったので、こちらから、「どうなっているんですか」と聞いて、2回目の話し合いが行われました。このときは、先方の保険会社の社員が同席していて、「保険会社のほうで賠償額を計算しているところなので、あらためて金額を提案します」と言われました。役員や施設長は、ずっと下を向いていて、1回目のときと様子が違って、何だか歯切れが悪い印象でした。
> X弁護士：それで、金額の提案があったのですか。
> 一　郎　氏：3回目の話し合いで、保険会社が作成した「試算書」というものを提示されました。これが、あまりに低い金額で、愕然としました。
> X弁護士：試算書は今お持ちですか。
> 一　郎　氏：はい。

　一郎氏が持参したB保険会社作成の試算書をみると、入居した4日後の最初の事故（以下、「第1事故」という）は、通院日数に対応する治療費として3800円、傷害慰謝料が10万円とされており、2カ月後の事故（以下、「第2

事故」という）は、入通院日数に対応する治療費として8万6000円、傷害慰謝料が20万円とされていた。合計で38万9800円である。

> 一郎氏：こんな金額しか提案がないなんて、馬鹿にするにもほどがあります。頭にきて、思わず、どうしてこんなに安いんだ、事故のせいで母は歩けなくなったんだ、と詰め寄りました。そうしたら、慌てた様子で役員から謝罪があり、あくまで試算ですので、あらためてご提案しますと言われました。
> X弁護士：それで、その後提案はあったのですか。
> 一郎氏：数カ月間、音沙汰がなかったのですが、先日になって、施設の運営会社から手紙が送られてきて、そこに金額が書いてありました。

一郎氏が持参した、施設の運営会社である「株式会社乙田」名義の書面をみると、「保険会社が認定した損害金」であるとして、前記の試算書の治療費および傷害慰謝料の合計38万9800円に、

・「後遺障害慰謝料　130万円（12級相当）」
・「後遺障害逸失利益　72万8181円」

を加え、合計241万7981円の支払いを行いたいとされていた。算定根拠については何ら記載がなく、どのような理由で後遺障害を12級相当としたのかも不明である。

> X弁護士：お母様が歩けなくなったことについての後遺障害を踏まえて増額してきたということですか。
> 一郎氏：そうみたいです。私は相場がよくわかりませんが、それでも低すぎませんか。
> X弁護士：12級相当とした根拠が不明ですが、仮に、12級相当だとしても、慰謝料額は裁判実務上の基準よりは低額ですね。

3 当面の対応方針の決定

　ある法律関係に基づいて特別な社会的接触の関係に入った当事者間においては、信義則上、当該法律関係の付随義務として、当事者の一方は、相手方に対し、その生命および健康等を危険から保護するよう配慮すべき義務（安全配慮義務）を負うと解されている（最判昭和50・2・25民集29巻2号143頁等）。乙田ホームは介護付有料老人ホームであり、介護サービスの提供にあたっては、当然、花子氏の生命および身体に危険がないように配慮すべきであるから、〈*Case*⑤〉でも、入居契約上の義務として、乙田は、花子氏に対して安全配慮義務を負うと考えられる。賠償責任を定めた入居契約書第4条は、安全配慮義務違反の場合についての規定といえよう。

　安全配慮義務違反に基づく賠償請求を行うためには、安全配慮義務の内容を特定し、義務違反に該当する事実（帰責事由）を主張、立証する必要がある。〈*Case*⑤〉でも、入居契約書上、賠償請求を行うにあたっては、乙田の責めに帰すべき事由の存在が必要とされているが、現時点では、先方は責任があることを前提に賠償金額の提案を行ってきているようである。まずは、先方の提案を踏まえて、こちらから何らかの対案を提示する必要があろう。

　X弁護士は、今後の進め方についての一郎氏の意向を確認した。一郎氏は、これ以上自分で交渉を行ってもらちが明かないし、できればX弁護士に代理人として乙田との交渉を行ってほしいとの意向であった。

　もっとも、ここで問題となるのは、花子氏本人の意思能力である。生じた損害は花子氏についてのものであるから、本来であれば、X弁護士は花子氏の代理人として交渉を行うべきである。しかし、一郎氏に確認したところ、花子氏は、第2事故により歩けなくなって以降、急速に認知症が進行し、ほとんど会話も成立しない状況とのことである。花子氏には意思能力が認められない可能性が高く、X弁護士が花子氏から有効に委任を受けることは困難であろう。

一　郎　氏：先生、そうすると、母は判断能力がない以上、賠償を受けら

> れないということになるのですか。どうすればよいでしょうか。
>
> X弁護士：本来であれば、お母様について成年後見を申立て、成年後見人がお母様の法定代理人として交渉にあたるべきということになります。甲野さんが成年後見人に就任するのであれば、私が、その代理人として交渉を行うことも可能です。
>
> 一郎氏：最終的にはそうしなければならないのだろうとは思いますが、これまで先方は私と交渉をしてきていますし、私と合意をするつもりなのだと思います。私としても、すんなり支払ってもらえるのであれば、成年後見を申し立てるまでもないように思うのですが……。

　確かに、これまで、先方は一郎氏を花子氏の代理人として扱っているようであり、先方が一郎氏との間で合意し、賠償を行う意向を示している以上、わざわざ時間と費用をかけて成年後見の申立てを行いたくないという心情は理解できる。

　一郎氏は花子氏の身元引受人になっており、入居契約書上、花子氏が意思決定や利用料金の支払いができなくなった場合、花子氏に代わり、意思決定または弁済を行うこととされている（入居契約書30条2項）。また、X弁護士が一郎氏に確認したところ、花子氏は、老人ホームを探し始める際の家族間の話し合いの時点では、まだ自分のおかれた状況を理解することができていて、施設に入居してもよい、入居先の選定や入居手続を含め、今後のことの一切は一郎氏に任せるなどと述べていたとのことである。これを受け、一郎氏は入居先の選定や入居手続を花子氏に代わって行い、前記の入居契約についても、花子氏の代理人として署名押印したとのことであった。なお、入居までの間は、一郎氏や一郎氏の妻が、ケアマネジャーと協力しながら頻繁に花子氏の自宅を訪問して身の回りの世話をしていたようである。

　こうした事情を考慮すると、一郎氏が引き続き乙田との和解交渉を行うことについては、事務管理（民法697条）に該当するという整理が可能であるよ

うに思われ、少なくとも違法ではないであろう。事務管理者がした法律行為の効果は当然には本人に及ばないため（最判昭和36・11・30民集15巻10号2629頁）、将来的に有効な和解を行うためには、成年後見の申立てが必要になるという問題は残るが、現時点では、一郎氏が消極的であることから、X弁護士は、無理に成年後見の申立てをすすめることはせず、一郎氏に交渉の助言を行うにとどめることとした。

> X弁護士：それでは、さしあたっては甲野さんが引き続き和解交渉を行うこととし、私は代理人にはつかず、進め方についてアドバイスを差し上げるということではいかがですか。もっとも、将来的に、成年後見等の手続を行う必要が生じる可能性があることはご了承ください。
> 一　郎　氏：わかりました。
> X弁護士：ところで、お母様はまだ乙田ホームにいらっしゃるのですか。
> 一　郎　氏：はい。ただ、幸いにも別の施設がみつかったので、来月に乙田ホームを退去してそちらに入居予定です。

　X弁護士は、一郎氏と今後の対応について協議を行った。先方から提示があった和解案に対して対案を提示することになり、X弁護士が金額の検討を行い、一郎氏に助言を行うこととなった。

Ⅳ　相手方との交渉

1　請求金額の検討

(1)　後遺障害等級

　X弁護士は、早速、花子氏に生じた損害額の検討を行うことにした。
　〈*Case*⑤〉では、第1事故により生じた右手首の骨折の結果、花子氏は右手首が動かせなくなったほか、第2事故により生じた大腿骨頸部骨折によ

(資料2-5-2) 後遺障害診断書(《Case ⑤》)

自動車損害賠償責任保険後遺障害診断書

◆ 記入にあたってのお願い
1. この用紙は、自動車損害賠償責任保険における後遺障害認定のためのものです。交通事故に起因した精神・身体障害とその程度について、できるだけくわしく記入してください。
2. 歯牙障害については、歯科後遺障害診断書を使用してください。
3. 後遺障害の等級は記入しないでください。

氏名	甲野 花子	男・⊛
生年月日	明・大・㊋・昭 5 年 6 月 5 日 (87 歳)	
住所	千葉県松戸市○○1-2-3	
職業		

受傷日時	①平成27 年 11 月 10 日 ②平成28 年 1 月 17 日	症状固定日	平成28 年 6 月 7 日
当院入院期間	自 年 月 日 ( ) 日間 至 年 月 日	当院通院期間	自 年 月 日 実治療日数 至 年 月 日 ( ) 日
傷病名	① 右橈骨遠位端骨折 ② 左大腿骨頸部骨折	既存障害	今回事故以前の精神・身体障害:有・無 (部位・症状・程度)
自覚症状	不詳		

各部位の後遺障害の内容
(各部位の障害について、該当項目や有・無に○印をつけ①の欄を用いて検査値等を記入してください。)

①精神・神経の障害 他覚症状および検査結果	知覚・反射・筋力・筋萎縮など神経学的所見や知能テスト・心理テストなど精神機能検査の結果も記入してください X-P・CT・EEGなどについても具体的に記入してください 眼・耳・四肢に機能障害がある場合もこの欄を利用して、原因となる他覚的所見を記入してください ① 右橈骨遠位端骨折後に変形治癒あり ② 左大腿骨頸部骨折後 偽関節 　支持性はない状態

②胸腹部臓器・泌尿器・生殖器の障害	各臓器の機能低下の程度と具体的症状を記入してください 生化学検査・血液学的検査などの成績はこの欄に簡記するか検査表を添付してください

③眼球・眼瞼の障害	視力		調節機能		視野	眼瞼の障害
	裸眼	矯正	近点距離・遠点距離	調節力	イ.半盲(¹/₄半盲を含む) ロ.視野狭窄 ハ.暗　点 ニ.視野欠損	イ.まぶたの欠損 ロ.まつげはげ ハ.開瞼・閉瞼障害
右			cm　　cm	( )D		
左			cm　　cm	( )D		
眼球運動	注視野障害 (全方向½以上の障害)	右 左	複視	イ.正面視 ロ.左右上下視	(視野表を添付して) ください	(図示してください)
眼症状の原因となる前眼部・中間透光体・眼底などの他覚的所見を①の欄に記入してください						

④聴力と耳介の障害

	オージオグラムを添付してください			耳介の欠損	⑤鼻の障害	⑦醜状障害(採皮痕を含む)
イ.感音性難聴(右・左) ロ.伝音性難聴(右・左) ハ.混合性難聴(右・左)		聴力表示 イ.聴力レベル ロ.聴力損失		イ.耳介の1/2以上 ロ.耳介の1/2未満 (右⑦欄に図示してください)	イ.鼻軟骨部の欠損 (⑦欄に図示してください) ロ.鼻呼吸困難 ハ.嗅覚脱失 ニ.嗅覚減退	1.外ぼう　イ.頭部　2.上肢 　　　　　ロ.顔面部　3.下肢 　　　　　ハ.頸部　4.その他
検査日		6分平均	最高明瞭度			
第1回	年月日 右 　　　 左	dB dB	dB % dB %	耳鳴	⑥そしゃく・言語の障害	
第2回	年月日 右 　　　 左	dB dB	dB % dB %	右・左	原因と程度(摂食可能な食物、発音不能な語音など)を左面①欄に記入してください	
第3回	年月日 右 　　　 左	dB dB	dB % dB %			(大きさ、形態等を図示してください)

⑧脊柱の障害

圧迫骨折・脱臼(椎弓切除・固定術を含む)の部位	運動障害	イ.頸椎部　ロ.胸腰椎部			荷重機能障害	常時コルセット装用の必要性	⑨体幹骨の変形	イ.鎖骨　ニ.肩甲骨 ロ.胸骨　ホ.骨盤骨 ハ.肋骨 (裸体になってわかる程度)
		前屈	度	後屈 度		有・無		
		右屈	度	左屈 度				
X-Pを添付してください		右回旋	度	左回旋 度				X-Pを添付してください

短縮	右下肢長	77.0 cm	(部位と原因)	長管骨の変形	イ.仮関節　ロ.変形癒合
	左下肢長	75.0 cm		(部位)	X-Pを添付してください

⑩上肢・下肢および手指・足指の障害

欠損障害(離断部位を図示してください)

	上肢		下肢		手指		足指	
	(右)	(左)	(右)	(左)	(右)	(左)	(右)	(左)

関節機能障害

関節名	運動の種類	他動		自動		関節名	運動の種類	他動		自動	
		右	左	右	左			右	左	右	左
手関節	背屈	60度	80度	度	度			度	度	度	度
	掌屈	40	60	測							
	横屈	30	30	指							
	尺屈	10	10	定							
股関節	屈曲	100	90	示							
	伸展	-10	-35	不							
	外転	20	20	入							
	内転	10	10	ら							
	外旋	40	40	ず							
	内旋	40	20	能							

障害内容の増悪・緩解の見通しなどについて記入してください

上記のとおり診断いたします

所在地　千葉県松戸市〇〇4-5-6
名　称　丙総合病院
診療科　整形外科

診断日　平成29年11月14日
診断書発行日　平成29年11月14日
医師氏名　丙山 太郎　㊞

(自賠調18号様式)

り、花子氏は歩けない状態になっているので、花子氏の後遺障害の有無と程度が問題になる。一郎氏の話だけでは、後遺障害の程度を判断することはできないので、医師に後遺障害診断書を書いてもらう必要がある。

　X弁護士は、花子氏が診療を受けた病院から後遺障害診断書を取得するよう、一郎氏に依頼した。

　数週間後、一郎氏から送られてきた後遺障害診断書が（資料2-5-2）である。

　花子氏は、医師の指示に従って手や足を動かすことができず、関節の自動域を測定できなかったようである。もっとも、左大腿骨頸部骨折については「偽関節」「支持性はない状態」とあるので、請求金額の算定にあたっては、全く動かせないとの前提に立ってよいように思われる。また、一郎氏との打合せの時点ではわからなかったが、左の下肢長が右よりも2センチ短くなっている。

　右手首に関しては、橈骨遠位端骨折が変形治癒しているとされ、他動域の測定で、左手首よりも背屈と掌屈が20度程度、可動域が狭まっているようである。

　裁判実務上、後遺障害の程度については、交通事故案件に限らず、自賠責保険の後遺障害等級表（自動車損害賠償補償法施行令別表1および2）の基準に準じて判断されることが一般的である。今般の請求にあたっても、後遺障害等級表に即して、可能な限り花子氏にとって有利な等級を主張するということでよいであろう。X弁護士は、後遺障害等級表と後遺障害診断書を見比べながら、どの等級に該当するといい得るか検討を行った。

　まず、花子氏の左大腿骨頸部骨折後の偽関節が生じ、全く動かせない状態となっている点については、後遺障害等級7級10号「1下肢に偽関節を残し、著しい運動障害を残すもの」に該当するといえそうである。また、下肢長につき「右下肢長77.0cm　左下肢長75.0cm」と診断されている点については、後遺障害等級13級8号「下肢を1cm以上短縮したもの」に該当するであろう。

これらは、「13級以上の等級に該当する後遺障害が二以上存する場合」に該当するから、X弁護士は、上記2つの障害を併合して、重い後遺障害の該当する等級（7級）の一級上位の等級である6級の後遺障害に相当することを前提に（自動車損害賠償保障法施行令2条1項3号ニ）、損害額を算定することにした。

また、右手首については、右橈骨遠位端骨折が変形治癒しているので、後遺障害等級12級8号「長管骨に変形を残すもの」に該当するといってよかろう。

(2) 後遺障害慰謝料

後遺障害慰謝料額についても、裁判実務上、交通事故案件に限らず、公益財団法人日弁連交通事故相談センター東京支部『民事交通事故訴訟・損害賠償額算定基準』（いわゆる「赤い本」）に則って算定されることが一般的である。同基準によると、6級の後遺障害慰謝料は1296万円、12級の後遺障害慰謝料は224万円とされている。〈*Case*⑤〉でもこの基準を用いて請求を行ってよいであろう。

(3) 後遺障害逸失利益

問題は、後遺障害逸失利益である。

花子氏は就労しておらず、年金のほかに収入はなかったとのことであるが、裁判実務上、現に就労していなくとも、就労の蓋然性があれば、後遺障害逸失利益は認められるし、家事労働に従事していた者についても賃金センサスに基づいて逸失利益は認定され得る。X弁護士が調べたところ、認知症で徘徊傾向のある高齢者の交通事故で生じた後遺障害について、後遺障害逸失利益を認めた裁判例もあるようだが（京都地判平成14・6・6自動車保険ジャーナル1457号16頁）、家事労働には従事していた事案のようである。

〈*Case*⑤〉の場合、花子氏は高齢で認知症に罹患しており、かつ、介護付有料老人ホームに入居していたから、家事労働に従事していたともいいがたい。仮に訴訟になった場合、後遺障害逸失利益が認められない可能性が高いのではないかと思われた。

もっとも、〈Case⑤〉では、乙田ホームから提案された賠償金の内訳に、後遺障害逸失利益として72万8181円が入っている。訴訟になった場合に認められるかどうかはともかく、相手方が自認している損害の費目について請求を行わないことは得策ではないし、請求が不当要求であると非難されるようなものではないであろう。検討の結果、X弁護士は、後遺障害逸失利益についても請求を行うこととした。

　症状固定日（平成28年6月7日）当時、花子氏は満86歳である。症状固定時の年齢が67歳を超える者については、原則として平均余命の2分の1が労働能力喪失期間と考えられているので（前掲・赤い本〔2016年版〕87頁）、X弁護士は、86歳の平均余命7.78年の約2分の1である4年を労働能力喪失期間とし、これに対応するライプニッツ係数を3.5460とし、基礎収入を平成28年賃金センサス（70歳以上女子全学歴計）に基づき301万4800円、労働能力喪失率を自賠責保険後遺障害等級表6級相当の67％として、花子氏の逸失利益を、

　301万4800円×0.67×3.5460＝716万2622円
と算定した。

　　　(4)　合　計

　後遺障害慰謝料と逸失利益の合計は、2236万2622円になる。さらに、第1事故および第2事故の入通院日数に対応する傷害慰謝料を83万円として、X弁護士は、損害額の合計を2319万2622円と算定した。

　もっとも、後遺障害逸失利益については、訴訟になった場合には認められない可能性が高い。一郎氏には、過剰な期待を抱かないよう、その点を十分に説明する必要があろう。

2　2回目の打合せ

　X弁護士は、一郎氏と打合せを行い、算定結果を伝えた。

一　郎　氏：結構な金額になるので驚きました。

X弁護士：そうですね。ただ、あくまで後遺障害診断書の記載を基に、合理的な説明が可能な範囲で高めに算定した場合の金額ですので、必ず全額が受け取れるというわけではありません。交渉ごとですので、この金額で請求を行っても、先方がもっと低い金額しか支払いに応じない可能性は十分にあります。特に、後遺障害逸失利益については、先方の提案にあったので入れましたが、裁判になった場合には認められない可能性が高いとお考えください。

一郎氏：わかりました。あくまでも交渉のスタートラインということですね。

X弁護士：計算してみると、先方の提示額との間に相当の開きがあるようですので、この金額に固執すると、交渉が決裂するかもしれません。その場合、訴訟を提起することになりますが、解決までには長い期間を要することになりますし、万一、先方が急に態度を翻して責任を争ってきた場合、当方が先方の過失を立証する必要があり、必ず請求が認められるとも限りません。そうしたことを考えると、最初からもう少し低い金額で請求したり、先方の提案額を受け入れるという選択肢もあり得ますが、ご意向はいかがですか。

一郎氏：私としては、あまり低い金額で合意することには納得ができません。母は歳のわりに足腰が丈夫なのが自慢だったので、こんなことになってしまってさぞかし無念だと思います。それに、退去前に施設の職員の一人から聞いたのですが、第1事故と第2事故の間にも、何度か母は転んでいたらしいんです。私たちには全く報告がなかったので、驚いて、「本当ですか」と聞いたら、しまった、という表情をしていました。そういうことも含めて、施設の対応には不信感があるので、あまりあいまいな決着をしたくないと思っています。私とし

> ては、母の苦痛を考えると、賠償金は先生に算定していただいた金額くらいにはなるように思いますので、まずは、この金額を請求することにしたいです。開きが埋まらないようであれば、裁判でも致し方ないと思います。
>
> X弁護士：わかりました。

3 交渉の決裂

　一郎氏が、X弁護士が算定した金額と算定根拠を乙田の担当者に伝えたところ、検討のうえ、回答するとのことであった。

　数週間後、一郎氏からX弁護士に連絡があり、乙田の代理人の弁護士から、内容証明郵便で通知書が届いたとのことである。X弁護士は、すぐに一郎氏から通知書の写しを送ってもらい、内容を確認した。

　通知書は株式会社乙田代理人のY弁護士名義であり、要旨、

① 本件の請求主体は本来であれば甲野一郎氏ではなく甲野花子氏である。甲野花子氏には判断能力がないと思われるため、成年後見の申立てを行い、意思能力の補完を行われたい。

② 将来的に一郎氏が花子氏の成年後見人に就任するとの前提で、一郎氏の請求に回答すると、乙田は、司法判断なしに従前の提案額からの増額を行うことには応じられない。また、もし司法判断を経ることとなるのであれば、損害賠償請求の一般原則に基づき、過失および損害について主張・立証していただくことになるのでご了承いただきたい。

と記載されていた。

　X弁護士は、一郎氏と打合せを行い、今後の対応を協議することとした。

> 一郎氏：先生のおっしゃったとおり、成年後見の申立てを求めてきました。こちらとしては、きちんと賠償を受けられればそれでよいのに、相手方からそんな手間をかけることを要求する

なんて、釈然としません。

X弁護士：お気持はわかりますが、法的には、お母様の場合、成年後見人がいなければ請求をすることは難しいですし、先方代理人としても、一郎さんと和解を行って、あとからやっぱり無効だということになると困るので、成年後見の申立てを求めてくること自体は不当とはいえないと思います。

一郎氏：わかりました。それでは、成年後見の申立てを行うことにします。

X弁護士：また、先方は、司法判断なしでは増額には応じられないということですが、以前お話したとおり、訴訟を提起するということでよろしいですか。

一郎氏：結構です。

X弁護士：裁判を行う場合には、過失および損害をこちらが立証する必要があります。先方がどの程度争ってくるかは現時点ではわかりませんが、もう少し、事故の状況に関する資料を集める必要があると思います。

一郎氏：わかりました。

V 成年後見の申立て

1 申立書の作成

　一郎氏は、成年後見の申立手続についてもX弁護士に依頼したいとのことであり、X弁護士は、一郎氏の手続代理人として、成年後見の申立てを行うことにした。

　一郎氏は、自らが成年後見人に就任するとの意向であった。もっとも、成年後見人の選任は家庭裁判所の専権であり、後見開始申立書に後見人等候補者として記載された者が必ず成年後見人に選任されるとは限らない。裁判所

後見サイトでは、①親族間に意見の対立がある場合、②流動資産の額や種類が多い場合、③従前、本人との関係が疎遠であった場合、④本人について訴訟等の法的手続を予定している場合等には、後見人等候補者以外の者を選任する場合があるとされている（〈http://www.courts.go.jp/tokyo-f/saiban/koken/koken_qa/〉）。

　X弁護士が一郎氏に確認したところ、①花子氏にはきょうだいがおらず、親族は一郎氏だけとのことであり、②預貯金もほとんどないとのことであった。また、前記のとおり、③一郎氏は長年花子氏の身の回りの世話を行っている。一郎氏の希望どおり成年後見人に選任される可能性はありそうである。

　X弁護士は、念のため、一郎氏に、必ず成年後見人に選任されるとは限らない旨を説明するとともに、仮に、弁護士等の第三者が成年後見人に選任された場合、当該成年後見人において、損害賠償請求手続を行うことになることを説明し、了解を得た。

　そのうえで、X弁護士は、後見開始申立書の申立ての実情欄に、前記①〜③の事情を記載するとともに、転倒事故の経緯や、今般の申立ては損害賠償請求のために行うものであり、それ以外に花子氏について日常的に後見人を必要とする事情はないこと、損害賠償請求手続については、別途弁護士に依頼することが可能であり、専門家後見人を選任しなくとも本人の権利保護に欠けることはないことを記載することとした（前記④へのフォロー）。

　X弁護士は、一郎氏から取得したその他の必要書類とともに申立書を家庭裁判所に提出した（成年後見申立手続の流れについては、本書と同シリーズである『事例に学ぶ成年後見入門〔第2版〕』第2編第2章に詳しい）。

2　後見開始決定

　申立て後、X弁護士は一郎氏とともに家庭裁判所での調査官面接にのぞんだ。調査官からは、転倒事故や交渉の経緯について質問があったほか、今後、先方と訴訟になった場合にはX弁護士が代理人に就任することが可能かどうかの確認があった。X弁護士は、就任可能であると回答した。

花子氏の場合は鑑定が不要とされ、面接の1カ月後、家庭裁判所から、後見開始の審判が送達されてきた。無事、後見人として一郎氏が選任されており、まずは一安心である。

Ⅵ 訴訟提起

1 受任通知

先方とはこれまで一郎氏が交渉を行っており、X弁護士は先方代理人のY弁護士と直接やりとりを行ってはいない。いきなり提訴を行ってもよいが、念のため、代理人として連絡を行い、代理人間での話し合いによる解決の余地がないかを確認してもよいであろう。X弁護士は、花子氏の成年後見人一郎氏の代理人として、Y弁護士に受任通知を送付することとした。

【書式2-5-1】 受任通知（《Case⑤》）

```
                                            平成30年2月1日
株式会社乙田代理人
 弁護士    Y     先生
                        東京都中央区○○1-2-3
                        ○○法律事務所
                        甲野花子成年後見人甲野一郎
                        代理人弁護士         X

              御  連  絡

冠省
  甲野花子氏（以下「花子氏」といいます。）の株式会社乙田（以下「貴社」
といいます。）に対する損害賠償請求の件につき、ご連絡いたします。
  花子氏につきましては、平成30年1月26日に後見開始の審判がなされ、甲野
一郎氏（以下「一郎氏」といいます。）が成年後見人に選任されました。
  花子氏の法定代理人たる一郎氏の委任により、今後は、当職が代理人として、
```

本件の解決の任に当たることになりましたので、ご通知申し上げます。
　さて、従前の貴職からの一郎氏に対するご回答によれば、以前貴社からご提案のあった賠償金額（合計241万7981円）以上の支払には応じられないとのことですが、当方としては、貴社のご提案額での和解には応じかねます。
　現状では、双方の金額に開きが大きすぎますので、貴社からの大幅な譲歩が望めないとのことであれば、提訴を検討せざるを得ないと考えております。念のため、増額をご検討いただく余地があるかどうかにつき、改めて貴社のお考えをお知らせ下さい。
　よろしくお願い申し上げます。

草々

　数日後、Y弁護士からX弁護士に回答が届いた。従前と同様、司法判断なしに従前の提案額からの増額を行うことには応じられないとのことである。やはり、提訴せざるを得ないであろう。

2　方針検討および資料収集

　X弁護士は、訴状の作成を進めることとした。
　請求の法的構成としては、入居契約上の安全配慮義務違反とする債務不履行構成と不法行為構成のいずれも考えられるが、いずれにしても、乙田の過失の主張・立証が必要となる（入居契約書4条でも「責めに帰すべき事由」が必要とされている）。つまり、当時の花子氏の状態に照らして、転倒の危険性が予見できたこと（予見可能性）、転倒を防止するための措置をとっていれば、結果発生が回避できたこと（結果回避可能性）、を主張・立証しなければならない。
　これまで、先方が責任を認めていることを前提に、主に損害額についての検討を行ったが、訴訟となれば先方は過失自体を争ってくるものと思われる。現状では乙田ホームの職員から一郎氏が聞き取った内容以外に事故時の状況についての情報がないが、注意義務違反の内容についての主張を行うためには、もう少し客観的な資料が欲しいところである。

Ⅵ 訴訟提起　*173*

(資料2-5-3)　介護認定審査会資料（サンプル）

取扱注意　　　　　　介護認定審査会資料

合議体番号：000001　No. 1

平成20年12月16日　作成
平成20年12月 1日　申請
平成20年12月 5日　調査
平成20年12月22日　審査

被保険者区分：第1号被保険者　年齢：85歳　性別：男　現在の状況：居宅（施設利用なし）
申請区分　：新規申請　　　前回要介護度：なし　　前回認定有効期間：　　月間

1 一次判定等
（この分数は、実際のケア時間を示すものではない）

一次判定結果　：　要介護1

要介護認定等基準時間：40.8分

　　25　32　　50　　　70　　　90　　　110　（分）

| 非 | 支1 | 支2 | 介1 | 介2 | 介3 | 介4 | 介5 |

食事	排泄	移動	清潔保持	開通	BSD関連	機能訓練	医療関連	認知症加算
3.4	2.0	2.0	6.0	10.9	6.2	6.1	4.2	0.0

警告コード：

3 中間評価項目得点

第1群	第2群	第3群	第4群	第5群
82.1	100.0	100.0	92.6	48.4

4 日常生活自立度

障害高齢者自立度　：　J2
認知症高齢者自立度　：　Ⅰ

5 認知機能・状態の安定性の評価結果

認知症高齢者の日常生活自立度
　認定調査結果　：　Ⅰ
　主治医意見書　：　Ⅱa
認知症自立度Ⅱ以上の蓋然性　：　81.9％
状態の安定性　：　安定
給付区分　：　介護給付

6 現在のサービス利用状況（なし）

2 認定調査項目

	調査結果	前回結果

第1群　身体機能・起居動作
1. 麻痺（左－上肢）
　　　　（右－上肢）
　　　　（左－下肢）　ある
　　　　（右－下肢）　ある
　　　　（その他）
2. 拘縮（肩関節）
　　　　（股関節）
　　　　（膝関節）
　　　　（その他）
3. 寝返り　つかまれば可
4. 起き上がり　つかまれば可
5. 座位保持　自分で支えれば可
6. 両足での立位　支えが必要
7. 歩行　つかまれば可
8. 立ち上がり　つかまれば可
9. 片足での立位　支えが必要
10. 洗身
11. つめ切り
12. 視力
13. 聴力

第2群　生活機能
1. 移乗
2. 移動
3. えん下
4. 食事摂取
5. 排尿
6. 排便
7. 口腔清潔
8. 洗顔
9. 整髪
10. 上衣の着脱
11. ズボン等の着脱
12. 外出頻度

第3群　認知機能
1. 意思の伝達
2. 毎日の日課を理解
3. 生年月日をいう
4. 短期記憶
5. 自分の名前をいう
6. 今の季節を理解
7. 場所の理解
8. 徘徊
9. 外出して戻れない

第4群　精神・行動障害
1. 被害的
2. 作話
3. 感情が不安定
4. 昼夜逆転
5. 同じ話をする
6. 大声を出す
7. 介護に抵抗
8. 落ち着きなし
9. 一人で出たがる
10. 収集癖
11. 物や衣類を壊す
12. ひどい物忘れ　ある
13. 独り言・独り笑い
14. 自分勝手に行動する
15. 話がまとまらない　ときどきある

第5群　社会生活への適応
1. 薬の内服　一部介助
2. 金銭の管理　一部介助
3. 日常の意思決定　特別な場合以外可
4. 集団への不適応
5. 買い物　見守り等
6. 簡単な調理　全介助

〈特別な医療〉
点滴の管理　：　気管切開の処置
中心静脈栄養　：　疼痛の看護
透析　：　経管栄養
ストーマの処置　：　モニター測定
酸素療法　：　じょくそうの処置
レスピレーター　：　カテーテル

NCL110　　　　　　　　　　　　　　　　2008/12/16　15:00:59

X弁護士が調べたところ、厚生労働省の「指定居宅サービス等の事業の人員、設備及び運営に関する基準」により、介護保険事業者は、事故発生時には市町村に事故の連絡をしなければならないとされており（第37条等）、これを受け、各自治体は、条例等により、事業者に介護保険事故報告書の提出を求めているようである。松戸市に照会したところ、同市内の有料老人ホームの事業者についても、事故報告書の提出が必要とされているとのことであり、花子氏からの松戸市条例に基づく個人情報開示請求により、謄写が可能とのことであった。

X弁護士は、一郎氏に対し、第1事故および第2事故についての事故報告書の情報開示請求をするよう依頼した。

また、花子氏は、乙田ホーム入居時には要介護3の認定を受けていたとのことである。介護保険の要介護認定審査の際には、認定調査員による調査や主治医意見書の提出が行われ、これらに基づいて認知機能や生活機能についての認定がなされる。認定結果は、（資料2-5-3）のような書類に記載される。

要介護認定審査資料も、乙田の注意義務を基礎づける事情の立証に使える可能性があろう。X弁護士は、一郎氏に対し、要介護認定審査資料も送るよう依頼した。

3　資料の検討

数週間後、一郎氏から依頼した資料が送られてきた。

(1)　介護保険事故報告書

第1事故、第2事故ともに、事故発生後間もなく作成された「介護保険事故報告書」（以下、「事故報告書」という）と、その数週間後に作成された「介護保険事故最終報告書」（以下、「最終報告書」という）の2種類が市に提出されていたようである。

まず、第1事故の事故報告書をみると、事故の発生日時は「平成27年11月10日午前5時頃」となっており、「事故の内容」という欄に、「他の入居者の更衣介助中、隣室（花子氏居室）からドスンという音がしたので直ちに訪室

したところ、居室床に倒れていた。自分で着替えをしていたところ、滑って転倒したようである」との記載があった。一郎氏が職員から説明を受けた内容とおおむね合致している。

次に、第1事故の最終報告書をみると、「再発防止に向けての今後の対応方針」との欄があり、「認知症は重度であり、入居による環境変化に混乱していることがあるため、入居前と同様の布団対応にする」「滑り止め付きの靴下を着用する」「高齢による下肢筋力低下、バランス低下を考慮し移動には付き添い、見守りを行う」「朝方は活動性があり、転倒の危険があるので、朝5時には訪問して様子を見守る」等の記載があった。

続いて、X弁護士は、第2事故の事故報告書に目を通した。事故の発生日時は「平成28年1月17日午後10時30分頃」となっており、「事故の内容」欄には、「午後10時20分に自室に誘導しベッドに臥床させる。その後、隣室の入居者の排泄介助に移ったところ、午後10時30分頃、花子氏の居室から物音がしたので直ちに訪室した。ベッドの下に倒れており、ベッドから降りようとして転倒したものと思われる」と記載されていた。

また、X弁護士は、第2事故の最終報告書も確認したが、「再発防止に向けての今後の対応方針」欄に何も記載されていない。花子氏は大腿骨頸部骨折で歩行不能になったため、再発防止策の記載は行われていないのかもしれない。

いずれも、施設側の行うべき結果回避義務の内容を主張するにあたり、非常に参考になりそうである。

第1事故の発生時に、乙田ホーム側が「下肢筋力低下、バランス低下」「朝方は活動性あり」といった事実を把握していたのであれば、花子氏が起き出して着替えを行おうとする時間帯には見守りを行う義務があったといい得るであろう。

また、第2事故はベッドから降りようとして転倒したようであるが、第1事故の再発防止策として最終報告書に乙田ホームが記載していたとおりにベッドから布団に変更していたのであれば、事故は起きなかった可能性がある。

(2) 要介護認定審査資料

　花子氏の介護保険の認定審査資料をみると、乙田ホームに入居する1カ月前の、平成27年10月に認定調査が行われているようである。

　これによると、「片足での立位」が「できない」、「ズボン等の着脱」が「一部介助」となっている。また、「場所の理解」が「できない」、「昼夜逆転」、「徘徊」および「落ち着きなし」が「ある」とされており、ベッドから車いす等への「移乗」も一部介助となっている。

　介護保険の認定審査結果は、介護サービス計画の作成に有用な資料であるため、入居の際の必要書類として、介護事業者に提出することが多い。X弁護士が一郎氏に確認したところ、乙田ホームへの入居時にも提出したとのことであった。乙田ホームとしては、当該資料の内容を把握していたといえるであろう。

　そして、第1事故は、1人で着替えを行おうとして転倒したと思われるところ、花子氏は片足での立位ができないなどバランスを崩しやすい状態となっており、ズボン等の着脱が一部介助となっていたのであるから、着替えを1人で行わせた場合には転倒することが予見可能であったといえそうである。そうすると、乙田ホームとしては、起床後の着替えの時間帯には花子氏を見守り、危険のないように着替えをさせるべき注意義務があったにもかかわらず、これを怠ったとの主張が可能だと思われる。

　第2事故は、花子氏が眠りについたと思って目を離したところ、花子氏がすぐに起き出してベッドから降りようとして転倒したという事故であり、昼夜逆転や徘徊の状態によっては、しばらくの間見守りを続けるべき注意義務があったといえるかもしれない。もっとも、この点は、事故発生当時の花子氏の心身の状態についてもう少し情報が欲しいところである。

　X弁護士が一郎氏に確認したところ、第2事故発生前、施設の職員から、花子氏は不眠傾向があり、夜中に何度もベッドを抜け出て施設内を歩きまわっていると言われていたとのことであった。そうであれば、少なくともベッドを抜け出すことは予見できたといえそうである。1人でベッドから降りよ

うとした場合に転倒する危険性がどの程度あり、そのことを乙田ホームがどの程度予見できていたかがポイントになるが、ベッドから車いす等への「移乗」に一部介助が必要であったとのことであるので、1人でベッドから降りようとした場合に転倒をする危険性があったとはいえるように思えた。もっとも、この点についても、事故発生当時の花子氏の心身の状態についての情報がもう少し必要であろう。

4 訴訟提起

若干不足している点はあるが、現時点で収集した情報に基づいて提訴は十分に可能であると思われる。安全配慮義務違反について乙田がどのような争い方をしてくるか不明であるので、不足している情報については、訴訟提起後に、乙田の主張を踏まえて収集すれば足りよう。

X弁護士は、現時点で収集した情報に基づいて訴状を作成した。安全配慮義務違反に関する請求原因は、【書式2-5-2】のように記載することにした。

【書式2-5-2】 訴状（抜粋）（《Case⑤》）

> 第1事故
> ……第1事故は、原告が一人で着替えを行おうとして転倒したものと思われる。被告は、原告が片足での立位ができないなどバランスを崩しやすい状態となっており、ズボン等の着脱が一部介助となっていたことを認識していたのであるから、着替えを一人で行わせた場合には転倒することが予見可能であった。したがって、被告は、入居契約上の安全配慮義務として、起床後の着替えの時間帯には原告の居室に行って原告の動静を見守るなどして、着替えの際に転倒することを防止すべき義務があった。第1事故は、被告がかかる義務を怠ったことにより発生したものである。……

> 第2事故
> ……第2事故は、原告がベッドから降りようとして転倒したものと思われる。

第1事故について述べたのと同様、被告は、原告がバランスを崩しやすく、転倒しやすい状態となっており、ベッドからの移乗についても介助が必要な状況であることを認識していた上、原告は不眠傾向があり、夜中に何度もベッドを抜け出て施設内を歩きまわっていることも認識していた。そうすると、原告が眠りに就く前に居室を離れた場合には、原告が起き出してベッドから降りようとし、バランスを崩して転倒することが予見可能であった。したがって、被告は、入居契約上の安全配慮義務として、原告をベッドに寝かせた後、少なくとも眠りに就くまでは原告の動静を見守るなどして、原告が一人でベッドから降りようとして転倒することを防止すべき義務があった。第2事故は、被告がかかる義務を怠ったことにより発生したものである。……

結果回避措置については、第1事故の最終報告書に記載されたものも含めて複数のものが考えられるところであり、乙田の反論も踏まえて適宜追加することになると思われるため、上記のように、ある程度抽象的な記載にとどめることとした。

一郎氏に訴状案を送って確認してもらったところ、問題ないとのことであったので、X弁護士は、訴状を提出した。乙田側の主張が不明であるので、提訴段階では、最低限の書証を提出するにとどめ、事故報告書および最終報告書は、訴訟の進行をみながら適宜のタイミングで提出することとした。

VII 審理経過

1 被告の反論

第1回口頭弁論期日には被告は出席せず、事前に提出された形式的な答弁書が擬制陳述された。

第2回口頭弁論期日において、被告から具体的な認否・反論の準備書面が提出された。

被告の反論の骨子は、以下のとおりである。

① 原告の動静を24時間見守ることは不可能であるから、被告の負う安全

配慮義務としては、転倒の危険性に応じた合理的な措置をとれば足りる。
② 第1事故については、事故発生前に原告が転倒したことはなく、転倒の危険性を予見することは不可能であった。ズボンの着脱等が一部介助とされているのは、自分で適切な服装を選択することができないため、ズボンを渡す必要があるからであり、着脱自体は1人でできていた。
③ 第1事故は、他の入居者の更衣を介助するために、職員がごくわずかな時間目を離した際に発生したものであり、防止することは不可能であった。
④ 第2事故については、原告はベッドの乗り降りは1人でできており、ベッドの乗り降りの際に転倒したことはなかったから、転倒の危険性を予見することはできなかった。「移乗」が一部介助となっているのは、ベッドから車いすに移る場合には介助が必要であるからであり、ベッドから降りて歩行する場合には介助は不要であった。
⑤ 第1事故発生後、被告は原告居室の巡回の頻度を増やしたほか、滑り止め付きの靴下を着用させるようにしており、転倒を防ぐための可能な限りの対策を講じていた。第2事故についても、他の入居者の排泄を介助するために、職員がごくわずかな時間目を離した際に発生したものであり、防止することは不可能であった。
⑥ 仮に、被告に責任が認められるとしても、原告は骨粗鬆症で容易に骨折する状態であったほか、大腿骨頸部骨折について手術ができず、歩行不能になったのは、原告自身の認知症が原因である。したがって、損害について少なくとも9割の素因減額が認められるべきである。

2 証拠開示

被告の反論をみると、やはり、転倒の危険性がどの程度予見できたかが最大の争点になりそうである。各事故前の花子氏の行動について情報を収集する必要があろう。X弁護士は、第3回口頭弁論期日で提出した準備書面において、被告の主張についてひととおりの反論を行うとともに、【書式

2-5-3】のとおり、文書の提出を求めることとした。

【書式 2-5-3】 準備書面（抜粋）（〈Case ⑤〉）

第2　文書提出の求め等
　1　本件各事故は被告の運営する介護施設内で発生しており、原告は被告の運営体制、原告に対する介護体制及び本件各事故の発生状況の詳細を正確に把握することは不可能である。また、原告は認知症を患っており、原告自身が受けた介護サービスの内容や事故の状況等を説明することができない。そのため、本件各事故の状況や介護体制等に関する被告の主張につき、原告が適切に認否・反論するには、被告側が作成し又は保有している介護記録等の内容を検討することが必要不可欠である。
　2　そこで、原告は被告に対し、下記の文書の開示を求める。

記

①　原告に対するサービスの実施状況の記録（原告に提供したサービスの内容等が記録された文書の全てをいい、「支援経過記録」「介護記録」等名称を問わない）
②　本件各事故について作成された報告書類
③　本件各事故発生当時の勤務シフト表、日勤簿等、被告職員の人員数及び配置が記載された資料

（以下略）

　第3回口頭弁論期日において、当初、被告代理人のY弁護士は、文書の開示について難色を示していたが、裁判所からできる限り開示に応じてはどうかとの促しがあった結果、開示を検討すると述べた。

　その後、期日間に、Y弁護士からX弁護士に対し、乙田ホームにおいて開示を行うので、必要な範囲で謄写されたいとの連絡があった。

　X弁護士は、早速、乙田ホームに出向いて、開示された資料の閲覧、謄写を行った。

　開示された資料の中には、花子氏の支援経過記録が含まれており、毎日の

花子氏の動静が数分から数時間ごとに記載されていた。

　これによれば、花子氏は、本件第1事故前、環境の変化に混乱し、落ち着かない様子であり、家に帰りたい等と述べて、昼夜を問わず、居室から出て施設内を忙しなく動きまわっていたようである。「すぐに起き出すため、睡眠時間が2～3時間ほどしか取れていない」との記載もあった。

　また、支援経過記録には、第1事故発生後、第2事故までの間、花子氏は、ベッドに寝かせても、眠りにつかず、すぐに居室を出てきて歩きまわることが頻繁にあったこと、けがには至らなかったものの、歩いている際に何回か転倒したり、よろけたりしていたことも記載されていた。

3　原告の主張の補充

　X弁護士は、謄写した支援経過記録を書証として提出するとともに、
① 　乙田ホーム入居後、原告は不慣れな環境下において精神的に不安定であり、昼夜を問わず動きまわり、睡眠も十分にとれていない状況が続いていたことから、移動、起き上がり、排泄、着替え等の動作を行う際、焦りやふらつき等により、転倒する危険性は高い状況にあったこと
② 　第1事故発生後、歩行中にすら何度か転倒するなど原告は極めて転倒しやすい状態にあったのであるから、ベッドからの乗り降りの際に転倒する危険性は高かったこと

をあらためて主張した。

　また、第1事故および第2事故の事故報告書、最終報告書を書証提出し、第2事故の結果回避措置として、ベッドから布団に変更を行うか、もしくは、ベッドを離れた際に感知できるようなセンサーマット等を導入すべきであった旨を追加的に主張した。

VIII 和解

1 和解勧試

　その後、さらに数回の期日を経て、双方の主張がおおむね出尽くしたところで、裁判所から、この段階で一度、和解の可能性の有無についての双方の考えを聞きたいとの要請があった。双方とも、和解協議を行うこと自体には異存がなく、個別に、裁判官と面談を行うこととなった。

　最初に、原告側から面談を行うこととなり、Y弁護士が退席した。

裁判官：あくまでも現時点での暫定的なものになりますが、裁判所の心証を率直にお伝えしますので、それを前提に和解が可能か検討していただきたいと思います。原告については、転倒の兆候が頻繁にみられていたことから、現時点では、本件各事故について、被告の過失が認められる可能性のほうが高いのではないかとの心証をもっています。もっとも、損害については、逸失利益については認めることは困難だろうと思いますので、基本的には後遺障害慰謝料のみだろうと思います。第1事故については、12級相当で約220万円、第2事故については、7級相当で約1050万円、合計で1270万円くらいが上限になるかと思いますので、その範囲内で応諾可能な和解金額を検討していただきたいと思っています。

X弁護士：わかりました。

　続いて、Y弁護士が交替で裁判官と面談を行った後、再びX弁護士だけがよばれ、裁判官と面談を行った。

裁判官：被告側にも同じ話をしましたが、被告側としては、仮に責任

が認められるとしても、相当の素因減額が行われるべきだと考えているようです。いずれにしても、検討はするとのことでしたので、次回期日に双方の考えをお聞きします。
X弁護士：承知しました。

2　打合せ

X弁護士は、和解についての対応を協議するため、一郎氏と打合せを行った。

一　郎　氏：私としては、裁判所の言っている金額は、結構よい金額ではないかと思うのですが、先生はどう思いますか。
X弁護士：そうですね。以前お伝えしたとおり、もともと逸失利益が認められる可能性はほとんどないと思っていましたので、裁判所の金額は、かなりわれわれの主張に沿ったものだと思います。遅延損害金や弁護士費用が考慮されていない点は疑問ですが、和解をせずにこれから尋問となった場合、解決までにさらに時間がかかることになりますし、尋問の結果、裁判所が逆の心証を抱く可能性も否定できません。そう考えると、裁判所の金額に近いところで折り合えるのであれば、和解をしてしまったほうがよいのではないかと思います。
一　郎　氏：私もそう思います。
X弁護士：それでは、次回期日では、さしあたり、1270万円であれば和解に応じる旨を伝えることにしましょう。おそらく、被告からはもっと低い金額の提示があると思われ、1270万円で合意できることはないのではないかと思いますが、どの程度であれば、減額に応じてもよろしいですか。
一　郎　氏：裁判も相当長引いていますし、正直に言って、母もこのとこ

> ろかなり身体が弱ってきていて、いつ何が起きてもおかしくありません。早く終わらせたいという気持が強いですので、1000万円くらいになるのであれば、和解に応じてしまいたいと思います。
>
> X弁護士：わかりました。では、それを念頭において、期日にのぞむようにします。

3　和解成立

次の期日において、X弁護士は、早期解決の観点から、1270万円であれば和解に応じる旨を裁判所に伝えた。他方、被告側からは、素因減額を考慮して700万円との和解金額の提示があった。

X弁護士は、その金額では和解は難しいことを裁判所に伝え、素因減額をいうのであれば、遅延損害金や弁護士費用、入通院慰謝料についても考慮すべきである旨を主張した。

その後、裁判所がかなり強く被告の説得を行ったようであり、2回の期日を経て、被告からは、950万円であれば和解に応じる、これ以上の増額には応じられないとの回答があった。

X弁護士は、一郎氏と打合せを行い、被告の和解案についての意向を確認した。一郎氏は、1000万円を切ることには若干不満が残る様子であったが、これ以上解決が長引くことは避けたいので、被告の提案額で和解してかまわないとのことであった。

X弁護士は、和解期日において、被告の提案額での和解に応じる旨を裁判所に伝え、ようやく、和解が成立した。

長年続いた紛争が解決して、一郎氏は非常にほっとした様子であった。X弁護士としては、花子氏がなるべく健やかに暮らせることを祈るばかりである。

> 本稿は、複数の事例を組み合わせるなどして構成したものであり、実際の事例とは異なる。

いじめ事件

I 事案の概要

──〈Case ⑥〉──

　当時、私立中学2年生であったAが、学校で複数の同級生にいじめられ、不登校となり、転校を余儀なくされた。そこでいじめの加害者に対して損害賠償を請求した事案である。

II 実務上のポイント

〈Case ⑥〉における実務上のポイントは、以下の2点である。
① 当事者の選択
② 損害の発生についての立証責任

III 法律相談

1 相談内容

　若手弁護士である甲弁護士が、自分のデスクでランチのサンドイッチをほおばっているとき、同じ事務所の兄弁である乙弁護士から声をかけられた。乙弁護士が知り合いからいじめの法律相談を頼まれているのであるが、相談

に来る母親が精神的に不安定になっているので、できれば女性弁護士に同席してもらいたい、というものであった。甲弁護士は、これを快諾し、相談に同席することとなった。

平成29年2月10日に実施された面談の内容は以下のとおりである。

　依頼者であるAは現在高校1年生である。Aが私立中学2年生の頃、クラスメイトから、悪口を言われる、殴られる、お金や物を盗まれる、物を壊されるといういじめにあった。

　いじめは、Aが中学2年生の10月10日の朝、突然おなかが痛いと言って、学校を休み、それ以後学校に通わなくなったことを契機に発覚した。Aに対するいじめの主犯格は、同級生DおよびGであるが、DとGが一緒にAをいじめることはなかった。また、DとG以外のクラスメイトからのいじめも受けていた。Aは一連のいじめによりうつ病等の精神疾患に罹患し、現在も通院治療を継続している。

　いじめが発覚して以降、Aの父であるBと母であるCは学校にかけ合い、学校内でいじめの調査が行われた。学校側の報告書によると、Dが担任Jに対して「現金300円、Aの筆箱と多機能ボールペンを持って行った事実は認めるけれど、いずれもAから借りただけである」と説明し、また暴力や暴言の存在は否定した。Gは「Aに対し悪口を言ったことやAを殴ったけれど、Aがむかつくことを言ってきたから仕返しにやっただけであり、ただの喧嘩だ」と主張していた。なお、現金300円については、Dが窃盗した約1週間後、Dの母親であるFから郵送で返還された。また、筆箱と多機能ボールペンは、いじめが発覚した後、担任Jを通してAに返却された。しかし、その際、返却された筆箱や多機能ボールペンは壊れていて使い物にならない状態であった。

　相談内容は、いじめの責任を追及するため、DおよびGに対して損害賠償請求訴訟を提起したいというものであった。

なお、Aはいじめられた当時の話をすると震え上がってしまい、詳しいことを弁護士に対して話せる状態までは回復していなかったため、相談に来たのはAの父Bと母Cのみであった。そこで、A本人から話を聞く必要があるため、Aと話がしたい旨をBおよびCに申し入れると、電話でならば話ができるとのことだったので、甲弁護士および乙弁護士は別室の電話会議システムを利用して電話にて、Aの意向を確認した。

2　いじめ事件の相談対応のあり方

いじめ事件などを保護者から受ける場合、保護者の考えが子どもの考えとずれていることは少なくない。保護者が法的措置を希望していても、子ども自身はそっとしておいてほしいと考えているケースもある。子どもの意向を無視して交渉を進めても、交渉がうまくいかないことがあるし、仮にうまくいっても親子の関係を崩してしまうことがある。そのため対応の途中経過も含め、打合せの際は、子どもの意見をきちんと聴取する必要がある。

子どもと親の意見が相反する等、子どもが親の面前では自分の意見を言いにくい場合には、親には別室で待機してもらい意見を聞くなどの工夫が必要

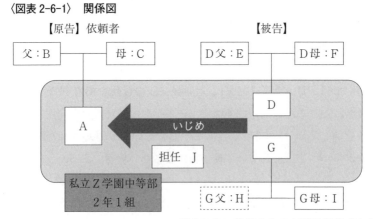

〈図表2-6-1〉　関係図

である。また弁護士が子どもの意思決定のサポートをしなければならない場合もある。あくまでも当事者は子どもなので、子どもを中心においた解決を心がける必要がある。

Ⅳ 示談交渉

　いじめについての責任追及を行う場合、①事実関係を明らかにし、いじめの加害者に対し十分な対応をしなかったことを理由に学校に対し責任追及を行う方法と、②いじめの加害者に対し責任追及を行う方法が考えられる。〈*Case*⑥〉については、いじめが発覚し両親が調査を申し入れて以降、学校側もきちんと調査を行ったこと、転校の手続にも学校側が協力的であったこと等により、依頼者およびその両親は学校に対する責任追及は希望していなかった。また、甲弁護士らも、いじめの報告書記載の事項の証言等について学校に協力を仰ぎたいと考えたため、いじめの加害者のみに対し、責任追及を行うこととした。

　そこで、まずは、いじめの加害者DおよびGに対し、簡単な通知書(【書式2-6-1】)を内容証明郵便で送ることとなった。

　そして、数日後、相手方の代理人である丙弁護士から回答書(【書式2-6-2】)が届いた。

【書式2-6-1】　通知書（〈*Case*⑥〉）

通　知　書

平成29年3月24日

D氏法定代理人親権者父E殿
D氏法定代理人親権者母F殿
　　　　〒○○○-○○○○
　　　　○○県○○市○○1-2

○×ビル3階
電　話：○○-×××-○○○○
ＦＡＸ：○○-×××-○○○○
大洋法律事務所
通　　知　　人　　　　A
上記代理人弁護士　　　　乙　　　㊞
上記代理人弁護士　　　　甲　　　㊞

冠省
　当職らは、A（以下「通知人」といいます。）より委任を受け、次のとおりご通知いたします。
　D氏をはじめとする2年1組の生徒は、平成26年4月10日頃から平成26年10月10日頃までの間、通知人に対し、殴る蹴る等の執拗な暴力を加えたり、通知人の所持品を奪う、壊す、隠すなどのいじめを繰り返しました。これにより、通知人は、うつ病等の精神的疾患にかかり、私立Z学園中等部を転校せざるを得なくなりました。本件いじめ行為によるD氏の責任部分は、少なくとも金60万円が相当ですので、慰謝料として、金60万円を請求いたします。
　つきましては、本書到達後2週間以内に、下記の指定口座宛に上記金員をお振込みください。万が一誠実なご対応をいただけない場合には、法的措置を取らざるを得ませんので、その旨あらかじめご承知おきください。
　　　　　　　　　　　　　　　　　　　　　　　　　　　　　　　　草々
記
○○銀行○○支店　普通　1234567　預り口弁護士　乙
　　　　　　　　　　　　　　　　　　　　　　　　　　　　　　　　以上

【書式2-6-2】　回答書（《Case ⑥》）

回　答　書

平成29年4月25日
A代理人

```
弁護士    乙    先生
弁護士    甲    先生

                    〒〇〇〇-〇〇〇〇
                    東京都××区〇〇456-7
                    南海法律事務所
                    電　話：03-〇〇〇〇-〇〇〇〇
                    ＦＡＸ：03-〇〇〇〇-〇〇〇〇
                    弁護士　　　　丙　　　㊞
```

　平成29年3月24日付通知書に対して、次のとおり回答します。
　貴殿は、D氏がA氏に対する常態的な複数人によるいじめに関与していたと断言されています。しかしながら、D氏及びD氏の親権者E氏及びF氏（以下「依頼者ら」といいます。）としては、D氏によるA氏に対するいじめは存在しなかったものと認識しております。
　したがいまして、依頼者らはA氏に対して損害賠償責任を負うものではないと考えます。
　いずれにいたしましても、当職依頼者らと貴職らの依頼者の認識に齟齬があることは明らかですので、貴職らの依頼者の主張される請求の具体的な理由（D氏がA氏に対して行ったと主張される具体的な行為等）についてご教示いただきますようお願い申し上げます。

以上

　回答書を読んだ甲弁護士および乙弁護士は、Aおよびその両親から、AがDから受けた数々のいじめ行為の具体的内容についてあらためて聴取したうえで、丙弁護士に書面を送付したが、それに対する丙弁護士からの回答は、DがAに対し暴力をふるったり暴言を言ったりしたことはなく、シャープペンや筆箱、お金は借りただけであるからいじめは存在しないというものであった。
　他方、GおよびGの親権者Iに対し同内容の通知を送ったところ、Gらの代理人弁護士丁弁護士より、和解したい旨の申入れがあったため、Gとはいじめの存在を前提に和解金40万円で和解を行うことができた。

V 訴訟の提起

1 打合せ

(1) 今後の方針

Dとの示談交渉はこれ以上困難と考えた甲弁護士および乙弁護士は、今後の方針について、A、B、Cと打合せをすることになった。

Aの意見は、裁判所に行きたくないし、尋問も受けたくはないが、このままでは悔しいのでDに対する責任追及をやめたくはないというものであった。BおよびCはAの意見を尊重したいと考えていた。

Aがいじめの話になると手が震え出したこと、打合せ中ずっと目が泳いでいたことなどから、甲弁護士および乙弁護士もAは尋問に耐えられる状況にないと判断した。

念のため、Aの精神科の担当医にも確認したところ、Aの担当医も、訴訟が長引くことによるAの心理的負担が大きいことから、早期解決が望ましいとの意見であった。

そこで、甲弁護士らは、今後の手続について、訴訟を提起するが、解決については尋問前に訴訟上の和解によって解決する、Aの負担を考えできるだけ早期に解決するという方針をとることとし、A、BおよびCもこれに同意した。

(2) 依頼者の精神的負担——リスクの説明

いじめ事件など精神的被害の大きな事件については、訴訟遂行それ自体が当事者に大きな精神的負担になることが多い。場合によっては、訴訟手続それ自体が、被害者に対し2次的被害を生じさせることもありうる。また、いじめのように密室で行われる行為については、当事者の経験が唯一の証拠であることも少なくないことから、本人尋問が不可欠となる。そこで、訴訟を提起するか否か、どのような訴訟進行を行うかについての打合せを行う場合には、依頼者に対し、これらの心理的負荷も含めたリスクの説明をしたうえ

で、訴訟提起を行うか否か、判断してもらう必要がある。このリスクの説明を怠ると依頼者との信頼関係が崩れることもありうるので注意が必要である。

【書式2-6-3】 訴訟委任状（《Case ⑥》）

訴訟委任状

捨印　㊞

平成29年5月30日

（住　所）　〒○○○-○○○○
　　　　　　○○県○○市××7-8-9○○マンション101
（委任者）　未成年　　　A
　　　　　　上記法定代理人親権者父
　　　　　　（氏名）　　　B　　　　　　㊞
　　　　　　上記法定代理人親権者母
　　　　　　（氏名）　　　C　　　　　　㊞
　私は、次の者を訴訟代理人と定め、下記の事項を委任します。
　　　　○○県弁護士会所属　　　弁護士　　　乙
　　　　　　　　　　　　　　　　弁護士　　　甲
　　　　　　　　（以下略）

【書式2-6-4】 訴状（《Case ⑥》）

訴　状

平成29年6月9日

○○地方裁判所　民事部　御中
原告訴訟代理人弁護士　　　乙　　㊞
　　　　　同　　　　　　　甲　　㊞

　　　　当事者の表示　　別紙当事者目録記載のとおり

損害賠償請求事件

訴訟物の価額　　371万0000円
貼用印紙の額　　2万4000円

第1　請求の趣旨
1　被告らは、原告に対し、連帯して金371万円及び本訴状到達の翌日から支払済みまで年5分の割合による金員を支払え。
2　訴訟費用は被告らの負担とする。
との判決並びに仮執行の宣言を求める。

第2　請求の原因
1　はじめに
　本件は、原告が私立Ｚ学園中等部2年生の頃、クラスメイトであるＤ及びＧから、悪口を言われる、殴られる、お金や物を盗まれる、物を壊される等いわゆる「いじめ」にあったことにより、うつ病等に罹患し、平成26年10月10日以降、同校に通学することができなくなり、公立中学への転校を余儀なくされたといういじめ事件である。……
2　当事者
　（略）
3　原告に対する被告らの加害行為
(1)　Ｄの加害行為
　ア　原告と被告Ｄの関係
　　原告と被告Ｄは、中学1年の頃は別のクラスではあったものの、進級を機に2年1組のクラスメイトとなった。そして、平成26年4月頃から席替えのあった9月頃まで、被告Ｄは原告の真後ろの席で授業を受けていた。……
　イ　本件におけるいじめ行為
　　(ア)　4月から10月10日までにおける暴力、暴言
　　　（略）
　　(イ)　300円の窃取
　　　平成26年6月中旬頃、2時間目の授業が終わった直後、被告Ｄは原告に対し、「おい、300円よこせよ」などと申し向け、机にかけ

てあったカバンに手をいれ、原告の財布を取り出し、財布の中にあった100円玉を3枚盗みとった。(なお本件当時の原告のお小遣いは月額2000円であり、加害行為時の財布の中には400円程度しか現金が入っていなかった。)原告がDから奪われた財布を取り返そうとすると、「ふざけんじゃねぇ」と言いながら、原告のほほをこぶしで3回殴りつけた。

　なお、ここで盗まれた現金300円については、平成26年6月30日、被告Dの実母であるFより郵送にて返還された。
(ウ)　シャープペン、ペンケースの窃取及び毀損
　平成26年7月12日頃の放課後、被告Dは、Aの机を勝手にいじり、机の中にあったプラスチック製の筆箱と多機能ボールペン1本を取り出し、そのまま窃取した。

　この筆箱と多機能ボールペンは平成26年11月10日、2年1組の担任であるJを介して返還された。

　(以下加害行為の記載については省略)

(2)　親権者の監督責任
　　(略)
4　原告の損害
(1)　通院治療費　　5万円
(2)　通院付添費　　33万円（日額3300円）
(3)　精神的損害　　300万円
　原告は、将来医師になって困っている人の手助けをしたいと考え、中高一貫の進学校であるZ学園中等部に進学したが、被告らの行為により、同校での進学の途を閉ざされたばかりか、うつ病等の症状により将来への展望を抱けない状態まで追い込まれた。その精神的苦痛は300万円を下らない。
(4)　弁護士費用　33万円
5　結語
　よって、原告は被告らに対し、共同不法行為に基づく損害賠償請求として、連帯して金371万円及びこれに対する口頭弁論終結日の翌日から支払

済みまで民法所定の年5分の割合による遅延損害金の支払いを請求する。

証拠方法

甲第1号証　診断書
甲第2号証　領収額証明書
甲第3号証　F作成の手紙（300円を返還された際の手紙）

付属書類

1　訴状副本　　　　　　　　　　　　3通
2　甲第1号証ないし甲第3号証写し　各4通
3　訴訟委任状　　　　　　　　　　　1通

（別紙）

当事者目録

〒○○○-○○○○　○○県○○市××7-8-9○○マンション101
原　　　告　　　　　A
　　　　　　　　　　住所同上
原告法定代理人親権者父　　B
　　　　　　　　　　住所同上
原告法定代理人親権者母　　C
〒○○○-○○○○　○○県○○市○○1-2
　　　　　　　　　　○×ビル3階
　　　　　　　　　　大洋法律事務所（送達場所）
　　　　　　　　　　電　話：○○-×××-○○○○
　　　　　　　　　　FAX：○○-×××-○○○○
上記訴訟代理人弁護士　　乙
　　同　　弁護士　　　　甲

〒○○○-○○○○　東京都××区○○-○-○
被　　　告　　　　　D

```
                    住所同上
被告兼被告D法定代理人親権者父    E
                    住所同上
被告兼被告D法定代理人親権者母    F
```

2　Dらの反論

〈*Case*⑥〉の訴訟の第1回期日は平成29年8月10日に指定され、その直後にD側から答弁書が提出された。

答弁書におけるDらの反論は、従来のとおり、DがAに対し暴力をふるった事実も暴言を言った事実もない、現金300円、筆箱、多機能ボールペンは借りただけであるというものであった。

また、他のいじめ加害者との間の和解の有無、および和解をしている場合については和解金額について求釈明があった。

Ⅵ　第1回口頭弁論期日以降の経過

1　第1回期日

第1回期日においては、原告の訴状および答弁書が陳述され、原告提出の証拠について取り調べが行われた。期日には甲弁護士、乙弁護士、D側の代理人である丙弁護士およびD本人とDの父EおよびFが出廷した（以後D、EおよびFはすべての期日に出廷した）。そして、裁判官より、被告の求釈明についての意見を求められた。甲弁護士が被告側の釈明の内容は、抗弁に係る事実であるため主張・立証責任はなく、したがって原告としては釈明には応じない旨を告げた。これに対し被告側は反論したが、裁判所より弁済についての主張・立証責任は被告にあるので、必要があれば被告側で主張・立証するよう指示された。

2　第1回期日後の甲弁護士と乙弁護士の会話

第1回期日後、甲弁護士と乙弁護士は、以下のやりとりを行った。

乙弁護士：被告側は従前と同じような主張をしてきましたね。

甲弁護士：そうですね。ではこちら側の反論を考えましょう。乙弁護士はどのように考えますか。

乙弁護士：まず現金300円については、中学生が仲の良くない友だちに貸す金額にしては少し高い気がします。私が中学生の頃は、そんなにお金を持っていなかったので、仲が良いクラスメイトであっても、そう簡単にお金を貸したりしていなかったですから。

甲弁護士：そうですね。私たちと子どもでは金銭感覚が違いますので、そこはよく指摘しておいたほうがいいですね。それと、Dから返還された筆箱と多機能ボールペンですが、いずれも一部壊されていますよね。ただ借りただけならば、こんな状態で戻ってくるのは不自然だと思うのですが。

乙弁護士：私もそう感じました。筆箱はひびだらけですし、多機能ボールペンもいたるところ壊されています。筆箱と多機能ボールペンは証拠で出しましょう。

甲弁護士：そうですね。ただし筆箱と多機能ボールペン実物を出すのではなく、故障箇所を撮影した写真報告書で提出しましょう。そのほうが、裁判所も故障箇所を理解しやすいですし、状況の異様さも伝わりやすいと思います。

3　第2回期日

甲弁護士らは、Aらに内容を確認してもらったうえで、Dの主張に対する反論を内容とする準備書面と、証拠として学校が作成したいじめの報告書、

学校とBおよびCが交渉した内容の録音およびその録音の反訳、そして甲弁護士作成の写真撮影報告書を裁判所に提出した。

第2回期日では、甲弁護士らが提出した書面が陳述され、証拠についても証拠調手続が行われた。

【書式 2-6-5】　写真撮影報告書（《Case⑥》）
（表紙）

写真撮影報告書

平成29年9月8日
弁護士　　　甲　　㊞

（1頁目以降）

写真1

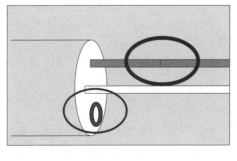

【撮影日時】
平成29年9月1日
【撮影場所】
○○法律事務所
【撮影対象】
多機能ボールペンのインクの折れている部分及びインクが1本抜き取られている部分
【撮影者】
弁護士甲

4　第3回期日

　第3回期日までに、D側からは筆箱や多機能ボールペンについてはDの使用中に壊れた旨反論がなされたが、他の点については従来の主張の繰り返しであった。そのため、甲弁護士らはこれ以上の反論は不要であると考えた。

　第3回期日では、D側の提出した書面が陳述された。裁判所からの問いかけに対し甲弁護士がこれ以上の反論は行わない旨を告げたところ、裁判所より和解の勧告がなされた。

　甲弁護士らが先に書記官室によばれ、裁判官より今後の進行についての意見を聞かれることとなった。

　甲弁護士らは、裁判所に対して、訴訟が長引くことがAの体調を悪化させる恐れがあるため、和解による早期解決を希望する旨申し出た。

　甲弁護士らと交代で、今度はD側が書記官室へとよばれた。

　裁判所から伝えられたD側の意見は、訴訟が長期化するとDの学業に支障を来すので、早期解決をしたいとの要望があったが、いじめがあったことを前提とした和解には応じられないというものであった。そこで、裁判所より、当事者双方が次回期日までに和解の条件を検討し次回期日の1週間前までに裁判所に検討結果を報告するよう指示がなされ、次回期日は約1カ月後に指定された。

5　第4回期日

　第4回期日では、まずD側が書記官室によばれた。

　しばらく経った後、今度は甲弁護士らが書記官室によばれ、期日間に裁判所に提出した和解条件について、確認がなされた。

> 裁　判　官：双方の和解案を確認させていただきました。被告側としては、いじめがあったことを前提とする和解には一切応じられないそうですが、解決金という名目であれば一定の金銭給付をするそうです。裁判所としても、今回のケースについては、何

らかのいじめがあったとの印象は抱いていますが、個別具体的な加害行為があったとの心証を抱くまでには至っていません。そこで、具体的ないじめの存否を争うのであれば、人証の手続に移らざるを得ないと考えています。ただし、裁判所としても、この事案については、和解での早期解決が望ましいと考えております。いじめの存否にこだわらず、金銭面での解決は望めませんか。

甲弁護士：いじめが存在しないことを前提とした和解というのは、難しいと考えています。ただし、Aさんの精神的負担を考えると、できるだけ早期に解決するのが望ましいと、担当医からも言われておりますので、何か和解の途がないか検討してみたいと考えています。ちなみに、いじめがないことを前提として、被告側は和解額をどの程度の金額で提案しているのでしょうか。

裁 判 官：50万円までであれば支払うそうです。

乙弁護士：こちらの請求額が約371万円であることを考えると、かなり安いですね。

裁 判 官：裁判所としても、双方の提示額に開きがあることは承知しています。しかし、判決になった場合には、被告側の提示額を大きく下回る金額しか認められないことも十分あり得ますので、その点も考えて検討していただければと思います。いずれにしても、期日間に、代理人間で、和解での解決が可能であるか検討いただきたいと思います。

そこで、双方で和解協議をするための期間を考慮し、次回期日は約1カ月半後に指定された。

6 期日間の協議

甲弁護士および乙弁護士は、第4回期日の結果を踏まえ、A、BおよびCと協議を行った。

協議の結果は次のとおりである。

① いじめという言葉を使うか否かは別としても、DがAに多大な精神的損害を与えた事実は認め、謝罪してもらいたい。

② ①の条件を認めてくれるのであれば、和解金は70万円でかまわない。

③ Aはまだ、精神的に回復していないので、尋問は避けてもらいたい。

丙弁護士に対し、①および②の和解条件をFAXで伝えたところ、後日、これに対する回答が送られてきた。

回答の内容は、次のとおりであった。

ⓐ ①の条件については、Aに多大な迷惑をかけ、精神的損害を与えたことを認め、これを深く謝罪する旨の謝罪文言を入れるのでよければこれに応じる。

ⓑ ②の条件については、和解条項に口外禁止条項を加えてくれるのであれば、和解金70万円を一括で支払う。

甲弁護士らはAらと打合せを行い、丙弁護士からの回答をAらに伝えたところ、丙弁護士の提案内容での和解に応じた。念のため、甲弁護士が別室にて、Aの意向を確認したところ、Aは「裁判のたびにDのことを考えなければならないのがつらい。早く終わりにしてほしい」と訴訟の終結を望んだため、丙弁護士の提案に応じることとなった。

その後、甲弁護士らと丙弁護士の間で、和解条件の詳細を詰め、その結果を丙弁護士が裁判所へFAXした。その数日後、裁判所の書記官より、和解についての確認の電話があり、第5回期日において無事和解が成立した。

VII エピローグ

事件終了から1カ月くらい経った頃、甲弁護士と乙弁護士宛てにCから

電話があった。電話の内容は、DらがAに対するいじめを最後まで認めなかったのは悔しいが、裁判が長くなっていくにつれてAの表情が暗くなっていったのがとても不安だった、Aから話を聞くと裁判自体がものすごく苦痛で、もう限界を感じていたそうだ、あの時早く裁判を終わらせてくれてよかったというものであった。

　甲弁護士は、裁判手続がAにとって想像以上に負担であったことを知り、もう少しAの様子に気を配るべきであったと後悔した。

　本稿は、複数の事例を組み合わせるなどして構成したものであり、実際の事例とは異なる。

漏水事故

I 事案の概要

─〈Case ⑦〉─

X社（代表取締役A社長）は、東京都内にあるビル「RKビル」の地下1階部分をRKビルの所有者であるY_1社（代表取締役B社長）から賃借して飲食店を経営している。また、Y_2社（代表取締役C社長）は、RKビルの1階部分をY_1社から賃借して飲食店を経営しており、Y_2社の店舗はちょうどX社の店舗の上に位置していた。

ある日、RKビルの排水管が詰まり、Y_2社の店舗の厨房のグリーストラップから排水が溢れ出し、客席の床に溢れた水がコンクリート躯体を通過してX社の店舗に落下するという漏水事故が発生した。この漏水事故により、X社の店舗では内装や什器備品が汚損し、店内の修繕が終了するまで店舗を休業せざるを得なくなってしまった。

A社長は、漏水事故により受けた損害をY_1社、Y_2社に請求したいと考え、友人のTから甲弁護士を紹介してもらい相談することとなった。

II 実務上のポイント

〈*Case*⑦〉における実務上のポイントは、以下の3点である。
① 漏水事故の責任主体と法的構成
② 内装工事費・買替費用の賠償
③ 営業損害の計算方法

III 初回相談

1 A社長からの聴取り

甲弁護士が、A社長から聞き取った内容は以下のとおりである。

> Aが代表取締役を務めるX社は、飲食店を経営しており、平成25年3月からY_1よりRKビルの地下1階部分をスケルトン状態で賃借して中華料理の店を営業している。平成28年12月3日午後3時頃、Aが開店準備のために店舗の中に入ったところ、下水のような臭いが漂っており、天井から水が滴り落ち床には水溜まりができていた。
> Aは、出勤してきたX社の従業員の1人に被害が出ていない備品等を店舗の入口付近に移すよう指示し、すぐにX社の店舗の真上にある1階のY_2社の店舗(スペイン料理店)に向かった。Y_2社の店舗もやはり下水のような臭いが漂っており、床は大量の汚水で水浸しになっていた。Y_2社の従業員は店内に広がった汚水をバケツで外に運び出したり、モップで客席の水を吸い出したりしていた。Aは、Y_2社の従業員に対して、地下1階に漏水していることを伝え、水が溢れ出した事情を聞いた。Y_2社の従業員によると、前日営業を終了した午後11時30分の時点では何も異常はなかったが、先ほど出勤すると排水管が詰まったのか厨房のグリーストラップから排水が逆流して床が水浸しになっていた、と

のことであった。Aは、Y_1社に電話をし、溢水および漏水への対応を求めたところ、Y_1社の従業員と排水管の清掃業者がRKビルに来ることとなった。清掃業者による排水管洗浄によって排水管の詰まりが解消され、Y_2社の店舗のグリーストラップからの溢水は止まった。数時間後、X社の店舗への漏水も止まり、それ以降新たに水が漏れ出てくることはなかった。

　X社の店舗では、今回の漏水事故によって、天井、壁および床の一部が汚水で濡れてひび割れやはく離が生じ、また、机、いす等の多くの備品が汚損し、使用不能となった。そして、これにより、店舗の営業を停止せざるを得なくなってしまった。漏水事故後すぐにY_1社に対して内装や備品の弁償を求めたが、今回の排水管の詰まりはY_2社の責任であるとして、弁償を拒否された。また、Y_2社も、排水管の詰まりの原因はビルの老朽化とY_1社の管理が不十分だったためであるとして、弁償を拒否した。

　X社は、営業を再開しなければ、従業員の給与等を支払うことができなくなってしまうため、ひとまず自らの費用で内装の修理を行い、代わりの備品を買い揃え、漏水事故の約1カ月後、営業を再開した。

2　要点の聴取り

甲弁護士は、A社長から以下のとおり事件の要点を聞き取った。

甲弁護士：漏水事故の詳しい原因はわかっているのですか。
A　社　長：Y_2社の店舗にあるグリーストラップの先の排水管が詰まっていたとは聞いていますが、具体的にどのあたりに何が詰まっていたのかはわかりません。
甲弁護士：そうですか……誰に請求をするかを決めるにあたって漏水の原因を明らかにしたいですね。RKビルは何階建てのビルで

すか。
Ａ　社　長：地上6階地下1階建てのビルでそれぞれの階に1つずつテナントが入っています。
甲弁護士：2階より上の階にも飲食店は入っているのですか。
Ａ　社　長：入っていません。飲食店は私の店と1階にあるY_2社のお店だけですね。漏水事故の2年前くらいにY_2社が入ってくるまでは、1階も不動産屋でしたので、私の店以外に飲食店はありませんでした。
甲弁護士：詰まっていた物が油のような飲食店特有のものであれば、Y_2社の責任が追及できるかもしれません。RKビルの築年数はどれくらいですか。
Ａ　社　長：確か築28年だったと思います。
甲弁護士：築28年であれば排水管の老朽化や管理不足による詰まりの可能性も考えられそうですね。排水管の清掃作業を行った業者の名前はわかりますか。
Ａ　社　長：自分の店の片づけをしていて、業者の作業には立ち会っていないので、業者の名前はわかりません。Y_1社に聞いてみれば教えてくれるかもしれませんが……。
甲弁護士：私からY_1社に通知を出すという方法もありますが、警戒して業者を教えてもらえない可能性がありますので、まずはA社長からY_1社に業者の確認をしてみてもらえますか。
Ａ　社　長：わかりました。聞いてみます。
甲弁護士：Y_1社とY_2社は、責任をなすりつけ合っているとのことですので、交渉で解決するのは難しいかもしれません。訴訟提起も視野に入れて準備を進めましょう。
Ａ　社　長：ほかに何か私のほうで準備することはありますか。
甲弁護士：A社長のお話をうかがう限り、内装工事費、漏水により汚損して使用できなくなった什器備品に関する損害、休業して

いた間の営業損害を請求することになると思います。内装工事費については、何の工事をいくらで行ったかがわかる見積書、請求書、領収証等の書類が必要になります。また、休業期間の立証のために工事の期間がわかる工程表も準備してください。

Ａ　社　長：わかりました。汚損して使用できなくなってしまった什器備品はほとんど買い替えてしまったのですが、どうすればいいでしょうか。

甲弁護士：買い替えた物の領収証をお持ちください。もしわかれば、廃棄した物の購入日と購入価格も教えてください。

Ａ　社　長：廃棄した物については、念のため写真を撮ってはいますが、購入日と購入価格はわからないかもしれません。

甲弁護士：購入日と購入価格は、記憶している限りで結構ですよ。あとは営業損害ですが、漏水事故の後しばらくは全く営業を行っていなかったのですか。

Ａ　社　長：そうなんです。内装工事を行ったこともあって、漏水事故のあった12月3日から12月27日までの25日間は休業していました。

甲弁護士：わかりました。営業損害は、直近の業績や前年度の業績から算定することが多いのです。Ｘ社は何月決算ですか。

Ａ　社　長：3月決算です。

甲弁護士：それでは、平成26年度と平成27年度の2期分決算書をお持ちください。平成28年度の上半期の損益計算書、平成28年10月、11月の月次損益計算書も準備してもらえると助かります。

Ａ　社　長：会社に戻って確認してみます。

3 甲弁護士の悩み

A社長との打合せが終了した後、甲弁護士は、今回の漏水事故の原因と詰まりの発生箇所をいくつか想定しながら、漏水事故の責任主体と法的構成について整理をすることにした。

(1) Y_1社（建物の所有者、賃貸人）に対して請求し得る責任

(A) 一般不法行為責任（民法709条）

漏水事故が、排水管の清掃不足や管理不十分等、建物の所有者の故意または過失を原因として発生した場合、建物の所有者に対して不法行為責任を追及することが考えられる。もっとも、この場合、被害者が建物所有者の故意または過失を立証しなければならないため、漏水事故の原因箇所が特定されており、工作物該当性が認められる場合には、下記(B)の工作物責任とともに追及することが多い。また、建物所有者が賃貸人である場合には、下記(C)の債務不履行責任も並行して追及することが多い。

(B) 工作物責任（民法717条1項）

民法717条1項は、「土地の工作物の設置又は保存に瑕疵があることによって他人に損害を生じたときは、その工作物の占有者は、被害者に対してその損害を賠償する責任を負う。ただし、占有者が損害の発生を防止するのに必要な注意をしたときは、所有者がその損害を賠償しなければならない」と規定している。土地の工作物とは、「土地に接着して築造した設備」（大判大正元・12・6民録18輯1022頁）であり、建物や給排水管のほか、天井や床、エレベーター等が含まれる。また、瑕疵とは、工作物が通常備えるべき安全な性状や設備に欠ける場合をいう。

つまり、漏水事故が排水管の自然の詰まりや経年劣化等に基づくものであった場合、被害者は、排水管の占有者または所有者に対して工作物責任を追及することができる。この場合、第1次的には占有者が損害賠償責任を負う。もっとも、占有者が、損害の発生を防止するために必要な注意を払っていたことを証明したときは、第2次的に所有者が損害賠償責任を負うこととなる。この所有者の責任は、無過失責任である。工作物責任は、占有者に故意過失

に関する主張・立証責任が転換され、所有者に無過失責任が課される等被害者にとって有利であるため、漏水事故においても、発生原因と発生箇所が判明している場合には主張されることが多い。

　工作物責任を追及するにあたっては、工作物の占有者および所有者が誰であるかを確定する必要がある。

　たとえば、〈Case⑦〉では、詰まりが生じた排水管が、Y_2社が設置した排水管であれば、Y_2社が工作物の占有者および所有者となるため、Y_2社に対して工作物責任を追及することができる。他方、詰まりが生じた排水管が、Y_2社が設置したものではなく、RKビルの既存管であった場合、工作物の所有者は、建物の所有者であるY_1社となる。このとき、工作物の占有者は、排水管に詰まりが生じた箇所がY_2社の専有部分である場合にはY_2社、共用部分である場合にはY_1社となる。すなわち、排水管に詰まりが生じた箇所がRKビルの既存管であるとすれば、それがY_2社の専有部分である場合のみ、Y_2社に対して工作物責任を追及することが可能となる。

　なお、専有部分と共用部分の区別については、東京高判平成9・5・15判時1616号70頁が参考になる。この裁判例は、分譲マンションにおける漏水事故であり、それぞれの住人が区分所有権を有する案件であるという点が〈Case⑦〉とは異なるものの、共用部分か専有部分かの判断枠組みを明らかにしている。「本件排水管が専有部分に属するか否かを検討することとするが、この検討に際しては、本件排水管が設置された場所（空間）、本件排水管の機能、本件排水管に対する点検、清掃、修理等の管理の方法、及び建物全体の排水との関連などを、総合的に考慮する必要がある」としたうえで、「結局排水管の枝管であって現に特定の区分所有者の専用に供されているものでも、それがその者の専有部分内にないものは、共用部分として、建物全体の排水施設の維持管理、機能の保全という観点から、法の定める規制に従わせることが相当であると判断される」として、特定の区分所有者（上階の居住者）の生活排水のみが流れる排水管であっても、床下にあるスラブを貫通して、その直下の部屋の天井裏に配管され、そこから共用部分である本管

に連結されている場合には、当該区分所有者（上階の入居者）ではなく、管理組合の責任と費用において対処すべきと判断した。

〈*Case* ⑦〉では、仮に漏水事故が、RKビルの既存管のうち、Y_2社の排水のみが流れる箇所（枝管）であるとしても、ビルの床下を通ってX社の店舗の天井裏に配管されている場合には、工作物責任の責任主体である工作物の占有者および所有者はY_1社となる。

(C) 債務不履行責任

賃貸人は、賃貸借の目的物をその目的に適った用法で使用収益することができるように維持する賃貸借契約上の義務を負う。また、賃貸人は、賃貸借の目的物を修繕し、賃借人が使用収益できる状態にしなければならないという修繕義務を負う（民法606条）。そして、賃貸人がこれらの義務を怠った場合、賃借人は賃貸人に対して債務不履行責任を追及することができる。(A)の一般不法行為責任と異なり、被害者側が建物の賃貸人に債務不履行があることを主張・立証すれば足り、建物の賃貸人が過失のないことを証明できなければ、責任が成立する。

裁判例では、賃貸人は、漏水の原因が賃貸人の支配できない原因により生じたことを積極的に立証しない限り、漏水による賃借人の損害を賠償すべき契約上の責任（債務不履行による損害賠償責任）を免れないとされている（大阪高判平成3・8・29判時1410号69頁）。

(2) Y_2社（上階の入居者）に対して請求し得る責任

(A) 一般不法行為責任（民法709条）

漏水事故が、水道の蛇口を閉め忘れた場合や、排水管に異物を流して詰まらせた場合等、上階の入居者の故意または過失により漏水事故が発生したときには、そのような原因を作出した上階の入居者に対して、不法行為責任を追及することが考えられる。

〈*Case* ⑦〉の場合、排水管の詰まりの原因が、Y_2社が排出した物によることが明らかとなった場合には、X社はY_2社に対して不法行為に基づく損害賠償請求を行うことができるであろう。

(B) 工作物責任（民法717条1項）

　上記(1)(B)において述べたとおり、漏水事故の原因が建物等の工作物の瑕疵に基づくものであった場合、工作物の占有者は、工作物の設置・保存につき過失がなかったことを証明しない限り、工作物責任を負う。上階の入居者の責任を考える場合には、(1)(B)記載のとおり、工作物の占有者および所有者に該当するかを検討することとなる。

IV　方針の決定

1　資料に基づく検討（責任主体と法的構成）

　甲弁護士が、漏水事故の責任主体と法的構成について整理をしていると、A社長から電話があった。

> A　社　長：先生、先ほどY_1社に電話をして、今回の漏水事故の際に排水管清掃を行った業者を聞いてみたのですが、思いのほかあっさりと教えてくれました。HC工業という業者だそうです。漏水事故の原因についても聞いてみたのですが、「Y_2社が排出した油が排水管の中で固まって詰まりが生じた。清掃を行ったHC工業から報告書をもらっているから確認するか」と言われたので、先ほどFAXで送ってもらいました。
> 甲弁護士：原因は油の詰まりですか。ほかにも何か書いてありましたか。
> A　社　長：「横引主管に詰まりあり、油固着」と書いてあります。あと少し読みにくいですが「錆が堆積」と書いてあるようにもみえます。打合せで先生からご指示いただいた他の資料もひととおり準備できたので、HC工業の報告書とあわせてお送りします。
> 甲弁護士：ありがとうございます。錆の堆積も排水管の詰まりの原因であるとすれば、Y_1社にも請求できると思いますが、まずは

> 　　　　　HC工業の報告書を確認します。損害額についてもご用意
> 　　　　いただいた資料を基に検討させてもらいます。
> A社長：よろしくお願い致します。

　翌日、甲弁護士の下に、A社長から書類が送られてきた。まず、A社長が話していたHC工業の報告書をみると、上部に作業日、作業時間、作業担当者のほか、作業内容「排水管の高圧洗浄」との記載があり、中央から下部にかけて、簡易な排水管図面の記載とともに、「グリーストラップから10〜12メートル、横引主管に詰まりあり、油固着」、「錆が堆積」、「2階以上からの排水が合流」との記載があった（〈図表2-7-1〉参照）。甲弁護士が聞き慣れない「横引主管」をインターネットで検索したところ、どうやら「建物内の排水を集め、屋外排水設備につなぐ管」のことを指すようであった。このような役割や実際に1階の排水と2階以上からの排水が流れていることを踏まえると、横引主管は共用部分といえるだろう。

　HC工業の報告書は、簡易な1枚の報告書ではあったが、①排水管の詰まりが生じた箇所はY_2社の店舗の排水と2階以上からの排水が合流した先であり、RKビルの共用部分にあたること、②排水管の詰まりの原因は油の固着と錆の堆積である可能性が高いことがわかった。

　そして、甲弁護士は、以下のとおり、あらためてY_1社とY_2社に対する請求を整理した。

① 　Y_1に対する請求
　　ⓐ 　賃貸借契約上の債務不履行責任
　　ⓑ 　排水管の所有者かつ占有者としての工作物責任
　　ⓒ 　排水管のメンテナンスを怠った不法行為責任
② 　Y_2に対する請求
　　・ 　グリーストラップの清掃を怠った不法行為責任

〈図表2-7-1〉　HC工業報告書排水管図面（《Case ⑦》）

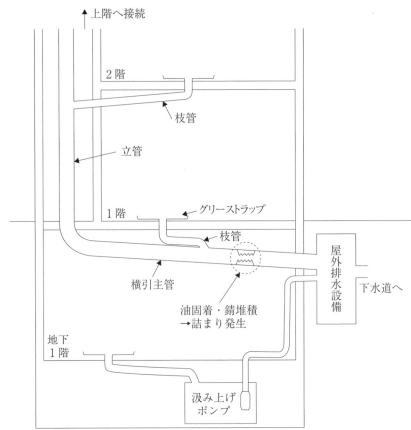

2　資料に基づく検討（損害額）

(1)　内装、什器備品の損害

(A)　甲弁護士の対応

　A社長から送られてきた内装工事の見積書および領収証から、漏水事故後に天井、壁および床の張り替え、清掃等の旧内装解体および新内装工事が行われていることがわかった。また、什器備品のリストおよび写真、漏水事故後に買い替えた物の領収証から、汚損した什器備品はすべて買替えがなさ

れていることも明らかとなった。A社長にあらためて確認したところ、廃棄した什器備品の購入日と購入価格はわからないが、買替えの際には、基本的に廃棄した物と同じ物を購入し、販売中止になっていた物については、メーカーに問い合わせて同等品を購入したとのことであった。

　甲弁護士は、内装および什器備品の損害として、内装工事費256万3240円および買い替えた什器備品の購入費86万9800円の合計343万3040円を請求することとした。

　(B)　ポイント

　漏水事故により、汚損し張替えが必要となった天井、壁、床や買替えが必要となった什器備品等については、賠償の対象となる。

　しかし、損害賠償の趣旨は損害のてん補であるため、内装や什器備品が毀損された場合の損害賠償額は、毀損された時の状態に修復するために必要な費用となる。また、修復不能な程度に毀損された場合は、新品の購入価格ではなく、毀損された時の時価相当額が損害額となる。

　そして、新規開店直後でない限り、内装や什器備品には漏水事故が発生するまでの間に経年劣化や通常損耗があることから、訴訟となった場合、漏水事故後の内装工事費や什器備品の購入代金、買替え代金の全額が損害として認められる可能性は低い。もっとも、経年劣化や通常損耗に関する絶対的な基準はなく、損害額をあえて過少に申告すべき理由もないため、加害者に対する請求、訴訟提起の際には、実際に支出した金額や購入代金を損害とすることが多い。

　(2)　営業損害

　(A)　甲弁護士の対応

　A社長から送られてきたX社の決算書2期分と月次損益計算書によると、X社の平成27年度と平成26年度の業績はほぼ横ばいであり、平成28年度も漏水事故が発生する前までは、同程度の業績を上げていた。また、法人事業概況説明書の「月別の売上高等の状況」から、平成27年度と平成26年度のいずれも、他の月に比して12月の売上げが多いことがわかった。A社長に確

認すると、12月は忘年会シーズンで団体客の予約が多く、繁忙期であり、例年売上げも利益も多いため、12月に漏水事故が発生したのは非常に痛手であったとの回答があった。

　甲弁護士は、平成27年度の12月の売上高から、明らかに変動費（売上高の増減によって変化する経費）であると予想される売上原価のみを差し引いた売上総利益をベースとして営業損害を計算することとした。

〈計算式〉
　2,561,306円（売上高）－870,625円（売上原価）＝1,690,681円（売上総利益）
　1,690,681円÷31日（日割計算）×25日（営業停止日数）≒1,363,452円

(B)　ポイント

　営業損害とは、営業停止または営業縮小せざるを得なくなった場合に、仮に営業停止または営業縮小にならなければ得ることができたであろう利益をいう。営業損害の算定方法に唯一絶対のものはないが、裁判例では、会社が営業停止等にならなければ得られていたであろう売上高から営業停止等により支出を免れた経費を控除する方法が用いられることが多い。

　「営業停止等により支出を免れた経費」とは、原則として、経費のうち売上高の増減によって変化する変動費をいい、売上高の増減によって変化しない固定費は、営業停止等となっても支出を免れることはない経費として、基本的には控除の対象とはならない。もっとも、営業停止の末閉店して店舗の賃貸借契約を解除した場合等には、会計上、固定費に分類されることが多い家賃・地代も「営業停止等により支出を免れた経費」に含まれることとなる。固定費と変動費の分類は、業種や会社によって異なるが、原材料費や仕入原価、販売手数料等が変動費に、人件費や地代家賃、減価償却費が固定費に分類されることが多い。

　また、営業損害の算定にあたって基準とする期間は、売上高や経費に大きな変動がない場合には、直近3カ月や前年度の平均値を用いることが多い。業績が年々上昇しており、前年度の平均値よりも大きな利益が見込めたとす

れば、請求者側で営業停止直前までの収益のデータ等を踏まえた主張・立証を行う必要がある。

さらに、会社の業績は、天候などの自然現象、社会の制度、慣習により、1年を周期として変動することもある。これを季節変動というが、季節変動を踏まえた営業損害を請求するためには、当該会社で季節変動が生じる理由、営業停止期間に季節変動が確実に生じることを過去数年分の月次損益計算書を踏まえ、説得的な主張・立証をする必要がある。

V 事前交渉

甲弁護士は、A社長よりY_1社とY_2社が相互に責任をなすりつけ合っていると聞いており、交渉による解決は困難な可能性が高いと考えていたが、まずは、Y_1社とY_2社それぞれに対して、内容証明郵便にて通知書を送付することとした。

【書式2-7-1】 通知書(Y_1社に対する通知書)

通知書

平成29年4月10日

Y_1株式会社　御中

〒○○○-○○○○
東京都××区○○1-2-3××ビル5階
○○法律事務所
TEL03-××××-△△△△
FAX03-××××-○○○○
X株式会社代理人弁護士　　　　甲

前略

当職は、X株式会社（以下「通知人」と言います。）の代理人として、貴社に対し、以下の通り通知します。

　通知人は、平成25年3月1日付賃貸借契約に基づき、貴社より貴社所有のRKビル（東京都〇〇区××1-1-1所在。以下「本件建物」と言います。）の地下1階部分を賃借し、飲食店（以下「本件店舗」と言います。）を営業しております。

　平成28年12月3日午後3時頃、本件店舗の真上に位置する本件建物の1階の飲食店（以下「1階店舗」と言います。）から本件店舗への漏水が発生しました（以下「本件漏水事故」と言います）。

　本件漏水事故は、貴社が本件建物の横引主管のメンテナンスや清掃を怠ったことにより、老朽化で錆が堆積して排水通路が狭くなり、ゴミや油が固着しやすくなっていたこと、また、1階店舗から排出された油が固着して堆積したことによって、横引主管に詰まりが生じ、逆流した排水が1階店舗のグリーストラップから溢れ出し、床下に漏れたものです。

　そして、本件漏水事故によって、本件店舗の内装、什器備品は汚損し、本件店舗は、平成28年12月3日より同月27日まで営業停止を余儀なくされ、通知人には内装工事費256万3240円、什器備品買替費用86万9800円、25日分の営業損害136万3452円の損害が生じています。

　よって、通知人は、貴社に対して、債務不履行及び不法行為に基づき、前記計401万3492円の損害の賠償を請求致しますので、本書面到着後10日以内に指定の預金口座（略）へ振込送金の方法によりお支払い下さい。なお、上記期間内に送金がなされず、また何等の誠意ある回答も頂けない場合には、訴訟その他の法的手続きを講じる所存ですので、ご承知おき下さい。

草々

【書式2-7-2】　通知書（Y₂社に対する通知書）

通知書

平成29年4月10日

Y₂株式会社　御中

〒○○○-○○○○
東京都××区○○1-2-3××ビル5階
○○法律事務所
ＴＥＬ03-××××-△△△△
ＦＡＸ03-××××-○○○○
Ｘ株式会社代理人弁護士　　　　　　甲

前略
　当職は、Ｘ株式会社（以下「通知人」と言います。）の代理人として、貴社に対し、以下の通り通知します。
　通知人は、平成25年3月1日付賃貸借契約に基づき、Y_1株式会社より同社所有のRKビル（東京都○○区××1-1-1所在。以下「本件建物」と言います。）の地下1階部分を賃借し、飲食店（以下「本件店舗」と言います。）を営業しております。
　平成28年12月3日午後3時頃、本件店舗の真上に位置し、貴社が経営する1階の飲食店（以下「1階店舗」と言います。）から本件店舗への漏水が発生しました（以下「本件漏水事故」と言います）。
　本件漏水事故は、貴社が1階店舗のグリーストラップ等の清掃を怠ったことにより、1階店舗から排出された油が固着したこと、また、本件建物の横引主管が老朽化で錆が堆積していたことによって、横引主管に詰まりが生じ、逆流した排水が1階店舗のグリーストラップから溢れ出し、床下に漏れたものです。
　そして、本件漏水事故によって、本件店舗の内装、什器備品は汚損し、本件店舗は、平成28年12月3日より同月27日まで営業停止を余儀なくされ、通知人には内装工事費256万3240円、什器備品買替費用86万9800円、25日分の営業損害136万3452円の損害が生じています。
　よって、通知人は、貴社に対して、不法行為に基づき、前記計401万3492円の損害の賠償を請求致しますので、本書面到着後10日以内に指定の預金口座（略）へ振込送金の方法によりお支払い下さい。なお、上記期間内に送金がなされず、また何等の誠意ある回答も頂けない場合には、訴訟その他の法的手続きを講じる所存ですので、ご承知おき下さい。

草々

　内容証明郵便がY_1社とY_2社に到着した数日後、Y_1社のB社長から、建物の管理はきちんとしている、今回の漏水事故が発生したのは、Y_2社が流した油が排水管に詰まったのが原因であり、Y_1社は悪くないから損害賠償には応じられないとの電話があった。また、Y_2社のC社長から、グリーストラップは清掃しており大量の油が流れることはない、賃貸人や他のテナントの責任もあるはずだから全額を支払うことはできないとの電話があった。

　甲弁護士は、Y_1社に全く賠償に応じる意思がみられないこと、Y_2社が賠償に応じたとしても損害金のごく一部の支払いにとどまると考えられることから、A社長に、両社に対して訴訟を提起することを提案した。そして、A社長より、賠償請求に応じてもらえないのであれば仕方ありません、とことんやってくださいとの回答を得たため、早速訴訟提起の準備にとりかかった。

VI　訴訟提起

　甲弁護士は、事前に検討した内容に沿って主張をまとめ、証拠資料を整理し、Y_1社とY_2社に対して訴訟を提起した。

【書式2-7-3】　訴状（〈*Case* ⑦〉）

訴　　状

平成29年10月6日

東京地方裁判所民事部　御中

　　　　　　　　　原告訴訟代理人弁護士　　　　甲　　㊞

（略）

損害賠償請求事件

訴訟物の価額　　441万4841円
貼用印紙額　　　2万8000円

第1　請求の趣旨
1　被告らは、原告に対し、連帯して金441万4841円及びこれに対する平成28年12月3日から支払い済みまで年5分の割合による金員を支払え
2　訴訟費用は被告らの負担とする
との判決並びに仮執行宣言を求める。

第2　請求の原因
1　当事者
（1）　原告は、飲食店等の経営を目的とする会社である。
（2）　被告 Y_1 は、不動産の賃貸借等を目的とする会社であり、別紙物件目録（略）記載の建物（以下「本件ビル」という。）の所有者である。
（3）　被告 Y_2 は、飲食店等の経営を目的とする会社であり、被告 Y_1 より、本件ビルの1階部分を賃借している。
2　建物賃貸借契約の締結
（1）　被告は、平成25年3月1日、原告に対し、本件ビルの地下1階部分（以下「本件貸室」という。）を以下のとおり貸し渡した（甲1、以下「本件賃貸借契約」という。）。
　　ア　期間　　　　平成25年3月1日から平成28年2月28日まで
　　イ　目的　　　　飲食店営業及び事務所
　　ウ　賃料　　　　1か月40万円
　　エ　管理料　　　1か月2万5000円
　　オ　支払時期　　毎月末日限り翌月分を支払う
　　カ　改装等　　　大規模な模様替え等の改装その他賃借物件の現状を変更するときは、あらかじめ賃貸人に設計図面等を示し、賃貸人の書面による承諾を得なければならない。
（2）　原告は、平成25年3月2日、被告の承諾を得て、飲食店の営業に必要な内装工事を行い、同年4月20日から、本件貸室において中華料理店の営業を開始した。

(3)　原告と被告は、平成28年2月頃、合意により、本件賃貸借契約を従前と同一の条件で、期間を平成28年3月1日から平成30年2月28日として、更新した。
3　漏水事故の発生
　　平成28年12月3日午前0時頃から同日午後3時頃にかけて、被告Y_2が営業するスペイン料理店（以下「1階店舗」という。）において、厨房内にあるグリーストラップから汚水が逆流して、1階店舗の床に大量に溢れ出した。その結果、汚水はコンクリート躯体を通過して真下にある本件貸室に到達し、本件貸室内に漏水が発生した（以下「本件漏水事故」という。）。
　　同日中に、Y_1の手配した清掃業者訴外HC工業が排水管の洗浄を行い、排水管の詰まりが解消されてグリーストラップからの溢水は止まった。
　　本件貸室は、本件漏水事故により天井裏のコンクリートに水が染み込んだとみえ、その後数時間程度、漏水は続いたが、翌日には収まった。
4　本件漏水事故の原因
　　1階店舗の溢水に対処した訴外HC工業の報告書によれば、本件漏水事故の原因は、次の通りである。
　(1)　本件ビルの排水管のうち、1階店舗の厨房のグリーストラップから約10～12メートルに位置する横引主管（以下「本件排水管」という。）に詰まりが生じていた。そして、本件排水管は、1階店舗の排水及び2階以上の排水が合流して流れ、屋外排水設備に繋がっていたが、詰まりは合流地点よりも下流で発生していた。本件排水管の詰まりにより、1階店舗又は2階以上の排水がグリーストラップに逆流した。
　(2)　本件排水管の詰まりの原因は、管の内部に錆が堆積して、管の内径が狭まり、ゴミや油が付着、堆積しやすくなっていたこと、及び本件排水管内に油が固着したことによって、排水機能が阻害されたことにある。
5　被告らの責任
　(1)　被告Y_1の責任
　　ア　本件賃貸借契約に基づく債務不履行責任
　　　　被告Y_1は、本件賃貸借契約に基づき、賃貸人として、原告が本件貸室をその目的に従い使用収益することができるよう維持管理する義

務を負う。具体的には、被告Y_1には、本件排水管について、これらが老朽化により錆が堆積して排水通路が狭くなったり、ゴミの堆積を誘発したりして、排水を阻害することのないように、検査・修復・取替え・清掃等のメンテナンスを行う注意義務がある。それにもかかわらず、被告Y_1がこれを怠ったため、本件排水管の排水機能が阻害され、本件漏水事故が発生した。

　したがって、被告Y_1は、原告に対して、本件賃貸借契約上の債務不履行責任により、後記第6項の損害を賠償する義務がある。
イ　不法行為責任（民法709条）

　被告Y_1は、本件ビルの所有者として、本件排水管について、検査・修復・取替え・清掃等のメンテナンスを行う注意義務があるところ、これを怠った過失により、本件排水管内に錆が堆積し、本件排水管における排水機能が阻害され、本件漏水事故が発生した。

　したがって、被告Y_1は、原告に対して、不法行為責任により、後記第6項の損害を賠償する義務がある。
ウ　工作物責任（民法717条）

　本件排水管は、被告Y_1が所有する本件ビル内部の施設で本件ビルの一部をなすものであるから、土地の工作物に当たる。また、本件排水管は、1階店舗の排水及び2階以上の排水が合流して流れ、屋外排水設備に繋がる排水管であり、共用部分といえるため、被告Y_1はこれを所有し、かつ占有している。

　本件漏水事故当時、本件排水管は、内部に錆が堆積し、管の内径が狭まり、これにより、排水機能が阻害され、排水が十分になされていなかった。その結果、本件排水管を通る排水が逆流して、1階店舗のグリーストラップから溢れ出し、床下に漏れ出したために本件漏水事故が起こった。

　以上のように、本件排水管の排水機能が不完全な状態にあることは、それが通常備えるべき安全な性状を欠いていると言え、その設置保存に瑕疵があることは明らかである。

　したがって、被告Y_1は、原告に対して、工作物責任により、後記第6項の損害を賠償する義務がある。

(2) 被告 Y_2 の責任

　本件ビルのテナントの大半は会社等の事務所であり、本件漏水事故発生時、飲食店は原告が経営する地下1階の店舗（以下「本件店舗」という。）と被告 Y_2 が経営する1階店舗のみであった。また、X が本件貸室の賃借を始めた平成25年以降、本件ビルに1階店舗以外の他の飲食店は入居していない。したがって、本件漏水事故発生時、1階以上の排水が流れる本件排水管の内部に固着していた油は、1階店舗が排出したものにほかならない。

　そして、被告 Y_2 は、被告 Y_1 より本件ビル1階部分を賃借し、1階店舗を管理運営し使用するにあたって、階下に漏水による被害を生じさせないために、本件ビルの排水管に油等が排出されないようにグリーストラップを設置し、これを適切に管理・清掃すべき注意義務を負っていた。それにもかかわらず、被告 Y_2 は、グリーストラップの管理・清掃を怠り、多量の油を本件排水管に排出させた。これにより、本件排水管内部に油が固着して詰まりが生じ、本件排水管における排水が阻害され、1階店舗への逆流が生じ、1階店舗のグリーストラップから溢れ出した水が床下に漏れ出し、本件漏水事故を発生させたものである。

　したがって、被告 Y_2 は、原告に対して、不法行為責任により、後記第6項の損害を賠償する義務がある（民法709条）。

(3) 被告 Y_1 の責任と被告 Y_2 の責任の関係

　本件漏水事故は、本件排水管の内部に錆が堆積して、管の内径が狭まり、ゴミや油が付着、堆積しやすくなっていたこと、及び本件排水管内に1階店舗から排出された油が固着したことによる排水管の詰まりが原因となり発生したものである。すなわち、本件漏水事故は、被告 Y_1 が本件排水管の検査・修復・取替え・清掃等のメンテナンスを怠った過失と被告 Y_2 がグリーストラップの管理・清掃を怠った過失が客観的に関連共同した結果発生したものである。

　したがって、被告 Y_1 の不法行為及び工作物責任と被告 Y_2 の不法行為は、共同不法行為の関係にある（民法719条1項）。

　また、本件排水管の排水機能が不完全な状態にあることは、工作物責任における本件排水管の設置保存の瑕疵にあたるため、Y_1 の工作物責

任と被告 Y_2 の不法行為責任もまた、共同不法行為の関係にあるというべきである。

さらに、被害者救済のために共同不法行為者に連帯責任を負わせる同条の趣旨から、被告 Y_1 の債務不履行に基づく損害賠償債務と被告 Y_2 の不法行為に基づく損害賠償債務とは、不真正連帯債務の関係にある。

6 原告が被った損害

原告は、本件漏水事故により、次の通り合計441万4841円の損害を被った。

(1) 内装造作等の工事費用　256万3240円

本件漏水事故により、本件店舗の天井、壁及び床には、多数の箇所でしみ、ひび割れ、剥離等が生じたため、原告は、内装業者に依頼し、これらの修繕を行った。

(2) 什器備品の買替費用　86万9800円

本件漏水事故により、別紙1（略）記載の什器備品が使用不能となったため、原告は、早期に営業を再開するためにこれらを買い替えた。

(3) 営業損害　136万3452円

ア　本件漏水事故により、原告は、平成28年12月3日から平成28年12月27日まで、本件店舗の営業を停止することを余儀なくされた。本件店舗が営業停止にならなければ得られていたであろう利益は次の通りである。

イ　原告は、平成25年5月より本件店舗の営業を開始し、約1年間は月々の売上が不安定であったが、平成26年4月頃からは営業が軌道に乗り始め、本件漏水事故発生まで安定した売上を上げていた。また、本件店舗は、市街地にあることから、一般的な飲食店と同様毎年12月は繁忙期であり、忘年会の団体予約等により、他の月に比して高い売上を上げていた。原告の平成27年度と平成26年度の決算書によれば、いずれの年度も1年間の平均月次売上に比して、12月の月次売上が12％高くなっている。

以上のような本件店舗の事情に鑑みると、本件店舗の営業停止期間に得られていたであろう利益を算定するにあたっては、前年度である平成27年度のうち平成27年12月の業績をベースとするのが合理的かつ

適切である。

　　ウ　したがって、原告の営業損害は、平成27年12月売上高256万1306円より、原告が支払を免れた同月の売上原価87万625円を控除した169万681円を31日で除し、これに営業停止期間25日を乗じた136万3452円となる。

　(4)　弁護士費用

　　上記(1)ないし(3)の合計401万3492円の10％である金40万1349円を下らない。

7　結語

　よって、原告は、被告 Y_1 に対しては不法行為及び債務不履行に基づく損害賠償として、被告 Y_2 に対しては不法行為に基づく損害賠償として、連帯して、金441万4841円と、これに対する平成28年12月3日から支払済みまで年5パーセントの割合による遅延損害金を支払うことを求める。

以上

（以下略）

VII　審理の経過

1　Y_1 社と Y_2 社の反論

　第1回口頭弁論期日の1週間前、Y_1 社の代理人の乙弁護士と Y_2 社の代理人の丙弁護士から、それぞれ答弁書が提出された。Y_1 社と Y_2 社の主張の要旨は、以下のとおりであり、おおむね甲弁護士の予想どおり、両者がそれぞれ相手方に責任をなすりつけ合う内容であった。なお、Y_2 社から、定期的にグリーストラップの清掃を行ったことを裏付ける証拠は提出されなかった。

　(1)　Y_1 社の主張

　(A)　本件漏水事故の原因

　本件漏水事故直後、HC工業が本件排水管の内部に固着していた油の固まりを取り除いたところ、溜まっていた水が急速にひいて正常に排水がなされ

たこと、その後の本件排水管の排水状況は良好であり、詰まりや同種の漏水事故が発生していないこと、Y_2社が入居する以前に本件ビルの1階以上に飲食店が入居していたことはないこと等から、本件漏水事故は、もっぱらY_2社が排出した油が本件排水管に固着したため発生したもので、本件排水管に錆が堆積したことが原因ではない。

(B) Y_1社の責任

本件漏水事故の原因はもっぱらY_2社にあり、本件排水管の排水機能に問題はないため、本件排水管の設置または保存に瑕疵は存在しないし、Y_1社には本件排水管の管理を怠ったという過失はない。

(C) 損　害

漏水事故の賠償においては、損害の公平な分担という損害賠償法の趣旨から、加害者側が負うべき賠償の範囲は原状回復費用に限られる。X社の入居時から本件漏水事故発生までの同室内の内装や什器備品の経年劣化や通常損耗に係る部分を回復する費用を控除すべきである。

(2) Y_2社の主張

(A) 本件漏水事故の原因

Y_2社は、1階店舗の営業を始めてから本件漏水事故発生に至るまで、従業員に定期的にグリーストラップの清掃を行わせていたこと、Y_2社が設置した排水管には詰まりが生じていないこと、本件ビルは築28年の建物であり、Y_2社が本件ビルの1階に入居する前に本件ビルには多くの飲食店が入っていたと思われること等から、本件排水管に固着した油は、Y_2社が排出したものではなく、長年にわたって固着したものであると考えられる。

そして、Y_1社が定期的に本件排水管の清掃やメンテナンスをしていれば、油が固着することもなかったため、本件漏水事故の原因は、もっぱらY_1社が本件排水管の清掃やメンテナンスを怠ったことである。

(B) Y_2社の責任

Y_2社は、1階店舗の厨房にグリーストラップを設置し、定期的に清掃を行っていたため、不法行為責任は認められない。

(C) 損　害

　仮に漏水事故が発生していなかったとしても、本件店舗が、平成26年度、平成27年度のように12月と1月に他の月よりも高い売上げを上げていたとは限らないため、営業損害を計算するにあたっては、前年度の平均値を基準とすべきである。

　また、計算のベースとする数値は、売上総利益ではなく、売上高から経費を控除した経常利益とすべきである。

2　第1回期日

　甲弁護士は、本件ビル全体の排水管の構造を明確にするために、Y_1社とY_2社に対して、本件ビルの排水管図面と1階店舗の排水管図面をそれぞれ提出されたいとの求釈明を行った。また、Y_1社が答弁書において、錆の堆積が本件漏水事故の原因ではない旨を主張していたため、HC工業を手配したY_1社に対して、本件漏水事故に関するHC工業が作成した詳細な報告書を有しているならば提出されたいとの求釈明を行った。

3　第2回期日

　第2回期日では、Y_1社から本件ビルの排水管図面が、Y_2社から1階店舗の排水管図面がそれぞれ提出された。これらの図面からも、1階店舗の厨房のグリーストラップから10～12メートルの位置は、1階店舗の排水と2階以上からの排水が合流した横引主管であることがあらためて明らかとなった。

　また、乙弁護士より、第1回期日における求釈明に対して、Y_1社はHC工業作成の詳細な報告書は有していないとの回答がなされた。しかし、ここで丙弁護士より、1階店舗の従業員より本件漏水事故発生後の清掃時に、排水管内のカメラ撮影を行っていたと聞いている、報告書は作成されているはずであるとの発言がなされた。

　甲弁護士は、HC工業が本件排水管内のカメラ撮影に関する報告書を作成していたとしても、Y_1社は自らに不利な内容の報告書は提出しない可能性

が高いと考え、裁判官に対して、期日後に文書送付嘱託を申し立てたいと思うと述べた。裁判官は、カメラ撮影に関する報告書に興味を示している様子で、X社から文書送付嘱託申立書が提出され次第、Y_1社およびY_2社の意向をあらためて確認するが、期日間に採用しようと思うと述べた。

甲弁護士は、第2回期日終了後、早速文書送付嘱託申立書（【書式2-7-4】）を作成し、裁判所に提出した。

【書式2-7-4】 文書送付嘱託申立書（《Case ⑦》）

平成29年(ワ)第○○号　損害賠償請求事件
原　　告　　X
被　　告　　Y_1　外1名

文書送付嘱託申立書

平成30年1月29日

東京地方裁判所民事○部×係　御中

原告訴訟代理人弁護士　　　　甲

頭書事件について、原告は次の通り、文書の送付嘱託の申立をする。

1　文書の表示
　　下記排水管清掃にかかる報告書、写真等その他これに関する一切の記録。
記
　　実施場所　　東京都○○区××1-1-1RKビル1階
　　実施日時　　平成28年12月5日午後3時30分頃
　　実施内容　　高圧洗浄

2　送付嘱託先
　　HC工業
　　〒○○○-○○○○　東京都○○区△△9-9-9

> 3　証明すべき事実
>   本件漏水事故の原因等
>
> 　　　　　　　　　　　　　　　　　　　　　　　　　　　　　以上

　文書送付嘱託を申し立てて3週間後、裁判所より、HC工業から清掃実施報告書が開示されたとの連絡があり、甲弁護士は、直ちに謄写を行った。清掃実施報告書には、グリーストラップから10〜12メートルの箇所に固着していた油を高圧洗浄により除去したこと、同箇所の周辺は錆で凹凸が発生し、油等の異物が付着・堆積しやすい状態にあること等が記載されていた。また、40センチごとに本件排水管の内部を撮影した写真と除去した油の固まりの写真が添付されており、素人の甲弁護士がみてもグリーストラップから10〜12メートルの箇所の管内面に凹凸があることがわかった。

4　第3回期日

　甲弁護士は、HC工業の清掃実施報告書を証拠として提出し、その記載内容や写真を指摘しつつ、再度Y_1社およびY_2社の双方に本件漏水事故を発生させた責任があるとの主張を行った。また、Y_1社に対して、本件漏水事故以前の本件排水管の清掃の実施頻度、作業内容、実施業者等を具体的に明らかにされたいとの求釈明を行った。さらに、営業損害は経常利益をベースとして計算すべきとのY_2社の主張に対して、本件店舗が営業を停止したとしても、従業員の給与、家賃、広告宣伝費等の販売費および一般管理費、さらには営業外損益が影響を受けることはないため、営業損害を計算するにあたっては、経常利益をベースとすべきではないとの反論を行った。

5　第4回期日

　乙弁護士より、Y_1社は平成27年頃に本件排水管の清掃を行っており、それ以前もおおむね3年に1回程度排水管の清掃を行っていたとの主張がなされた。もっとも、清掃を行った業者はすでに廃業しているとのことで、清掃

を行ったことを裏付ける証拠は提出されなかった。

　甲弁護士は、3年に1回程度継続的に排水管清掃を行っているにもかかわらず、報告書や領収証等の資料が一切残されていないのは不自然であり、清掃を実施していないことを疑わせると主張した。また、Y_1社の主張を前提としても、Y_1社が最後に本件排水管の清掃を行ってから本件漏水事故が発生するまでに1年以上が経過していることからすれば、これをもって直ちにY_1社が本件漏水事故発生当時に本件排水管の維持、管理を適切に行っていたと認めることはできず、むしろ、Y_1社による管理が不十分なものであったことが推認されると主張した。

6　第5回期日

　第5回期日では、以下のようなやりとりがあった。

裁 判 官：おおむね主張・立証は尽くされたように思いますが、今後の
　　　　　進行についてご意見はありますか。
乙弁護士：人証申請と代表者の陳述書を提出することを検討しています。
丙弁護士：こちらもその予定です。
甲弁護士：当方も同じです。
裁 判 官：それでは人証取調べの前に一度個別に和解について考えをう
　　　　　かがいたいと思います。まずは被告Y_1からお願いします。

　このあと、乙弁護士、丙弁護士の順に裁判官との話がなされ、最後に甲弁護士がよばれた。

裁 判 官：率直にうかがいますが、和解による解決は可能でしょうか。
甲弁護士：条件次第ですが、検討はします。
裁 判 官：裁判所としては、HC工業の報告書をみる限り、錆の堆積と
　　　　　油の固着が相まって本件漏水事故が発生したと考えています

　　　　　　ので、Y_1社、Y_2社いずれも、全く責任がないとはいいがたいでしょう。これは、被告らにも伝えました。しかし、原告の請求のように、被告らが連帯して原告の損害を賠償する義務があるとした場合、被告らの間には求償の問題が残ってしまいます。

甲弁護士：正直なところ、原告としてはY_1社からでもY_2社からでも全額賠償してもらえればかまわないと思っています。

裁 判 官：原告がそのように考えるのもわからなくはないですが、ここまで審理してきましたし、紛争の一体的解決のために、求償に関する負担割合を和解条項に盛り込むのはどうでしょうか。責任割合に応じて損害賠償金を割り付けるというわけではないので、原告に不利益はないと思います。

甲弁護士：負担割合については、裁判所から提示をするのですか。

裁 判 官：判決であれば、求償に関する負担割合に言及することはありませんが、先ほど被告ら双方から、「この訴訟ですべてを解決したい。本人への説明や説得のためにも裁判所が考える負担割合を提示してほしい」との話がありましたので、裁判所の考えを述べてもよいと考えています。

甲弁護士：わかりました。負担割合について特に意見はありません。ただ、負担割合に関する協議でいたずらに訴訟が長引くのは困ります。被告らがもめるようであれば、求償に関する負担割合については、本件訴訟が終了した後に被告同士で解決してほしいと思います。

裁 判 官：次回期日に、裁判所より一度求償に関する負担割合を含めて心証と和解案の骨子を提示しますが、被告らの折り合いがつかないときは、あらためて負担割合を除いた形での和解を提案したいと思います。

甲弁護士：わかりました。

このあと、乙弁護士と丙弁護士もよばれ、次回期日が指定された。裁判所は、HC工業の清掃実施報告書から、Y_1社とY_2社の双方に責任を認める考えであることがわかり、責任論ではX社に有利な和解案が提示される可能性が高いと思われた。

7　第6回期日

第6回期日では、裁判所より被告間の求償に関する負担割合も含めた心証と和解案の骨子が提示された。和解案の骨子は以下のとおりである。

・内装や什器備品について経年劣化等があることを考慮し、和解金は350万円とする。
・被告らは、各自、原告に対して、350万円の損害賠償義務を負う。
・被告らの求償に関する負担割合は、被告Y_1社が4、被告Y_2社が6とする（本件漏水事故は錆の堆積と油の固着により発生したと思われるが、実際に排水管内に詰まっていた油を排出した被告Y_2により大きい責任があるとの理由）。

甲弁護士は、裁判所より提示された和解案の骨子について、内装工事費や什器備品の買替費用が経年劣化等によりある程度減額されることは想定の範囲内であり、和解金の金額は十分応じ得ると考えた。また、Y_1社とY_2社の両者に対して和解金全額の債務名義を得ることができることも考慮すれば、X社にとって有利な内容であるように思われた。このことをA社長に伝えたところ、できるだけ早く解決したいので和解でもかまわないとの回答であったため、甲弁護士は和解に応じることとした。

VIII　和解成立および和解金支払い

第7回期日において、各当事者が裁判所より提示された内容の和解に応じる旨を伝え、和解条項の調整を行い、和解が成立した。

そして、後日、Y_1社から140万円、Y_2社から210万円がX社に対して無

事支払われた。

【書式2-7-5】 和解条項（〈Case ⑦〉）

和解条項

1　被告らは、原告に対し、平成28年12月3日に東京都○○区××1-1-1RKビルにて発生した漏水事故（以下「本件漏水事故」という。）による損害賠償債務として、金350万円の支払義務があることを認める。
2　被告らは、原告に対し、連帯して、前項の金員を、平成30年8月末日限り、原告指定の預金口座に振り込む方法により支払う。但し、振込手数料は被告らの負担とする。
3　被告らは、第1項の債務についての求償に関する負担部分を、被告 Y_1 がその4、被告 Y_2 がその6の割合とする。
4(1)　被告 Y_1 が、原告に対し、第2項の全額または前項の負担部分にかかわりなく第2項の一部の支払いをなしたときは、被告 Y_1 は、その旨を被告 Y_2 に通知する。
　(2)　平成30年8月20日までに上記(1)の通知があった場合、被告 Y_2 は、被告 Y_1 に対し、同月末日限り、自己の負担部分に応ずる求償金を支払う。
　(3)　平成30年8月21日以降に上記(1)の通知があった場合、被告 Y_2 は、被告 Y_1 に対し、その日から10日以内に自己の負担部分に応ずる求償金を支払う。
5(1)　被告 Y_2 が、原告に対し、第2項の全額または第3項の負担部分にかかわりなく第2項の一部の支払いをなしたときは、被告 Y_2 は、その旨を被告 Y_1 に通知する。
　(2)　平成30年8月20日までに上記(1)の通知があった場合、被告 Y_1 は、被告 Y_2 に対し、同月末日限り、自己の負担部分に応ずる求償金を支払う。
　(3)　平成30年8月21日以降に上記(1)の通知があった場合、被告 Y_1 は、被告 Y_2 に対し、その日から10日以内に自己の負担部分に応ずる求償金を支払う。
6　原告は、その余の請求を放棄する。
7　原告と被告らは、本件漏水事故に関し、本和解条項に定めるもののほか、

> 何らの債権債務がないことを相互に確認する。
> 8　訴訟費用は各自の負担とする。

> 　本稿は、複数の事例を組み合わせるなどして構成したものであり、実際の事例とは異なる。

第8章 スポーツ中の事故

I 事案の概要

──〈Case ⑧〉──

　平成27年5月8日、ゴールデンウィーク明けでばたばたしていたところ、甲弁護士のボス弁である乙弁護士の下に、ボス弁の大学からの40年来の友人というX氏から電話があり、ちょっと相談に乗ってほしいことがあるということであった。X氏の話によると、X氏の妻A女（法定相続人はX氏のみ）が、3月に、プロのツアーガイドY氏が主催したペルーの最高峰のワスカラン登山（標高6000メートル）ツアーに参加したが、3月10日、登頂をめざして頂上に最も近いキャンプ地（標高5000メートル付近）から出発し登り続けていたところ、標高5700メートル近いところであまりの強風と吹雪、さらには疲労のために動けなくなり、全員登頂を断念してキャンプ地に引き返した。ところが、A女は他のメンバーに比して特に疲労が激しく体調の悪化が著しかったため、途中にあった避難小屋で救助を待つことにした。しかし、救助隊が到着した時には低体温症となり心拍はなく、そのまま亡くなったという。

　X氏はなぜA女が死ななければならなかったのか、無事に登頂して帰国していた他のツアー参加者や、登山の専門家などの話を聞くとともに、関係する資料を調査し、Y氏に登山ガイドとしての安全配慮義務違反が認められるのではないかと思ったという。

山登りが趣味であった甲弁護士は、ボス弁の電話の内容を隣で聞きながら山の話だとすぐにわかり、ぜひ担当させてほしいと頼み、ボス弁とともに本件を担当することになった。

II 実務上のポイント

〈*Case*⑧〉における実務上のポイントは、以下の5点である。
① 危険なスポーツにおける事故の責任
② 免責同意書の効力
③ 事故状況の確定・立証
④ 登山ガイドの安全配慮義務
⑤ 保険の適用

III 危険なスポーツにおける事故の責任

甲弁護士は、早速、事故地となったペルーのワスカランの情報をインターネットで集め、準備に取りかかった。

甲弁護士の頭を悩ませたのは、〈*Case*⑧〉が、自ら希望して参加したスポーツ中の事故の責任を追及するというものであることだった。

登山、とりわけ〈*Case*⑧〉のような標高6000メートル級の山の登頂をめざすスポーツは、一歩間違えば死亡事故にもつながる危険なスポーツである。このような危険が内在していることは、一般に認知されており、自らの自己決定により登山に参加し、事故の危険を承知して、つまり危険を引き受けたとみることができ、いわゆる「危険の引受法理」により違法性が阻却される、という考え方がある。

もっとも、この「危険の引受法理」を認めた裁判例は少なく、また、登山ツアーにおいては、ツアー主催者、ガイドが、参加者の安全を保障している

と考えられることから、ツアー主催者あるいはガイドに安全配慮義務違反が認められれば、損害賠償責任が生ずると考えてよい。

Ⅳ　X氏との打合せ

1　登山ツアー参加の経緯

　X氏から電話があってから1週間後、甲弁護士はX氏に来所してもらい、A女が登山ツアーに参加した経緯を聞いた。

　X氏によると、亡くなったX氏の妻A女は、中学生時代から登山を始め、大学では登山部で冬山登山の経験なども積み、大学卒業時には、海外の標高5000メートル級の登山にも成功したという。A女は社会人になってからも登山を続け、ヨーロッパのモンブラン、アメリカのレーニア、ケニアのキリマンジャロ、ネパールのヒマラヤ・アマダブラム、アルゼンチンのアコンカグアなど、約30年にわたりかなりの登山経験を有していた。

　A女は平成27年2月にインターネットでY氏の運営するサイトにおいてペルー最高峰のワスカラン登山ツアーの参加募集をみつけ、そこから、同ツアーへの参加を申し込んだという。A女は、参加費として100万円をY氏に支払っており、その中には、現地までの移動交通費、現地での移動交通費、宿泊費、現地ガイドの手配費用、食事代、が含まれていた。

2　免責同意書の提出

　申込みにあたってA女は、Y氏から免責同意書の提出を求められており、署名して提出したとのことである。X氏がA女の残した書類を整理していたところ、Y氏に提出したと思われる免責同意書のコピーがみつかったという。

　免責同意書を提出していたら責任を追及できないのではないかと、X氏から甲弁護士に質問がなされた。

X　　氏：Aは、この免責同意書を提出していたようなんです。几帳面な性格で、大事な書類はいつもコピーしてとってありました。

甲弁護士：なるほど。ちょっとみせてもらえますか。

X　　氏：もちろんです。ただ……

甲弁護士：どうかしましたか。

X　　氏：みてもらえればわかるのですが、そこには、Y氏や現地ガイドなどには何も責任がないとか、Aや相続人から何も請求しないということが書かれています。だから、Y氏の責任を問うのは難しいのかな、と思って……。

甲弁護士：確かに、そのようなことが書かれていますね。

X　　氏：やはり厳しいですか。

甲弁護士：ケースバイケースで100％とはいえないですが、そんなに心配しなくても大丈夫です。このような免責同意書は、今回のような登山や、スキューバダイビングなどの危険なスポーツでは提出させられることも多いですが、免責同意書があるから責任がありませんとか、責任追及できません、ということになるのは、私の経験では稀です。

X　　氏：そうですか。少し安心しました。

甲弁護士：免責同意書は大丈夫だと思いますが、いざ、責任を追及していくとなると、ちょっと気になることがあります。

X　　氏：気になることとは何でしょうか。

3　免責同意書の効力

スポーツ、とりわけ登山やスキューバダイビング、パラグライダーなど、危険を伴うスポーツでは、主催者や施設管理者側が、事前に利用者に対し、

自らの責任がないことや、自らに対する請求をあらかじめ放棄させる旨のいわゆる免責同意書の提出を要求することがよくみられる。

このようなスポーツにおける競技者の生命や身体に対するあらゆる危険の発生について「一切の責任を追及しない」とか、「一切、責任が発生しない」という包括的かつ一方的に権利放棄させるような書面は、侵害される法益の重大性にも鑑み、公序良俗に反し無効と考えることができる（民法90条。東京地判平成13・6・20判タ1074号219頁、富山地判平成6・10・6判時1544号104頁等）。

また、主催者側が消費者契約法上の「事業者」、競技者（利用者）側が「消費者」にあたる場合には、消費者契約法の適用も考えられる。

（資料2-8-1）　免責同意書（《Case⑧》）

免責同意書

（署名前によく読んでください）

ワスカラン登山ツアー
　　　　　Y　　宛て

　私は、下記に記載された内容をよく読み、その内容を理解した上で、ワスカラン登山ツアーに参加いたします。

　　　　　　　　　参加者住所　　東京都江東区〇〇1-2-3
　　　　　　　　　参加者氏名　　＿＿＿A＿＿＿

1　私は、今回参加するワスカラン登山ツアーが、標高6000メートルのワスカランの登頂を目指し、危険を伴うものであることを理解した上で、参加申込みを行っています。
2　私は、ワスカラン登山ツアーに参加するにあたり、健康診断を受け、心身ともにツアーに耐えうる状態であることを誓います。
3　私は、このワスカラン登山ツアーに参加したことにより、私自身に生ずる

可能性のある傷害や障害、その他の損害の全てについて、私の自己責任であり、ワスカラン登山ツアーを主催するYのほか、アシスタントスタッフ、現地ガイド等には何らの責任がないことを理解しています。
4　私は、私自身に傷害や障害が発生し、または死亡した場合に、上記のとおり、Yやアシスタントスタッフ、現地ガイド等には責任がないことから、私や私の相続人を含めた関係者から、これらの者に対して、いかなる請求も行いません。
5　私は、本免責同意書の内容をよく理解した上で、私の自由意思のもと、署名しています。
平成27年3月1日

参加者署名欄　　　A

V 事故状況の特定と立証方法の検討

X　氏：気になることとは何でしょうか。Y氏の責任を追及するのはやはり、難しいのですか。
甲弁護士：今回のケースは、まずはY氏に連絡をとり、任意に損害を賠償してくれないか、交渉してみます。ただ、任意の交渉での解決が難しい場合には、訴訟提起も考える必要があります。そうなってくると、きちんと裁判所に事故状況をわかってもらう必要があり、仮にY氏側が事故状況が違うと争ってきた場合には、それを裏付ける証拠を出して立証しなければいけません。交通事故だと、実況見分調書や場合によっては監視カメラやドライブレコーダーなど、事故状況が記録として残っていることも多いですが、スポーツ中の事故は、事故時の行動が記録化されていることは非常に稀です。したがって、まずは、事故状況がどういったものだったか確定することが

　　　　　　必要になりますし、さらにそれをどうやって立証するか、という非常に悩ましい問題があります。
Ｘ　　氏：そういうことだったのですね……一応、私も悔しくて少し調べているのですが、事故の状況については、Ａと一緒にツアーに参加していたＢさんが、私たちに話をしてくれそうです。
甲弁護士：わかりました。それはよかったです。では、今度は、Ｂさんも交えて打合せをしましょう。

1　Ｂ氏からの聴取り

　後日、Ｂ氏が甲弁護士の事務所に訪れ、事故当時の状況を話してくれた。Ｂ氏の話によると、おおむね以下のとおりの事実関係であった。
- 登山ツアーへの参加者はＡ女を含めて4名で、登頂にあたっては、現地ガイド2名（いずれもペルー人）がついていた。
- 事故当日は、キャンプ地を朝5時に出発し、頂上をめざした。
- キャンプ地（5000メートル付近）から頂上までは一本道であり、頂上までの道のりの中間地点（5500メートル付近）には避難小屋がある。緊急時には、この避難小屋に引き返す以外には避難経路はない。もっとも、避難小屋といっても屋根と壁があるだけで、窓は壊れていて、風は入ってくる状態であった。
- 頂上までの道のりの後半は、樹木が生えていないため、雪や強風が吹いた場合には吹きさらしになる。
- Ａ女やＢ氏を含む参加者4名は、ガイドを務めるＹ氏および現地ガイド2名、合計7名の登山隊を形成し、午前5時に出発し、頂上をめざしていたが、頂上まであと200メートルのところまで到達したときに、突如、強風と大雪に見舞われた。
- Ｙ氏はこれ以上登頂を続けることは危険と判断し、キャンプ地に向か

って引き返した。
・中間地点にある避難小屋にたどり着いた際、A女が疲労や著しい体力消耗によりこれ以上歩くことが困難となり、A女および現地ガイド1名を避難小屋に残して、B氏を含む残りの参加者3名、Y氏および現地ガイド1名は、いったん、キャンプ地まで戻った。
・キャンプ地に戻ったY氏は、現地の救助隊に状況を説明するとともに、A女および現地ガイド1名が残る避難小屋へ再び移動した。
・Y氏が避難小屋に着くとほぼ同じタイミングで現地の救助隊も到着したが、その時点ですでにA女は低体温症で心肺停止状態になっていた。
・その後、搬送された病院で死亡が確認された。

甲弁護士：詳しく教えていただきありがとうございます。当時の天候の状況など、写真やビデオに残っていますか。
 B 氏：一部残っているのですが、天気が悪くなってからは、正直言って、生きて戻れるのかどうかという状況で、写真など撮れるような状況にありませんでした。なので、天気が悪くなってからの写真は残っていないのです。
甲弁護士：避難小屋に残ったのは、Aさんと現地ガイドだけですか。
 B 氏：はい。
甲弁護士：避難小屋とはいえ、窓はなくて非常に寒いのですよね。
 B 氏：雪は防げましたが、風が入ってきてとても寒いです。
甲弁護士：そこで救助を待つだけの十分な装備だったのですか。
 B 氏：十分かどうかはわかりませんが、毛布など必要な備品はあったと思います。
甲弁護士：天候が悪化したということですが、出発前の時点での天気予報はどうだったかわかりますか。
 B 氏：山の天気なので変わりやすいですが、出発時には、現地ガイドや、他の登山隊の方々とも話をしていたようで、天気の悪

化の可能性は低いだろうということで出発したようです。ただ、これはあとでわかったことですが、現地をよく知る人間の何人かは、あの日の夕方からの天候悪化を予想していたそうです。

甲弁護士：なるほど、その情報は重要ですね。その現地の人の話を聞く方法はありませんか。

Ｂ　氏：私も誰かわからないので……現地ガイドの方ならわかるかもしれません。今度、連絡をとってみたいと思います。

甲弁護士：ありがとうございます。ところで、他の登山隊もいたということですが、彼らは出発したのですか。

Ｂ　氏：はい、していました。彼らは、われわれよりも進みが早く、一足先に登頂して、ほぼ同じタイミングでキャンプ地まで戻っていました。

甲弁護士：Ａさんの体調はどうでしたか。

Ｂ　氏：出発時はいつもと変わらない感じでした。ただ、途中からちょっときつそうで、Ｙ氏や現地ガイドも気にかけて大丈夫か、と声をかけていましたが、Ａさんは「大丈夫」と言っていました。もしかしたら、最初から体調が悪かったのかもしれないですが、登頂したくて隠していたのかもしれません。

甲弁護士：声は頻繁にかけられていたのですか。

Ｂ　氏：私も何度もこういったツアーに参加していますが、印象としては少なかった気がします。特に、避難小屋で休憩をしてから頂上に向かう途中は、体調についてはあまり声かけがなかったように記憶しています。

甲弁護士：天気は急に悪くなったのですか。何か兆候はありませんでしたか。

Ｂ　氏：私には兆候があったのかわかりません。ただ急に強風が吹くようになり、雪が降ってきたので、10分くらいは登頂をめざ

> して進んでいたのですが、天気がよくなる見込みもなくて、これ以上は引き返せなくなって危険だということで、引き返すことになりました。
> 甲弁護士：なるほど。現地の天候の傾向なども調べてみる必要がありますね。貴重な情報をありがとうございます。

　甲弁護士は、B氏の話を基に、〈*Case* ⑧〉の登山ツアーの行程を整理し、事故当日の動きをまとめた。

2　スポーツ中の事故の立証の難しさ

　スポーツ中の事故の事件で最も難しいことの一つは、事故状況の確定とその立証である。事故当時の状況について、交通事故とは異なり、ビデオや写真、事故状況の報告書などの客観的な資料が残っていることは稀であり、基本的に本人の話や、けがの状況や残された資料を基に再現するほかない。また、関係者に協力を求めることも考えられるが、トラブルに巻き込まれることを嫌い、協力を得られないこともよくある。

　したがって、残された情報や資料、けがの状況などから、事故状況を主張しなければならない点で、大きなハードルがある。

3　甲弁護士による資料収集

　甲弁護士は、B氏から聞いた話を基にストーリーを組み立てるとともに、少しでも主張に客観性をもたせるよう、当時の情報を集めることにした。

　具体的には、当時の天候が大きなポイントになると考え、ペルーのワスカラン付近の事故当日とその前後数日の天候、気象状況について、インターネットで情報を集めた。また、ワスカランにおける3月の天候の特徴も調べた。

　また、B氏にお願いして、ツアーに同行した現地ガイドに電子メールで連絡をとり、事故当日の話を教えてほしいと依頼した。ただ、残念ながら、現地ガイドからは返信をもらうことはできなかった。

(資料2-8-2) 現地ガイドへの電子メールによる照会文

> Hello, ○○○, how are you?
>
> I would like to tell me about the day Ms A died while climbing Mt. Huascarán.
>
> I have experienced very strong wind and snowstorm when walking between the shelter and the Top of Mt. Huascarán in March 10 this year.
> Is this exactly right?
>
> And I think, Y's experience of guiding Mt. Huascarán was poor, so he misjudged whether to depart or not and he mistook the time to abandon the climb.
> I would be happy if you tell me your opinion.
>
> Sincerely yours,
> B

　そのほかにも、A女、B氏とともに〈*Case*⑧〉のツアーに参加した日本人2名（C氏、D氏）にも、たまたまB氏がSNSで知り合いになっていたため、そのメッセージ機能を使って事故当日について話を聞けないか問い合わせてもらった。そうしたところ、仮に裁判になった場合には表に出て協力はできないが、できる限りの情報提供はしたいと言ってもらえた。

　甲弁護士は、B氏から聞き取った内容を中心にしつつ、B氏の記憶があいまいなところは、適宜C氏、D氏にも話を聞きながら、事実関係を固めていった。

VI　登山ガイドの安全配慮義務

1　裁判例

　甲弁護士は、資料収集と並行して、登山ガイドの安全配慮義務について、

過去の裁判例を中心に調べることにした。

　登山事故における法的責任を追及した事件は裁判例になっているものも多数あるが、その中で、熊本地判平成24・7・20判タ1385号189頁は、以下のように述べており、参考になる（下線筆者）。

> 　登山は、遭難、事故等により生命の危険を伴うものであるから、登山ツアーを企画実施する者は、参加者の生命身体に危険が生じないような適切な準備や指示、処置をする注意義務を負っているというべきである。

　そして、当該事案の事情を前提として、下記のとおり述べている。

> 　万が一にも本件ツアー中に事故が発生しないように最善の注意を払い、……事前に収集可能な情報を収集すべき義務（以下「情報収集義務」という。）を負っていた……また、この事前情報収集義務を前提にして、……天候が悪化し、生命や身体に危険が及ぶと予見される場合には、登山を中止するなどの適切な処置等をすべき義務（以下「催行検討義務」という。）を負っていた……

　なお、この熊本地裁判決は、ツアー主催者とガイドがいずれも被告であった事案であり（《Case⑧》と同じ）、ツアー主催者とガイド個人が異なるケースの場合には、ツアー主催者としての義務とガイドとしての義務を、厳密に分けて考える必要が出てくる可能性があることに留意すべきである。

2　《Case⑧》での具体的な義務違反の内容

　甲弁護士は、B氏から聞き取った内容を前提に、Y氏の注意義務違反として、具体的に、①出発時において当日の天候の変化などの必要かつ正確な情報の収集を怠ったこと（情報収集義務違反）、②情報収集を怠ったために、登山を催行するか否かの判断を誤ったこと（催行検討義務違反①）、③避難小屋で休憩した後、引き続き頂上に向けて登山を続けるか否かにつき、ツアー参加者の体調面を考慮せず、また、その後の天候の変化の可能性について留意することなく、登頂を続けたこと（催行検討義務違反②）、以上の3つを義務違反として主張することにした。

こうした義務違反に必要となる、現地の天候の傾向や、当時、現地でアクセス可能であった開示情報の有無とその内容について、インターネットや、甲弁護士が趣味である登山で知り合った友人を通じて、山岳ガイドを務めている人を紹介してもらい、ワスカランの情報を収集した。

VII Y氏への連絡と事前交渉の決裂

1 通知書の送付

甲弁護士は、主張内容がほぼ固まり、その裏付けとなる資料や情報も集まってきたので、X氏と打合せを行い、Y氏にコンタクトをとることにした。

Y氏は事故後、X氏に対して謝罪はしたというが、その後は何も連絡してきていないという。X氏から連絡をしても、のらりくらりとして具体的な賠償の話はしてこないということだったので、X氏と相談のうえ、弁護士名で、Y氏に内容証明郵便で通知書(【書式2-8-1】)を送付することとした。

2 事前交渉の決裂

通知書を送付してから約2週間後、Y氏の代理人である丙弁護士から回答書が届いた。甲弁護士としては、話合いの余地があるのではないかと期待したものの、期待はもろくも泡と消え、Y氏にはツアー主催者としてまたガイドとしても、やるべきことはやっており、安全配慮義務違反は認められない、むしろ、A女が自らの体調が悪いことを秘して登山を続けたために生じた事故である、との反論があり、1円たりとも支払うつもりはない、という非常に厳しい内容であった。

【書式2-8-1】 通知書（《Case⑧》）

通 知 書

平成27年5月25日

東京都〇〇市〇〇1-2-3
　　　Y　殿

　　　　　　　　　〒〇〇〇-〇〇〇〇
　　　　　　　　　東京都港区虎ノ門7-8-9
　　　　　　　　　〇×ビル　5階
　　　　　　　　　電　話　03-〇〇〇〇-〇〇〇〇
　　　　　　　　　ＦＡＸ　03-〇〇〇〇-〇〇〇〇
　　　　　　　　　富士山法律事務所
　　　　　　　　　　X代理人弁護士　　　乙　　㊞
　　　　　　　　　　同　　　　　　　　甲　　㊞

冠省
　当職らは、X（以下、「通知人」といいます。）の代理人として、貴殿に対し、以下のとおり通知申し上げます。
　貴殿もご存知のとおり、通知人の妻であるAは、平成27年3月1日から、貴殿が主催し山岳ガイドを務めたワスカラン登山ツアーに参加しましたが、3月10日、ワスカランにある避難小屋で亡くなりました。
　Aが亡くなった原因は、貴殿が、山頂に向けて出発するか否かを決めるに当たり、事前に現地の天気情報を十分に収集しないまま出発を決め、さらには、Aの体調の変化に注意することなく漫然と登山を続け、Aの体調が限界に達しはじめたころになってようやく、登山の中止（引き返し）を決めたこと（安全配慮義務違反）にあると考えています。
　つきましては、Aの死亡により生じた損害、合計7369万6536円を請求いたします。
　（内訳）
　　ア　死亡による逸失利益　　　2869万6536円
　　イ　死亡による慰謝料（A本人）　3000万円

ウ　慰謝料（X固有）　　　　1000万円
　　エ　弁護士費用　　　　　　　500万円
　つきましては、本書面到達後2週間以内に、下記の振込指定口座に上記金員をお振込みください。
　　　　　　　　　　　　記
　　　　　　○○銀行　△△支店
　　　　　　普通預金　口座番号××××××
　　　　　　口座名義　弁護士　甲　預り金口
　誠実にご対応いただけないようでしたら、法的措置を取らざるを得ませんので、その旨、予めご承知おきくださいますようお願い申し上げます。
　　　　　　　　　　　　　　　　　　　　　　　　　　　　　　草々

　甲弁護士はボスである乙弁護士とも相談のうえ、一度丙弁護士に電話して話をしたが、Y氏としては一歩も譲歩する気持はないらしく、交渉段階で解決できる見込みは限りなく薄いと判断した。
　甲弁護士は、すぐにX氏に連絡し、打合せを行った。
　X氏としては、経験豊富であり、また体力も十分であったA女が亡くなったことにどうしても納得できず、また、一度しか謝罪に来ないどころか、A女の責任かのような反論を目の当たりにして、訴訟提起して裁判所の意見を聞きたい、ということであった。
　そこで、交渉での解決は早々に諦め、訴訟提起することとした。
　甲弁護士は、訴状の準備を終えると、丙弁護士に訴訟提起する旨の連絡をひとこと入れておいた。

【書式2-8-2】　訴状（《Case⑧》）

　　　　　　　　　　　　訴　　状

　　　　　　　　　　　　　　　　　　　　　　　　　平成27年6月30日

東京地方裁判所民事部　御中

原告訴訟代理人弁護士　　　　甲　　㊞

　　　　当事者の表示　　当事者目録（略）記載のとおり

損害賠償請求事件
訴訟物の価額　　金7369万6536円
貼用印紙額　　　金24万2000円

第1　請求の趣旨
1　被告は、原告に対し、金7369万6536円及びこれに対する平成27年3月10日から支払済みまで年5分の割合による金員を支払え。
2　訴訟費用は被告の負担とする。
との判決並びに仮執行宣言を求める

第2　請求の原因
　1　当事者
　　(1)　訴外A
　　　　訴外Aは、本件事故が発生した平成27年3月当時主婦であり、ワスカラン登山ツアー（以下、「本件ツアー」）に参加した者である。同ツアーに参加してワスカランに登頂中、被告の過失により平成27年3月10日に亡くなった（死亡当時は53歳）。
　　(2)　原告
　　　　原告は、訴外Aの夫であり、訴外Aの唯一の法定相続人である。原告は、本件における訴外Aの被告に対する損害賠償請求権を、訴外Aより承継した。
　　(3)　被告
　　　　被告は、プロのガイドとして、日本だけでなく、世界の山岳の登山ガイドを業として行っている者である。
　2　本件ツアーの概要
　　(1)　日程
　　　　（略）
　　(2)　参加費用

　　　　（略）
　(3)　登山行程
　　　　（略）
3　本件事故発生日までの経過
　　　（略）
4　本件事故発生日の経過
　(1)　当日の天気及び予報
　　　　（略）
　(2)　出発に至るまでのやり取り
　　　　（略）
　(3)　出発後の経過
　　　ア　キャンプ地〜避難小屋まで
　　　　　（略）
　　　イ　避難小屋での登頂続行の判断
　　　　　（略）
　　　ウ　避難小屋〜登頂断念
　　　　　（略）
　　　エ　登頂断念〜避難小屋
　　　　　（略）
　　　オ　避難小屋での待機
　　　　　（略）
　　　カ　救助隊の到着と訴外Aの死亡
　　　　　（略）
5　被告の安全配慮義務違反（過失）
　(1)　山岳ガイドに求められる安全配慮義務
　　　　（略）
　(2)　被告の情報収集義務違反
　　　　（略）
　(3)　被告の催行検討義務違反①（出発時）
　　　　（略）
　(4)　被告の催行検討義務違反②（避難小屋休憩後）

(略)
(5) まとめ
(略)
6 被告の責任
(1) 債務不履行

訴外Aと被告は、平成27年2月○日に、被告が主催する本件ツアーへの参加契約を締結し、被告は、本件ツアーの主催者兼ガイドとして、安全にツアーを催行する義務を負っていたにもかかわらずこれを怠った。

したがって、被告は、ツアー参加契約上の債務の不履行に基づき、訴外A及び原告に生じた損害を賠償する義務を負う。

(2) 不法行為

また、被告は、山岳ガイドとしての安全配慮義務違反によって、参加者である訴外A及び原告に生じた損害について、不法行為に基づき損害を賠償する義務を負う。

7 損害
(1) 訴外Aの損害
ア 死亡による逸失利益　　2869万6536円

死亡当時53歳の主婦であったことから、死亡時である平成27年の賃金センサス第1巻第1表の産業計、企業規模計、学歴計、女性労働者の50～54歳の平均賃金が414万1500円、就労可能年数14年のライプニッツ係数は9.8986、生活費控除率を0.3とする。

414万1500×(1−0.3)×9.8986

イ 死亡による慰謝料　　3000万円
(2) 原告固有の損害
ア 慰謝料　　　　　　1000万円
イ 弁護士費用　　　　500万円
(3) 合計　7369万6536円
8 相続の発生

原告は、訴外Aの夫であり、訴外Aの法定相続人は原告のみである（甲○）。その結果、原告は、訴外Aの被告に対する損害賠償請求権を全て承継した。

9 結語

以上より、原告は被告に対し、ツアー参加契約上の債務不履行ないし民法709条に基づき、請求の趣旨記載の金員の支払を求める。

添付書類

1	訴状副本	1通
2	甲各号証（写し）	各1通
3	証拠説明書	正・副各1通
4	訴訟委任状	1通

VIII 訴訟の経過

1 第1回口頭弁論期日

甲弁護士は、第1回口頭弁論期日にのぞんだ。

被告Y氏側の答弁書は、X氏の主張に真っ向から対立するものであった。具体的には以下のとおりである。

・Y氏は、現地で、衛星電話を使うなどして可能な限り天候に関する情報を収集し、そのうえで登山を行うことを決定した
・A女を始めツアー参加者に対しては、Y氏のほか現地ガイドも含め、常に健康状態、体力の消耗に注意を払っており、15分に1回は声をかけて状態を確認しており、体調管理についても何ら問題なかった
・天候の悪化は入手可能な事前情報からは全く予期できぬことであり、予見可能性がなかった
・実際にも、本件ツアー以外の登山者が登頂に成功するなどしており、天候の悪化を予想することは不可能であった

また、Y氏は、登山中に写真を多数撮影していたようで、天候の悪化が予想し得なかったという立証趣旨で、多数の写真が証拠提出された。

2　第2回期日以降（弁論準備期日）

　第2回期日以降、特に事実関係を中心に、X・Y間で主張を展開した。3往復くらいして双方とも主張が尽きてきた頃、裁判所から和解の話があった。

　ただ、X・Y双方の考え方に大きな開きがあり、この時点での和解協議は早々に打ち切られ、人証調べへと進んだ。

3　人証調べ

　原告側はX氏本人のほか、当初から協力してくれていたB氏が証人として採用された。被告側はY氏本人のみであった。

　通常どおり、B⇒X⇒Yの順で尋問が行われた。

　なお、〈*Case* ⑧〉の証人尋問は持ち時間制ということで、原告側・被告側双方とも90分とされた。

　甲弁護士は、〈*Case* ⑧〉の争点は事故当時の状況であり、X氏の尋問は重要ではなかったことから、持ち時間の90分を、B氏の証人尋問40〜45分、X氏本人尋問5〜10分、Y氏反対尋問40分という割り振りでのぞんだ。

　午後に十分な時間をかけて行われた尋問終了後、裁判所から今後の進行について、和解協議期日を設けたい旨の提案があり、双方ともこれを受け入れ、2週間後に期日が設定された。

IX　和解協議

　和解協議期日が開かれ、裁判所と個別に話をすることになり、まずは甲弁護士がよばれた。

裁　判　官：前回期日は長時間にわたりお疲れ様でした。
甲弁護士：こちらこそありがとうございました。
裁　判　官：人証調べ前の段階では、われわれも全く心証がとれていなかったので、そうした中で両者からお話をお聞きし、何らかの

　　　　　落としどころがみつかりそうならと考えていましたが、やはり難しかったので早々に切り上げました。今回は、人証調べを経て、裁判所としてもある程度考えがまとまってきていますので、率直に裁判所の考えをお伝えし、そのうえで、判決をもらうのがよいか、和解をするのがいいのか、考えてもらったほうがいいと思い、このような機会を設けた次第です。
甲弁護士：承知しました。
裁 判 官：本件の非常に難しいところは、当時の状況、特に天候の変化など客観的な資料があまり残っていないことです。その中で、いくつか写真が残っていますが、それをみる限りは、少なくとも、午後の早い時間までは天候は悪くなかったのかなと考えています。そうなると、Y氏のほうで、どこまで天候の悪化を予想できたのだろうか、というところですが、請求を認めるというところにいくには、なかなかハードルが高いかな、というのが率直な印象です。判決となると、こういう事案だとゼロか100というような判断になってしまうので、裁判所としても悩ましいところではあります。ただ、そうはいっても、人が亡くなっていることは重く受け止めるべきですし、そのあたり、原告側としては、いろいろな思いもあるかと思いますので、どうしても判決にこだわられるのか、それとも柔軟な解決も可能なのか、お考えをうかがいたいと思った次第です。
甲弁護士：裁判所のお考えはわかりました。X氏本人もいろいろと思うところはあるかと思いますが、まずは、今お聞きした内容を伝えて、考えてもらうようにします。今回、人証調べを行って、Y氏本人の口から当時の状況なども聞くことができて、その点はよかったと思っています。ただし、和解金額のレベル感によっても変わってくるかと思いますが、そのあた

りは、どのようなお考えをおもちでしょうか。たとえば、よくあるような見舞金程度の話、ざっくばらんに言えば数十万円程度ということだと、お金の問題ではないにせよ、難しいかもしれません。あとは、精神条項のようなものを入れられるものでしょうか。

裁 判 官：おっしゃるとおりだと思います。裁判所としては、金額については、和解金として200万円を考えています。被告にも同じように提案するつもりです。

甲弁護士：承知しました。それでは、持ち帰ってX氏本人に確認してみます。

裁 判 官：わかりました。このあと、被告にも同じような話をします。その結果は、後ほどお伝えします。

甲弁護士：あと、お願いしたいのですが、被告は何かしら保険に入っているのではないかと思うので、そういったものがないかも、確認してもらえればと思います。

　こうして、甲弁護士は、丙弁護士と交替し、5分ほどで丙弁護士からよばれ、原告・被告が揃って書記官室に入った。

裁 判 官：裁判所の考えているところはお伝えしたとおりなので、次回までに、ご本人と検討してください。また、被告におかれては、本件で使える保険がないか、確認をお願いします。

丙弁護士：わかりました。確認しておきます。

　以上のとおり確認して、3週間後に次回期日を設定し、検討結果を3日前までにそれぞれ裁判所に伝えることとなった。

　甲弁護士は、ボスの乙弁護士、X氏と3人で打合せを行い、裁判所の考えを率直に伝えた。そのうえで、仮に判決をもらう場合には、非常に厳しい

結果になる可能性があること、控訴審になった場合の新たな立証の可能性、精神的、金銭的な負担など、今後の展開について丁寧に説明を行った。

これに対しX氏は、思ったよりもあっさりとしており、裁判で思っていることは言えたし、当時のこともよくわかってそれだけでも裁判をやった意味があった、ということであった。

したがって、裁判所がせっかく提案してくれているのであるから、その内容で受け入れたいが、1点だけ、和解条項に、「YはXに対し、Aが登山中に低体温症が原因で死亡したことに哀悼の意を示すとともに、今後、同じような悲しい事故が起きないよう、本件の教訓を生かすことを約束する。」という文言を入れてほしいということであった。

甲弁護士は、打合せ終了後、早速、裁判所に電話を入れ、裁判所の提案を受けるつもりであること、和解条項に盛り込みたい文言があることを伝えた。

その後、裁判所と丙弁護士との間で何度かやりとりがなされ、X氏が希望した文言を和解条項に盛り込むことでY氏の了解を得られた旨、裁判所から連絡があった。

なお、保険に関しては、丙弁護士で調べたところ、Y氏を被保険者とする2種類の賠償責任保険に入っていたようだが、1つは、適用範囲が国内の事故のみに限られていたこと、もう1つは、被保険者（Y）の職務遂行に直接起因する事故については適用外ということで、いずれも〈*Case*⑧〉では使えないものとのことであった。甲弁護士は、スポーツ中やスポーツ指導中の事故が起こった際に備えて保険に加入することはもちろんであるが、その適用範囲についてあらかじめよく確認しておくことの重要性を認識した。

甲弁護士は、最後の期日でトラブルがないよう、和解条項案を作成し、あらかじめ裁判所と丙弁護士に送付し、修正等があれば期日までに詰めておきたい旨、言い添えた。結局、裁判所・丙弁護士ともに異論はなく、最後の和解協議期日を迎えた。

裁判官によりあらかじめ送付してあった和解条項案のとおり読み上げられ、双方とも間違いないことを確認して、和解が成立した。

【書式2-8-3】 和解条項（《Case⑧》）

和解条項

1　被告は、原告に対し、本件解決金として200万円の支払義務のあることを認め、これを、平成28年6月末日限り、○○銀行虎ノ門支店の「弁護士甲預り金口」名義の普通預金口座（口座番号1234567）に振り込む方法により支払う。ただし、振込手数料は被告の負担とする。
2　被告が前項の金員の支払を怠ったときは、被告は、原告に対し、前項の金員から既払金を控除した残金及びこれに対する平成28年7月1日から支払済みまで年6％の割合による遅延損害金を支払う。
3　被告は原告に対し、Aが登山中に低体温症が原因で死亡したことに哀悼の意を示すとともに、今後、同じような悲しい事故が起きないよう、本件の教訓を生かすことを約束する。
4　原告は、その余の請求を放棄する。
5　原告と被告は、原告と被告との間には、本和解条項に定めるもののほかに何らの債権債務のないことを相互に確認する。
6　訴訟費用は、各自の負担とする。

　本稿は、複数の事例を組み合わせるなどして構成したものであり、実際の事例とは異なる。

リフォーム工事の請負契約に基づく損害賠償請求

I 事案の概要

──〈Case ⑨〉──

　司法修習を終え、今年の1月から都内の乙法律事務所に入所して勤務し始めた新人弁護士の甲弁護士の下に、ある日、大学時代の同級生X田から久し振りに連絡があったが、その内容は思いがけず法律相談であった。

　X田の話によると、X田の父親は世田谷区周辺に複数の賃貸マンションを所有して不動産賃貸業を営んでいたが、2年前にX田の父親が急死したことでX田がその跡を継ぎ、勤めていた会社を退職して慣れない不動産賃貸業に悪戦苦闘しているとのことであった。

　そんな中、X田の父親が所有し、X田が相続した世田谷区K堂所在の3階建ての賃貸アパート「X田ハイツ」（以下、「X田ハイツ」という）の一室で水漏れ事故が発生したが、その原因を調べてみると、過去にその部屋のユニットバスをリフォームした際にリフォーム工事を施工した有限会社Y工務店（以下、「Y工務店」という）によるずさんな工事が原因であることがわかった。そこで、Y工務店に対してその責任を追及したいというのがX田の相談内容であった。

　甲弁護士は、「電話で相談を受けるには限界があるし、資料もあるだろうから、一度乙法律事務所で話を聞くよ」とX田に伝え、相談日を

調整した。

II 実務上のポイント

〈*Case*⑨〉における実務上のポイントは、以下の4点である。
① リフォーム工事の瑕疵の特定と立証
② 請負契約の瑕疵担保責任の期間制限
③ 請負契約の瑕疵担保責任と債務不履行責任との関係
④ 民法改正による請負契約の瑕疵担保責任の変更点

III X田からの聴取内容

平成××年4月1日、乙法律事務所の会議室において、甲弁護士がX田と面談した際の聴取事項は以下のとおりであった。

甲弁護士：久し振りだね、君が会社を辞めて不動産賃貸業をしているとは思わなかったよ。
X　田：僕だって、君が今年から弁護士になったと聞いて驚いたよ。前置きはさておき、電話でも少し話したけど、親父の跡を継いで大家をやっている賃貸アパートのX田ハイツのことで相談したいんだ。
甲弁護士：何でも依頼したリフォーム業者がずさんな工事をしたせいで水漏れしたということだったけど。
X　田：そうなんだよ。X田ハイツは築40年のアパートで至るところ老朽化していたから、親父の代からY工務店というリフォーム業者にいろいろと修繕工事やリフォーム工事を依頼していたんだけど、その中に201号室のユニットバスを全面的

に取り換えるリフォーム工事も含まれていたんだ。ところが、今年の2月14日に、201号室の住人から天井から水漏れがしているというクレームが入ったので、急いで僕とY工務店の担当者B川さんとで現地に向かったんだけど、201号室の真上の部屋である301号室をいくら調べても水漏れしている形跡がなかったんだ。「おかしいな」と思って、201号室のユニットバスの天井扇（天井に位置している換気扇）から天井裏を確認したところ、天井裏の排気ダクトが天井扇に接続されていないことがわかったんだ。

甲弁護士：ということは、浴室の湿気は屋外に換気されずに、すべて天井裏で滞留していたってことになるのかい。

X　田：そうなんだよ、それが水漏れの原因だったんだ。201号室をよく調べてみたら、ほかにも室内の湿気で壁のクロスやクローゼットにカビが生えていたんで、ユニットバスのリフォーム工事の施工不良が原因だと確信したね。

甲弁護士：しかし、浴室の天井の換気扇と排気ダクトを接続し忘れるなんて、素人の僕が聞いてもずいぶんお粗末な工事だといわざるを得ないね。

X　田：まさにそのとおりで、一緒に現地を確認に行ったY工務店のB川さんに詰め寄ったところ、B川さんはその場では「大変申し訳ございません。すぐに会社に報告して、しかるべく対応させていただきます」と申し訳なさそうに謝っていたんだ。ところが、翌日、Y工務店のA島社長から電話があって「うちが請け負ったリフォーム工事で、天井扇と排気ダクトを接続し忘れるなんて凡ミスをするはずがありません。リフォーム工事を施工してからかなり経っているのだから、長年の使用ではずれたのでしょう。そもそも、水漏れや室内のカビの発生の原因が天井扇と排気ダクトとを接続しなかっ

たこととは限らないでしょう」と言ってきたんだ。昨日のB川さんの発言を翻して、Y工務店には全く責任がないと言わんばかりのA島社長の言い分には本当に腹が立って電話口でかなり言い合ったんだけど、結局話合いは平行線で終わってしまったんだ。

甲弁護士：ずいぶんとひどい話だね。君がB川さんと天井裏を確認した際に写真は撮らなかったのかい。

Ｘ　田：僕がカメラを持って行ってその場で写真を何枚か撮ったよ。

甲弁護士：（Ｘ田から渡された写真を確認して）なるほど、確かにダクトがはずれているようにみえるね。それと、リフォーム工事を施工してからかなり経っているということだけど、Y工務店が201号室のユニットバスのリフォーム工事を施工したのはいつ頃のことなんだい。

Ｘ　田：確か親父が生前に依頼していたので4年くらい前のことかな。

甲弁護士：何か契約書や工事注文請書みたいなものは残っているのかな。

Ｘ　田：Y工務店からもらっているのは、この「工事見積書」（資料2-9-1）と「請求書」（資料2-9-2）くらいかな。

甲弁護士：確かに「工事見積書」の日付けは、4年前の平成△△年1月20日で、リフォーム工事の施工期間はその年の2月2日から4日までの間と書いてあるね。「請求書」のほうは、同じ年の2月5日付けなので、おそらく工事が完了した後に発行されたものらしいね。そうなると、水漏れが発生したのは、リフォーム工事が完了してから約4年後ということになるから、そもそも因果関係があるといえるかどうかが問題となりそうだね。

Ｘ　田：しかし、排気ダクトの接続不良しか原因は考えられないんだけどな。

甲弁護士：その点はもう少し調査してみる必要がありそうだね。それか

　　　　　　ら、201号室で発生した損害はいくらくらいなのかな。
Ｘ　田：別の業者に見積もってもらった「見積書」（資料2-9-3）によると、合計で48万6000円とあるね。
甲弁護士：なるほど。それで、その後Ｙ工務店とは何かやりとりをしたのかい。
Ｘ　田：話合いをしようと連絡してもＹ工務店のＡ島社長は、「うちには責任がないと言っているじゃないですか。これ以上言われても迷惑です！」の一点張りでとりつく島もない感じで困っているんだ。それで被害者は僕なのになぜそのようなことを言われなければならないのかと腹が立ってきて、いてもたってもいられずに君に相談に来たというわけさ。Ａ島社長をぎゃふんと言わせたいので、頼むから何とかしてくれよ。
甲弁護士：先方はかなり強硬な態度のようだし、裁判をせざるを得ないかもね。
Ｘ　田：もちろん裁判するからには勝ってくれよ！
甲弁護士：あぁ、まあな……。

（資料2-9-1）　リフォーム工事見積書（Ｙ工務店作成）（《Case ⑨》）

　　　　　　　　　　　　　　　　　　　　　　　　平成△△年1月20日

　　　　　　　　　　　工　事　見　積　書

Ｘ　田　太　郎　様
　　下記の通りお見積り致します。　　　　有限会社　Ｙ工務店
　　　　　　　　　　　　　　　　　　　　代表取締役　Ａ島　俊之
　　　　　　　　　　　　　　　　　　　　ＴＥＬ　〇〇-〇〇〇〇-〇〇〇〇
　　　　　　　　　　　　　　　　　　　　ＦＡＸ　〇〇-〇〇〇〇-〇〇〇〇

見積金額　￥118万8000円（消費税込）

（消費税8万8000円を含む）

件　　名：X田ハイツ201号室　リフォーム工事
工事期間：平成△△年2月2日～平成△△年2月4日

名　称	数量	単価	金額	備考
ユニットバス撤去工事	1	80,000	80,000	
ユニットバス設置工事	1	500,000	500,000	
壁クロス全面張替え	1式	200,000	200,000	
床フローリング全面張替え	1式	200,000	200,000	
配管更新工事	1式	120,000	120,000	
消費税		88,000	88,000	
【合計】			1,188,000	

（資料2-9-2）　リフォーム工事請求書（《Case ⑨》）

平成△△年2月5日

請　求　書

X田太郎様

　下記の通りご請求致します。

有限会社　Y工務店
代表取締役　A島　俊之
TEL ○○-○○○○-○○○○
FAX ○○-○○○○-○○○○

請求金額　￥118万8000円（消費税込）

（消費税8万8000円を含む）

件　　名：X田ハイツ201号室　リフォーム工事
工事期間：平成△△年2月2日～平成△△年2月4日

名　称	数量	単価	金額	備考
ユニットバス撤去工事	1	80,000	80,000	
ユニットバス設置工事	1	500,000	500,000	
壁クロス全面張替え	1式	200,000	200,000	
床フローリング全面張替え	1式	200,000	200,000	
配管更新工事	1式	120,000	120,000	
消費税			88,000	88,000
【合　計】			1,188,000	

(資料2-9-3)　修繕工事見積書（丁建物管理作成）（《Case ⑨》）

平成××年2月15日

見　積　書

Ｘ　田　二　郎　殿

　　　　　　　　　　　　　株式会社　丁建物管理
　　　　　　　　　　　　　担当　戊沢
　　　　　　　　　　　　　ＴＥＬ　〇〇-〇〇〇〇-〇〇〇〇
　　　　　　　　　　　　　ＦＡＸ　〇〇-〇〇〇〇-〇〇〇〇

　下記の通りお見積り致します。　　お見積金額　￥48万6000円

名　称	数量	単価	金額	備考
（Ｘ田ハイツ201号室）				
浴室天井扇ダクト接続工事	1	15,000	15,000	
壁クロス張替え（トイレ・廊下・玄関）	1式	150,000	150,000	
床フローリング張替え（トイレ・廊下・玄関）	1式	150,000	150,000	

出張費	3日	30,000	30,000	
クローゼット取替え	1	55,000	55,000	
発生材処分費	1式	50,000	50,000	
消費税			36,000	36,000
【合　計】				486,000

Ⅳ　丙弁護士のアドバイス

　相談を終えた甲弁護士が事務所でＸ田から聴取した相談内容をまとめていると、乙法律事務所の兄貴（先輩）弁護士である丙弁護士から、「たまには一杯つき合わないか」と声をかけられた。今日の相談内容を相談してみようと思った甲弁護士は、丙弁護士のなじみのジャズバーに同行することにした。

　丙弁護士：請負契約で瑕疵が問題となる場合、「欠陥現象」と「欠陥原因」を厳密に区別しなければいけないよ。「欠陥現象」とは、具体的な不具合現象（不具合が表面化したもの）であり、「欠陥原因」とは、欠陥現象を生じさせている根本的な原因のこと。法的に瑕疵があるというためには、「欠陥現象」だけでなく、その原因となる「欠陥原因」まで主張・立証しなければならないからね。今回のような水漏れ事故の場合、「欠陥現象」は水漏れだけど、「欠陥原因」の特定はできているのかな。
　甲弁護士：「欠陥原因」としては、Ｙ工務店の工事担当者がユニットバスのリフォーム工事をする際に、天井扇と排気ダクトを接続し忘れたことだと考えています。

丙弁護士：なるほど、でもその場合、「欠陥原因」である施工不良の後、時間をおかずに「欠陥現象」である水漏れが生じたのであれば問題ないけど、Y工務店がリフォーム工事を施工したのが4年前だとすると、今回の水漏れ事故との間の因果関係が問題となりそうだね。

甲弁護士：はい、そうなんです。X田の話によれば、この点は、Y工務店側も問題にしているそうです。

丙弁護士：Y工務店は何か別の「欠陥原因」があるといった主張をしているのかな。

甲弁護士：いえ、特に何か具体的な原因を主張しているわけではなく、単に天井扇と排気ダクトの接続不良は今回の水漏れ事故の原因ではないから、因果関係がないという主張です。

丙弁護士：排気ダクトが天井扇からはずれている写真はあるのだから、まずはこれが水漏れ事故の「欠陥原因」であると考えて調査するのがよいと思うよ。ただし、素人の判断だけで進めるのは危険だから、建築士などの専門家の話を聞いてみるべきだと思うよ。

甲弁護士：そうですか。建築士か。心あたりがないな……。

丙弁護士：まずは、不動産業をしている相談者のX田さんに建築士の知合いがいるかどうか聞いてみてはどうかな。

甲弁護士：なるほど！ X田に聞いてみます。

丙弁護士：もう1つ大事な問題として、水漏れ事故の原因が乙工務店によるものだとした場合、請負契約の瑕疵担保責任を主張することになると思うけど、期間制限の点で何か問題にならないかな。

甲弁護士：（カバンに入っていた六法を確認して）民法637条1項では、「……仕事の目的物を引き渡した時から1年以内にしなければならない」とありますし、同条2項では、「仕事の目的物

の引渡しを要しない場合には、前項の期間は、仕事が終了した時から起算する」とあります。そうなると、Y工務店によるリフォーム工事は、一時的に建物の一室に入って内装工事を施工するものなので、おそらく民法637条2項の「仕事の目的物の引渡しを要しない場合」に該当するものと思いますが、約4年前の平成××年2月4日頃には仕事は終了していたでしょうから、そこから1年以内に瑕疵担保責任を請求していない以上、期間制限によって請求できなくなってしまうのでしょうか。

丙弁護士：普通に考えるとそうなってしまうね。ただ、本件のように、仮に天井裏に滞留した水蒸気が何年もかけて蓄積し、水漏れやカビの発生等につながったのだとしたら、このような隠れた瑕疵は工事の終了後1年以内にはとうていみつかるものではないし、それなのに工事終了から1年以内に瑕疵担保責任を主張しなければ期間制限により主張できなくなってしまうというのは何とも不合理だとは思わないかい。

甲弁護士：確かにそうですね。では、瑕疵のある工事を施工したという債務不履行責任でいけば、商事債権だとしても消滅時効は5年なので、何とか主張できるのではないでしょうか。

丙弁護士：やれやれ。請負契約の瑕疵担保責任の法的性質をもう一度勉強したほうがよさそうだね。

甲弁護士：(首を傾げながら)わかりました、もう一度基本書に戻って確認してみます。

丙弁護士：それから、いきなり訴訟を提起してもいいけれど、先方がどれだけ強硬なのかわからない段階では、一度代理人名で内容証明を送ってみるのもいいかもね。このウィスキーのオンザロックと同じで、いきなり飲み始めるよりも、氷が解けるのを少し待ったほうが角が取れて丸みが出る場合もあるからね。

甲弁護士：うーん、僕にはまだウィスキーの味はわかりません。
丙弁護士：では、引き続き頑張って！　僕は、もう少しマイルスを聴いていくことにするよ。

V 問題点の検討

1　瑕疵の特定と因果関係

翌日、甲弁護士は、丙弁護士から受けたアドバイスを思い出し、すぐにX田に電話をし、知合いに建築士がいないかどうか問い合わせた。すると、X田から「建築士なら、親父の代からお願いしているC岡さんという方がいるので紹介するよ」との回答があった。

早速、甲弁護士は、X田とともにC岡建築士の下に話を聞きに行くことにした。平成××年4月12日、C岡建築士の設計事務所を訪れた甲弁護士とX田は、当時の現場の写真①（資料2-9-4）および②（資料2-9-5）をみせながら概要を説明し、瑕疵の特定と今回の水漏れ事故との因果関係についてC岡建築士の見解を尋ねた。

C岡建築士：やはり、水漏れ事故が発生した際に撮影した写真①（資料2-9-4）をみる限り、201号室のユニットバスのリフォーム工事の際に、Y工務店の施工担当者が天井扇と天井裏の排気ダクトを接続し忘れたと考えるのが妥当でしょうね。
甲弁護士：リフォーム工事の施工自体は問題なかったけれども、それから約4年の間に建付けが緩んではずれてしまったということは考えられないでしょうか。
C岡建築士：写真①をみる限り、天井扇と排気ダクトはボルトで留める形式のようですので、数年の間に緩んではずれるといったことはないと思います。そもそも、そのようにすぐ緩んで

　　　　　　　しまうような固定だったとしたら、そのこと自体が施工不
　　　　　　　良といえるでしょう。
甲弁護士：なるほど。では、Y工務店の工事の中で天井扇と排気ダク
　　　　　　　トを接続し忘れたという施工不良があったとしても、そ
　　　　　　　のことが今回の水漏れやカビの発生の原因であるといえる
　　　　　　　のでしょうか。また、そうだとすると、なぜ約4年もの歳
　　　　　　　月を経て今回被害が生じたのでしょうか。
C岡建築士：写真②（資料2-9-5）に水分を吸ったグラスウールが映っ
　　　　　　　ています。このグラスウールは、断熱材として天井裏に敷
　　　　　　　かれていたものだと思いますが、水分を含んでいるうえに
　　　　　　　本来の嵩よりだいぶ減っています。これは、おそらくグラ
　　　　　　　スウールに天井裏の湿気が長期間蓄積した結果、許容量を
　　　　　　　超えた水分が一気に流れ出たためではないかと推測されま
　　　　　　　す。約4年後に水漏れが生じたのも、長期間蓄積された水
　　　　　　　分が一気に流れ出たことで説明がつきます。
甲弁護士　：なるほど、非常に説得力のあるご説明をありがとうござい
　　　　　　　ました。今後、もし裁判ということになりましたら、厚か
　　　　　　　ましいお願いで恐縮ですが、先生に陳述書の作成をお願い
　　　　　　　してもよろしいでしょうか。
C岡建築士：X田さんのお父さんには大変世話になりましたので、お
　　　　　　　安い御用ですよ。
甲弁護士　：ありがとうございます。その際にはよろしくお願い致しま
　　　　　　　す。

(資料2-9-4) 写真①（《Case⑨》）

(資料2-9-5) 写真②（《Case⑨》）

2 請負契約の瑕疵担保責任（民法634条〜640条）

(1) 請負契約の瑕疵担保責任の基本内容

続いて、甲弁護士は、丙弁護士からのアドバイスを踏まえ、請負契約の瑕疵担保責任について、あらためて整理することとした（以下では、特に断りのない限り、「民法」とは、2020年4月1日施行前の改正前民法のことをいう）。

① 立法趣旨

　瑕疵のない仕事の完成を注文者に対して担保・保証した請負人の責任

② 瑕疵

　「仕事の目的物に瑕疵がある」（民法634条1項）とは、完成された仕事が契約に定められた内容どおりではなく、使用価値もしくは交換価値を減少させる欠点があるか、または、当事者があらかじめ定めた性質を欠くなど不完全な点があること（東京地判昭和44・3・8判時564号56頁も参照）。

　また、売買の瑕疵担保責任のように、隠れた瑕疵に限られない。

③ 効果

　ⓐ 瑕疵修補請求権

　　相当の期間を定めて瑕疵修補を請求することができる。ただし、軽微な瑕疵であり、その修補に過分の費用を要するときは請求不可（民法634条1項）

　ⓑ 損害賠償請求権

　　瑕疵の修補に代え、または修補とともに損害賠償を請求できる（民法634条2項）

　ⓒ 解除権

　　瑕疵によって契約目的を達成できないときには契約を解除することができる（民法635条）。

④ 行使期間

　仕事の目的物の引渡し時から1年以内に行使しなければならず（民法637条1項）、引渡しを要しない場合には、仕事が終了したときから1年

以内に行使しなければならない（同条2項）。

(2) 土地の工作物の請負

請負契約の瑕疵担保責任の場合、原則として、目的物の引渡し時か、引渡しを要しない場合には仕事の終了時から1年以内に行使しなければ、瑕疵担保責任を行使することができなくなる（民法637条）。

〈Case⑨〉の場合、Y工務店のリフォーム工事の施工が完了してから約4年後に水漏れやカビが発生し、その責任をX田がY工務店に追及したのもその時期であるから、上記の瑕疵担保責任の行使期間が経過してしまっていることは明らかである。

もっとも、建物その他の土地の工作物の請負であれば、瑕疵担保責任の期間制限が引渡し時から5年間、さらに、石造やコンクリート造等の堅固な構造の工作物については引渡し時から10年間に延びることになる。

しかし、〈Case⑨〉における請負は賃貸アパートの一室のユニットバスを交換するという建物の一部についてのリフォーム工事にすぎないから、建物自体の建築等の請負契約とは根本的に異なる。

また、同様に住宅の品質確保の促進等に関する法律（品確法）の適用可能性についても、同法は、新築住宅の瑕疵に関する担保責任を問題としているから、〈Case⑨〉における請負に適用することはできない。

(3) 請負契約における瑕疵担保責任の法的性質

そこで、甲弁護士は、請負契約の瑕疵担保責任と債務不履行責任を競合して請求できないか文献を調査するため、丙弁護士のアドバイスに従い、請負契約の瑕疵担保責任の法的性質から調べることとした。

その結果、請負契約の瑕疵担保責任は、債務不履行責任の特則としての無過失責任であるため、請負契約の瑕疵担保責任の規定が適用される以上、一般規定である債務不履行責任は適用されないというのが通説的な理解であることがわかった。

裁判例においても、「請負工事の瑕疵による請負人の責任については、不完全履行の一般理論は排斥されると解すべきである。けだし、請負工事の瑕

疵による請負人の責任については民法634条以下に詳細な規定があり、これらは不完全履行に関する一般理論の特別規定とみるのが相当であるからである」（東京地判平成3・6・14判時1413号78頁）と判示されるなど、債務不履行責任の適用は否定されている。

〈図表2-9-1〉 売買と請負の瑕疵担保責任の相違点

	売　買（民570条、566条）	請　負（民634〜640条）
法的性質	法が特に認めた責任（法定責任説） 無過失責任	債務不履行責任の特則 無過失責任
対　象	特定物（法定責任説）	請負契約に基づく仕事の目的物
瑕　疵	隠れた瑕疵	すべての瑕疵
瑕疵修補請求	不可（法定責任説）	可能（民634条1項本文） ただし、軽微な瑕疵であり、その修補に過分の費用を要するときは不可（同条同項ただし書）
損害賠償請求とその範囲	可能（民566条1項前段） 信頼利益に限る（法定責任説）	可能（民634条2項） 信頼利益だけでなく履行利益に及ぶ
解　除	瑕疵によって目的不達成の時に可能（民566条1項前段）	瑕疵によって目的不達成の時に可能（民635条） ただし、建物その他土地の工作物が目的物の場合は不可（同条同項ただし書）
権利行使期間	知った時から1年間（民566条3項）	引渡し時（引渡しがない場合は完成時）から1年間（民637条） ただし、建物その他土地の工作物が目的物の場合は引渡し時より5年間、滅失・損傷発生時から1年間 特に堅固な工作物の場合は引渡し時より10年間、滅失・損傷発生時から1年間（民638条）

3　不法行為責任の検討

　甲弁護士は、債務不履行責任が行使できないのであれば不法行為責任はどうかと考えて文献等を調査した結果、判例法理上、請負契約の瑕疵について不法行為責任を追及できる場合があることがわかった。

① 　最判平成19・7・6民集61巻5号1769頁

　　　最高裁判所として初めて、建物の設計者・施工者・工事監理者が、建築された建物の瑕疵により生命・身体・財産を侵害された者に対して不法行為責任を負う場合があることを明確にした。

　　　まず、同判例は、建物建築の設計者や施工者等について、「建物の建築に当たり、契約関係にない居住者等に対する関係でも、当該建物に建物としての基本的な安全性が欠けることがないように配慮すべき注意義務を負う」としたうえで、「設計・施工者等がこの義務を怠ったために建築された建物に建物としての基本的な安全性を損なう瑕疵があり、それにより居住者等の生命、身体又は財産が侵害された場合には、設計・施工者等は」、特段の事情がない限り、これにより生じた損害について不法行為による賠償責任を負うと判示した。

② 　最判平成23・7・21裁判集民237号293頁

　　　上記①の最高裁判決で言及された「建物としての基本的な安全性を損なう瑕疵」の意義を明らかにした。

　　　すなわち、同判決は、「建物としての基本的な安全性を損なう瑕疵」とは、「居住者等の生命、身体又は財産を危険にさらすような瑕疵をいい、建物の瑕疵が、居住者等の生命、身体又は財産に対する現実的な危険をもたらしている場合に限らず、当該瑕疵の性質に鑑み、これを放置するといずれは居住者等の生命、身体又は財産に対する危険が現実化することになる場合には、当該瑕疵は、建物としての基本的な安全性を損なう瑕疵に該当する」とし、具体例の一つとして、「外壁が剥落して通行人の上に落下したり、開口部、ベランダ、階段等の瑕疵により建物の利用者が転落したりするなどして人身被害につながる危険があるときや、

漏水、有害物質の発生等により建物の利用者の健康や財産が損なわれる危険があるときには、建物としての基本的な安全性を損なう瑕疵に該当する」と判示した（下線部筆者）。

甲弁護士は、上記①および②の最高裁判例によると、「漏水」によって建物の利用者の健康や財産が損なわれる危険がある場合も「建物としての基本的な安全性を損なう瑕疵」に含まれるという点に着目した。

これを〈*Case* ⑨〉にあてはめると、Y工務店によるリフォーム工事によって漏水が発生し、その結果居住者の健康や財産が損なわれる危険が発生し、現にX田の財産が損なわれた以上、Y工務店は、建物としての基本的な安全性が欠けることがないように配慮すべき注意義務を怠ったことになる。そして、Y工務店は、かかる注意義務違反によって損害を与えたX田に対し、不法行為に基づく損害賠償責任を負うと構成できるのではないかと考えた。

なお、上記①および②の最高裁判例が建物の建築の事案であるのに対し、〈*Case* ⑨〉における工事はリフォーム工事であるという違いはあるものの、いずれの場合も建物としての基本的な安全性を損なう瑕疵が問題となっていることに変わりはないから、建物のリフォーム工事の場合にも、上記①および②の最高裁判例の射程は及ぶという方針でのぞむこととした。

4 請負契約における瑕疵担保責任の民法改正による変更点

平成29年5月26日に国会において可決成立し、同年6月2日に公布された民法の一部を改正する法律（平成29年法律第44号）は、一部の規定を除き、2020年4月1日に施行することが予定されている（以下、改正法による条文につき「新民法」とする）。

今回の民法改正によって、現行民法の瑕疵担保責任の規定はすべて廃止され、目的物が契約内容からかい離していることに対する責任（契約不適合責任）として新たに整理されることになった。ただし、これまでの「瑕疵」の概念も、目的物の種類・品質が契約の内容に適合していないことと解されていたため、「瑕疵担保責任」と「契約不適合責任」とで取り扱う対象は異な

らないことになる。

　売買契約の場合、契約不適合責任は、これまで通説とされていた法定責任ではなく、債務不履行責任として位置づけられることになる（新民法566条）。かかる売買契約の契約不適合責任の規定は、売買以外の有償契約一般に準用されることとなるため（同法559条）、基本的に請負契約にも売買契約における契約不適合責任の規定があてはまることになる。

　そして、請負契約独自の規定として、新たに契約不適合責任の期間制限の規定が設けられ、これまでの引渡し時（引渡しを要しない場合は仕事の終了時）から1年間という期間制限の規定は廃止され、新たに注文者がその不適合を知った時から1年以内に行使すればよいこととなった（新民法637条1項）。

　もっとも、請負人が仕事の目的物を注文者に引き渡した時点（引渡しを要しない場合は仕事の終了時）で、請負人が契約不適合の事実を知っていたか、重大な過失によって知らなかったときは、契約不適合責任の期間制限は適用されなくなる（同条2項）。

〈図表 2-9-2〉　請負の瑕疵担保責任（改正前）と契約不適合責任（改正後）の比較

	瑕疵担保責任（改正前）	契約不適合責任（改正後）
法的性質	債務不履行責任の特則 無過失責任	債務不履行責任の特則 無過失責任
請負人の担保責任の対象	瑕疵	目的物の種類・品質が契約の内容に適合しないこと
瑕疵修補請求（追完請求）	可能（民634条1項本文） ただし、軽微な瑕疵であり、その修補に過分の費用を要するときは不可（同条同項ただし書）	追完請求として可能（新民562条1項本文） ただし、注文者に不相当な負担を課すものでないときは、請負人は注文者が請求した方法と異なる方法による履行の追完をすることができる（同条同項ただし書） また、不適合が注文者の責めに

		帰すべき事由によるものである場合には追完請求は不可（同条2項）
損害賠償請求とその範囲	可能（民634条2項） 信頼利益だけでなく履行利益に及ぶ	可能（新民564条、415条） 信頼利益だけでなく履行利益に及ぶ
解除	瑕疵によって目的不達成の時に可能（民635条） ただし、建物その他土地の工作物が目的物の場合は不可（同条同項ただし書）	あらゆる目的物について催告解除、無催告解除ともに可能（新民564条、541条、542条） ただし、催告解除の場合は債務不履行が軽微であるときは不可（新民541条ただし書） 無催告解除は、履行不能や債務者が履行を拒絶する意思を明確に表示したときなど催告する必要性のない場合に認められる（新民542条1項各号）一部解除も可能（同条2項）
報酬減額請求	不可	追完請求の催告後も追完がない場合に、不適合の程度に応じて報酬減額請求が可能（新民563条1項） 履行不能等で催告する必要性のない場合は無催告報酬減額請求も認められる（同条2項） また、不適合が注文者の責めに帰すべき事由によるものである場合には報酬減額請求は不可（同条3項）
権利行使期間	引渡し時（引渡しがない場合は完成時）から1年間（民637条） ただし、建物その他土地の工作物が目的物の場合は引渡し時より5年間、滅失・損傷発生時から1年間 特に堅固な工作物の場合は引渡し時より10年間、滅失・損傷発生時から1年間（民638条）	注文者がその不適合を知った時から1年間（新民637条1項） 請負人が仕事の目的物を注文者に引き渡した時点（引渡しを要しない場合は仕事の終了時）で、契約不適合の事実を知っていたか、重大な過失によって知らなかったときは期間制限は適用されなくなる（同条2項）

VI 訴訟提起前の交渉

　甲弁護士は、以上の検討事項を確認し、やはり瑕疵担保責任でいくのは、引渡し時ないし工事終了時から1年間という期間制限があるため難しく、また、請負の瑕疵担保責任は債務不履行責任の特則であるため、別途債務不履行責任を主張することは許されないというのが通説・判例である以上、債務不履行責任を主張することも難しいという結論に至った。

　そのため、〈Case⑨〉では、Y工務店による施工不良について不法行為責任を追及していくという方針を固めた。

　早速、甲弁護士は、丙弁護士のアドバイスどおり、注文者であるX田の代理人として、請負人であるY工務店に対する通知書を作成し、平成××年4月25日に内容証明郵便により送付した(【書式2-9-1】)。

【書式2-9-1】　通知書（〈Case⑨〉）

```
                                          平成××年4月25日
〒○○○-□□□□
東京都世田谷区K堂△丁目×番□号
有限会社　　Y工務店
代表取締役社長　　A島　俊之　殿

              東京都港区虎ノ門○丁目△番×号　　□□ビル4階
              乙法律事務所
              ＴＥＬ○○○○-○○○○
              ＦＡＸ○○○○-○○○○
              X田二郎氏代理人
                  弁護士　　　　　　　甲

                    通　知　書

　前略　当職は、X田二郎氏（以下「依頼人」といいます。）を代理して、貴社
```

に対し、以下のとおり、通知いたします。
1　201号室の排気ダクト接続不良と水漏れ事故等の発生
　平成△△年2月1日ころ、依頼人の父である亡X田太郎は貴社との間で、同人所有の賃貸アパート「X田ハイツ」（東京都世田谷区K堂△丁目○番□号所在。以下「本件アパート」といいます。）201号室のリフォーム工事に関する請負契約（以下「本件リフォーム工事」といいます。）を締結し、貴社に対し、請負金額118万8000円（消費税込み）を支払いました。
　しかし、貴社がユニットバスを交換する際に、浴室換気扇の排気ダクトを換気ファンに接続し忘れたため、浴室内の湿気が屋外に排気されずに室内にとどまることで結露等が生じ、平成××年2月14日に、201号室において、溜まった結露等による水漏れ及び壁等にカビが発生しました。
2　依頼人が被った損害
　これにより、依頼人は、201号室について、下記①ないし⑦の修繕工事費用を支払うこととなりました。

①	浴室天井扇ダクト接続工事	15,000円
②	壁クロス張替え（トイレ・廊下・玄関）	150,000円
③	床フローリング張替え（トイレ・廊下・玄関）	150,000円
④	出張費	30,000円
⑤	クローゼット取替え	55,000円
⑥	発生材処分費	50,000円
⑦	消費税	36,000円
	合計	486,000円

　このように、貴社は、本件リフォーム工事を施工するうえで当然接続すべき排気ダクトを接続しないという重大な過失によって、本件アパートの201号室に水漏れ事故を発生させ、依頼人に対して上記損害を生じさせたことは明らかです。
3　結語
　以上の次第ですので、本書面到達後10日以内に、上記損害金合計48万6000円を、下記振込口座にお支払いください。

記

　　（振込先口座）

××銀行　△△支店
　　　普通預金　口座番号〇〇〇〇〇〇〇
　　　名義人　預り金口　弁護士　甲

　もし上記期間内に上記金額のお支払を頂けない場合には、法的手続等を検討せざるを得ませんので、その旨ご承知おき下さい。
　最後に、当職は依頼人より、本件に関する一切の代理権を授与されておりますので、今後のご連絡は当職宛てに頂きますようお願い致します。

草々

　平成××年５月15日、甲弁護士の下にY工務店から回答書が届いた。
　Y工務店の回答内容は、①201号室のユニットバスのリフォーム工事において、Y工務店の施工不良はない、②仮に天井扇と排気ダクトを接続し忘れたという施工不良があったとしても、今回の水漏れやカビの発生といった損害との間に因果関係はない、というものだった。

VII 訴訟提起とその結果

1　訴訟提起前の準備

　Y工務店の回答書を受け取った甲弁護士は、X田と協議した結果、Y工務店の本店所在地である東京都世田谷区を管轄する東京簡易裁判所に訴えを提起することとした。
　なお、〈Case⑨〉は、リフォーム工事の施工の瑕疵とその因果関係が問題となっており慎重な判断が求められることから、不服申立手段が異議の申立ての１回に限られる少額訴訟手続は利用しないことにした。
　早速、甲弁護士は、訴状の作成にとりかかり、同時にC岡建築士から聴取した内容を基に同建築士の陳述書の素案を作成し、本人にみてもらい修正を重ねたうえで陳述書を完成させた。
　すべての書類が作成できた段階で、甲弁護士は、平成××年６月１日、東

京簡易裁判所に訴状その他証拠書類一式を提出した。

【書式2-9-2】 訴状（〈Case ⑨〉）

訴　　状

平成××年6月1日

東京簡易裁判所民事部　御中

　　　　　　　　原告訴訟代理人弁護士　　　　　甲

当事者の表示
　別紙当事者目録（略）記載のとおり

損害賠償請求事件
　訴訟物の価額　　金48万6000円
　貼用印紙額　　　金5000円

第1　請求の趣旨
　1　被告は、原告に対し、金48万6000円及びこれに対する訴状送達の翌日から支払済みまで年5分の割合による金員を支払え
　2　訴訟費用は被告の負担とする
　との判決並びに第1項について仮執行の宣言を求める。

第2　請求の原因
　1　排気ダクト接続し忘れによる被告の重過失
　(1)　本件リフォーム契約の締結
　　　平成△△年2月1日頃、原告の父である亡X田太郎は被告との間で、東京都世田谷区K堂△丁目○番□号所在のX田ハイツ（以下「本件アパート」という。）201号室のリフォーム工事に関する請負契約（以下「本件リフォーム工事」という。）を締結した。本件リフォーム工事は、主にユニットバスの交換を目的とするもので、請負金額は総額118万

8000円（消費税込み）であった（甲1及び甲2）。被告は、平成△△年2月2日から同月4日にかけて、本件リフォーム工事を施工し、原告の父である亡X田太郎は被告に対し、上記請負金額を全額支払った。

(2) 本件リフォーム工事の施工不良

しかし、被告は、ユニットバスを交換する際に、浴室天井の換気扇（以下「天井扇」という。）に天井裏の排気ダクトを接続し忘れたまま、本件リフォーム工事を終えてしまった（甲3の写真①、甲5）。

そのため、浴室内の湿気が屋外に排気されずに天井裏にとどまることとなり、結露が生じ、やがては水漏れやカビが生じることとなった（甲3の写真②、甲5）。その結果、平成××年2月14日に、本件アパートの201号室において、水漏れ事故等が発生し、原告は修繕工事費用を負担することとなった。

このように、被告は、ユニットバスの交換工事の際に当然行うべき天井裏の排気ダクトの天井扇への接続を失念するという通常では考えられないような初歩的なミスを犯しており（甲5）、重大な過失があったといわざるを得ない。

2 損害の発生とその額

被告による本件リフォーム工事の施工に伴う重過失によって原告に生じた損害は下記のとおりである（甲6）。

① 浴室天井扇ダクト接続工事　　　　　　　　15,000円
② 壁クロス張替え（トイレ・廊下・玄関）　　150,000円
③ 床フローリング張替え（トイレ・廊下・玄関）　150,000円
④ 出張費　　　　　　　　　　　　　　　　　30,000円
⑤ クローゼット取替え　　　　　　　　　　　55,000円
⑥ 発生材処分費　　　　　　　　　　　　　　50,000円
⑦ 消費税　　　　　　　　　　　　　　　　　36,000円
　　合計　　　　　　　　　　　　　　　　　486,000円

3 法的構成

(1) 請負契約における不法行為責任の判例理論

建物は、所有者だけでなく、建物の居住者等の生命・身体又は財産を危険にさらすことがないような安全性、すなわち基本的な安全性を備え

ていなければならず、建物の建築に携わる設計・施工者等は、建物の建築に当たって、建物としての基本的な安全性が欠けることがないように配慮すべき注意義務を負っているところ、設計・施工者等がかかる義務に違反して居住者等の生命・身体又は財産が侵害された場合には、不法行為による賠償責任を負うこととなる（最判平成19年7月6日、最判平成23年7月21日）。

そして、上記最高裁平成23年7月21日判決では、「漏水、有害物質の発生等により建物の利用者の健康や財産が損なわれる危険があるときには、建物としての基本的な安全性を損なう瑕疵に該当する」と判示している。

(2) 本件における被告の不法行為責任

上記2つの最高裁判例は建物の建築の事案であるが、建物のリフォーム工事も同様に解すべきであるから、本件リフォーム工事を施工した被告も、建物としての基本的な安全性が欠けることがないように配慮すべき注意義務を負っていた。

しかるに、被告は、かかる注意義務を怠り、浴室内の天井扇に天井裏の排気ダクトを接続し忘れたのであるから、これにより発生した漏水やカビによって原告に生じた財産的損害を賠償すべき不法行為責任を負うこととなる。

4　結語

よって、原告は、被告に対し、不法行為責任に基づく損害賠償請求として、請求の趣旨記載の金員及び訴状送達の翌日から支払済みまで民法所定の年5分の割合による遅延損害金を求める。

以上

証拠方法

甲1	工事見積書
甲2	請求書
甲3	写真①
甲4	写真②
甲5	陳述書

甲6	見積書	
	附属書類	
1	訴状副本	1通
2	甲号証写し	各1通
3	履歴事項全部証明書	1通
4	登記事項証明書（建物）	1通
5	訴訟委任状	1通

【書式2-9-3】 Ｃ岡建築士の陳述書（《Case ⑨》）

陳　述　書

東京簡易裁判所民事部　御中

平成××年5月25日

住所　東京都世田谷区Ｓ沢〇丁目△番×号
　　　□□ビル501
　　　Ｃ岡設計事務所
氏名　Ｃ　岡　平　蔵　㊞

1．経歴
　私は、昭和〇〇年より、一級建築士として設計業務に携わってきました。現在は、Ｃ岡設計事務所を開設し、設計業務に従事しております。
　この度、知合いのＸ田二郎さん（以下「Ｘ田さん」といいます。）から、Ｘ田さんが所有する世田谷区Ｋ堂所在の賃貸アパート「Ｘ田ハイツ」201号室の浴室（ユニットバス）のリフォーム工事に関する写真を見せてもらい、施工の点で問題が無いかどうか尋ねられましたので、これまでの業務の経験から私見を述べさせていただきます。

2．ダクト未接続の施工不良について
　Ｘ田さんから、201号室の浴室（ユニットバス）天井裏の写真を数枚見せて

もらいました。

その中で、写真①（甲3）には、天井扇（天井の換気扇）にダクトが接続されていない状況が映っています。このタイプは天井扇と排気ダクトとをボルトで固定するタイプのようですので、自然に外れたとは考えられませんし、仮に数年の間で外れたのだとすれば、そもそもきちんと固定されていなかったといえます。

このように、本件では、リフォーム工事の際に施工業者がダクトを天井扇に接続し忘れたとしか考えられず、このようなミスは、普通では考えられないような初歩的なミスといえます。

3．施工不良と漏水との因果関係

201号室の室内に結露や湿気が溜まって、水漏れやカビが発生するなどの損害が生じたとのことですが、これは明らかに浴室天井裏の上記施工不良が原因であると考えられます。

この点については写真②（甲4）の写真を見ればよく分かります。写真②では、天井裏の結露と湿気を含んで嵩が減ったと思われるグラスウールが映っています。

すなわち、通常は浴室内の湿気は、天井扇から接続されたダクトを通って屋外へ排気されますが、ダクトが天井扇に接続されていないことで、浴室の湯気が天井裏に放出され、デッキの鉄面に結露を生じさせ、その水分がグラスウールに蓄積されたと考えられます。

グラスウールの水分の蓄積が長時間に及び許容量を超えた時、考えられないような量の水が流れ出ることがあります。

本件の場合も、リフォーム工事の施工から約4年経過して漏水事故が発生しておりますが、グラスウールに蓄積された水分が限界を超えて流れ出した可能性が高いと思われます。

以　上

2　Y工務店からの答弁書の提出

訴状提出後、しばらくして東京簡易裁判所の民事部の書記官から甲弁護士の下に電話がかかってきた。

電話の内容は、第1回口頭弁論期日の日程調整であり、調整の結果、第1回口頭弁論期日は平成××年6月30日午後1時10分からと指定された。

担当書記官から期日請書をFAXでよいので提出するよう指示があったため、早速甲弁護士は、民事部宛てに期日請書を提出した。

その後、平成××年6月23日に、甲弁護士の下にY工務店から答弁書が届いた（代理人はついていない本人訴訟）。答弁書の内容は、従前のY工務店の回答書と同様の主張であった。

3 第1回口頭弁論期日とその結果

第1回口頭弁論期日当日、甲弁護士は、霞が関の東京家庭・簡易裁判所合同庁舎1階のロビーにて、期日開始10分前にX田と待ち合わせ、法廷に向かった。

法廷はラウンドテーブル方式であり、原告側と被告側の向かいに裁判官が着席し、裁判官の向かって左の席に司法委員が、向かって右の席に裁判所書記官がそれぞれ着席する形となっていた（〈図表2-9-3〉参照）。被告側はY工務店のA島社長と従業員のB川が出廷した。

〈図表2-9-3〉 ラウンドテーブル法廷（《Case⑨》）

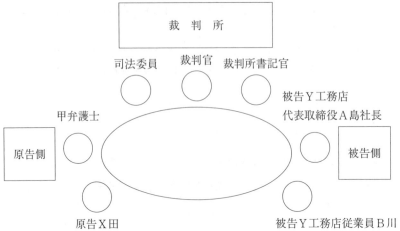

まず冒頭に、裁判官主導で、それぞれ訴状と答弁書を陳述し、原告側の証拠一式についても、原本のものは原本確認したうえで提出した。

続いて、裁判官から、「本件は専門的で因果関係などの部分で複雑な訴訟ではありますが、話合いによる解決が不可能な事案ではないと考えますので、いったん建築士の司法委員に和解の調整に入ってもらうこととします」との発言があり、それぞれ個別に司法委員と別室で協議することとなった。

まずは原告側から話を聞くことになった。

以下は、甲弁護士、X田と司法委員との協議内容（1回目）である。

司法委員：まず、欠陥現象である水漏れやカビの発生の欠陥原因が何なのかを特定する必要があります。私も建築士をしているのでわかりますが、天井扇と天井裏の排気ダクトとはボルトで固定されることになっている以上、約4年の年月をかけてはずれたと考えるのは現実的でないと思います。したがって、被告のほうでリフォーム工事をした際に、天井扇と排気ダクトとを接続しなかったという過失は認められるのではないかと考えています。しかし、他方で、約4年もの年月をかけて、天井裏のグラスウールに水蒸気等の水分が溜まっていき、ある日突然大量の水が溢れ出すということが本当にあるのか、正直なところ疑問に感じています。

甲弁護士：しかし、この点は専門家である建築士のC岡先生がおっしゃっていたことなので……。

司法委員：その建築士さんは、直接現場を確認されたのですか。

X　田：いえ、みてもらっていません。

司法委員：そうだとすると、写真をみただけで本当にそこまで言えるのでしょうか。いずれにしても、私の個人的な見解ですが、因果関係の部分で問題があるとは思っています。和解による解決ということになれば、双方一定程度の譲歩をしていただく

必要がありますが、原告側としてはいかがですか。
甲弁護士：今日の段階で、和解の話まで原告本人と詰めて協議してきたわけではないため、まだ何とも言えない状況です。
司法委員：そうですか、わかりました。それでは、被告側の意向も聞いてみることにします。

ここで、原告側の司法委員との協議が終わり、甲弁護士とX田は退室した。代わりに、被告側と司法委員との協議が始まった。

待っている間に甲弁護士とX田とで和解案について協議した結果、損害額合計48万6000円の約2割に相当する10万円の減額であれば和解に応じるという腹づもりでのぞむことで一致した。

しばらくすると、再度原告側の順番となった。

原告側と司法委員との協議内容（2回目）は、以下のとおりであった。

司法委員：いやー、なかなか被告側も強硬なので大変でした。ただ、やはり被告側の過失は認めざるを得ませんよと伝えたところ、30万円までなら支払うということでした。この点、原告側はいかがでしょうか。
甲弁護士：お待ちしている間にX田さん本人と協議しました。やはり、当方も因果関係の部分で弱い点もあるので、損害額合計の約2割を減額し、38万6000円であれば和解に応じる用意があります。
司法委員：ご検討いただきありがとうございます。しかし、まだ10万円弱の開きがありますので、もう一度被告側の意向を確認してみます。

ここで、再度被告側が個別協議に入り、退室した甲弁護士とX田は待合室に戻った。待っている間に甲弁護士とX田とで再度和解案について協議

したが、X田の意向は「譲歩できるとしてもせいぜいあと2、3万円程度」ということであった。

しばらくすると、再度原告側の順番となった。

3回目の司法委員との協議内容は、以下のとおりである。

> 司法委員：被告側に再考してもらったところ、何とか34万円であれば支払うというところまで了承してもらいました。これが和解の最後の機会になると思いますが、原告側はどのようにお考えでしょうか。
> 甲弁護士：ちょっと原告本人と席をはずして協議してもよろしいでしょうか。
> 司法委員：それはかまいませんよ。では、5分お待ちしますので、お話が終わりましたらまたこの部屋にいらしてください。

甲弁護士とX田は退室し、控室で協議した。甲弁護士からX田に対し、「判決になった場合、やはり因果関係の点でどうなるかわからないので、あと数万円の差であれば和解に応じたほうが無難ではないか」と説明した結果、渋々X田も司法委員の和解案に応じることで納得した。その後、2人で司法委員の待つ別室へと戻った。

> 甲弁護士：原告本人と協議した結果、34万円という和解案で応じたいと思います。
> 司法委員：ありがとうございます。それでは、法廷に戻ってお待ちください。

甲弁護士とX田が法廷に戻って待っていると、裁判官と司法委員が入室し、裁判官から和解条項が読み上げられ、その場で和解が成立した。

VIII 甲弁護士の反省点と雑感

　〈Case⑨〉は、因果関係や請負契約の瑕疵担保責任の期間制限など困難な問題を抱えており、甲弁護士としては、丙弁護士のアドバイスがなければ、とても最後の和解までたどり着けなかっただろうと、おのれの無力さを痛感したのであった。

　ただ、本当に因果関係の点であそこまで譲歩しなければならなかったのかいまだに腑に落ちない点はあるものの、やはり判決となった場合のリスクを考えると、とても司法委員からの和解案を拒む勇気はなかったし、何よりもX田が納得して決めたことなので、これ以上考えないことにした。

　甲弁護士にとって、和解成立後に、X田が感謝の言葉を述べてくれたことが何よりの救いであった。

　本稿は、複数の事例を組み合わせるなどして構成したものであり、実際の事例とは異なる。

第10章 知的財産権（著作権）侵害

I 事案の概要

〈Case⑩〉

　X社は、輸入雑貨やインテリア用品をインターネットで販売している会社であり、資本金は1000万円、従業員は10名の会社である。

　今回、自社の販売用のウェブサイトに掲載してある商品見本の写真が、同業のY社の販売用ウェブサイトに、同社の商品見本として多数使用されていることが判明した。

　X社は、Y社に対して、直ちに当該写真の掲載を中止してもらうとともに、損害賠償を請求したいと考えている。

II 実務上のポイント

〈Case⑩〉における実務上のポイントは、以下の5点である。

① 写真の著作物性
② 著作権の帰属の立証
③ 警告書の作成
④ 著作権侵害における委託者の過失
⑤ 損害額の算定およびその証明

Ⅲ 相　談

1　X社との打合せ

　甲弁護士は、3年目の弁護士である。今回、知人から〈Case⑩〉の紹介を受けた。甲弁護士は、特許事務所に勤めていた経験を活かして知的財産がかかわる契約のリーガルチェックなどはしたことがあったが、知的財産権、特に著作権の侵害事件はかかわったことがなかったので、同じ弁護士会の知的財産権に関する勉強会で知り合った乙弁護士に協力を仰ぎ、共同受任することとなった。

　甲弁護士は、乙弁護士の事務所で、X社の担当者A氏から相談を受けた。

> 甲弁護士：初めまして。丙から紹介を受けました甲です。こちらは、乙弁護士です。知的財産の事件の経験が豊富なので、今回、協力していただくことになりました。よろしくお願いいたします。
> A　氏：初めまして。今回はよろしくお願いします。
> 甲弁護士：それでは、早速なのですが、問題となった写真をみせていただけますか。
> A　氏：はい。こちらです。無断で使われていたのは全部で150点ほどです。
> 甲弁護士：どれも魅力的な写真ですね。プロのカメラマンが撮影されたのですよね。そうであれば、著作物性はばっちりですね。
> 乙弁護士：これらの写真、いずれもすばらしいのですが、どのような点を工夫されたのか、お聞かせいただけますか。
> A　氏：どれも、スタジオを借りたりしてプロのカメラマンに撮ってもらったものです。インターネット通販では、実際の店舗に商品が置いてあるのと違って、その商品をインテリアなどに

　　　　　置いた際のイメージがつかめないので、私たちは、具体的な
　　　　　商品の置き方なども提案する意味も込めて、プロのカメラマ
　　　　　ンに依頼して、さまざまな場所に商品が飾られたイメージの
　　　　　写真を撮り、販売用のウェブサイトに掲載しているのです。
　　　　　私も撮影には同席し、セットや小物を何回も動かして撮影し
　　　　　たりして大変でした。1日仕事になり、汗をかきながらやっ
　　　　　ていたのを覚えています。
乙弁護士：そうですか。それは大変でしたね。ただ、その写真が著作物
　　　　　かどうかは、そのように汗をかかれたかどうかで決まるもの
　　　　　ではなく、構図や照明のあて方、ピントなどの工夫によって
　　　　　決まります。確かにプロのカメラマンが撮影されたのであれ
　　　　　ば、あまり争いになることは考えにくいですが、念のため、
　　　　　お聞きしておきたいですね。
Ａ　氏：わかりました。カメラマンにも打合せに参加してもらえるよ
　　　　　う伝えたいと思います。
甲弁護士：ところで、相手方のウェブサイトは……（ノートパソコンで
　　　　　インターネットをみながら）これですね。商品イメージ写真は
　　　　　全部同じですね！　どうして、Ｙ社が同じ写真を使っている
　　　　　ということがわかったのですか。
Ａ　氏：それは、たまたま、当社のウェブサイトの写真をgoogleで
　　　　　画像検索したところ、Ｙ社のウェブサイトがヒットしたた
　　　　　めです。実は、このようなことはお客様からお知らせいただ
　　　　　くなどして判明することもあるのですが、どれも、使われた
　　　　　としても1点や2点ほどにとどまっていて、連絡するとすぐ
　　　　　に止めてくれました。しかし、今回のＹ社が無断で使って
　　　　　いる写真の数があまりに多いので、これは許せないと思いま
　　　　　した。
甲弁護士：御社のウェブサイトには、いつ頃からこの写真が載っていた

のですか。
A　氏：写真を撮影したのが5年前ですので、その頃からです。
甲弁護士：Y社は、御社のウェブサイトからコピーしたと思われるのですよね。Y社のウェブサイトにはどのくらいの間掲載されていたのですかね。
A　氏：わかりませんが、発見したのは最近です。
乙弁護士：その点は、"Internet Archive"というウェブサイトで調べると、そのサイトの更新の状況などがわかります。（パソコンをみながら）これで調べると、3年近く前のこのウェブサイトには、すでにこれらの写真が載っていますね。
A　氏：え、そんなに前からなんですか。許せないです。
甲弁護士：ところで、これらの写真の著作権は御社がもっているということでよろしいですよね。
A　氏：もちろんです。カメラマンは、当社がウェブサイトやパンフレットで使うために撮影したわけですし、データもDVDで納めてもらっています。
甲弁護士：撮影の委託契約書とかはありますか。
A　氏：いいえ、カメラマンは、当社の社長の昔からの知り合いの広告代理店（P社）を通じて紹介してもらい、写真の撮影はすべてその代理店を通じてやっていますが、契約書などはつくっていません。何か問題でしょうか。
乙弁護士：今回、御社がY社に対して、写真の無断使用の中止や損害賠償を求めるためには、御社がその写真の著作権をもっていることを証明しなければなりません。ご承知かもしれませんが、写真の著作権は、まずは撮影したカメラマンに生じます。そのため、御社が、カメラマンからその写真の著作権を譲り受けたということを証明する必要があるのです。このときに、そのようなことが書いてある契約書があれば証明しやすいと

いうことにはなりますが、業界や会社の規模などによって契約書がつくられていないことは多く、契約書がないから証明ができないということにはなりません。本件の場合は、契約書以外のものでカメラマンから著作権の譲渡を受けたということを証明する必要がありますね。
Ａ　氏：なるほど。
乙弁護士：たとえば、注文書や請書のようなものはありますか。また、請求書や納品書などはいかがでしょうか。
Ａ　氏：注文書などはありません。昔からの知り合いですので、社長から１通メールが送られただけです。電話だったかもしれません。請求書はもちろんあります。広告代理店から請求書を送ってもらい、広告代理店に支払っています。実際の撮影の際にも、広告代理店でスタジオの手配などをしていまして、その費用も広告代理店に支払っています。納品書は、バイク便でDVDが届けられましたが、その伝票などはもうありません。
乙弁護士：そうすると、御社からＰ社に撮影業務を委託し、Ｐ社がカメラマンにその業務の一部を再委託したという整理になりそうですね。この場合、単純に考えると、カメラマンに発生した写真の著作権は、契約に基づいて、広告代理店に移転し、それから御社に移転したと考えられそうですが、他方で、それぞれの合意内容によっては、カメラマンから大元の発注者である御社に対して直接著作権が移転したととらえることもできそうです。そのあたりは、Ｐ社はどのように考えているか、わかりますか。
Ａ　氏：ちょっとわかりませんので、Ｐ社の社長やカメラマンに確認します。
乙弁護士：わかりました。先ほどの件もありますので、Ｐ社の社長やカ

メラマンの方も交えて一度打合せをしましょう。

〈図表 2-10-1〉 契約関係と著作権の移転状況

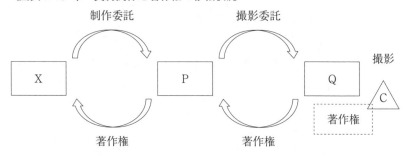

2 X社、広告代理店およびカメラマンとの打合せ

後日あらためて甲弁護士、乙弁護士は、X社のA氏、広告代理店であるP社の社長B氏、そしてカメラマンのC氏と打合せを行った。

A　氏：お世話になります。本日は、広告代理店の社長のBさん、カメラマンのCさんをお連れしました。

甲弁護士：Bさん、Cさん、本日は、ご足労いただき、ありがとうございます。早速ですが、写真の権利関係についておうかがいしたいと思います。これらの写真の著作権はX社にあると考えてよろしいでしょうか。

B　氏：私たちとしては、X社の広告宣伝用の商品見本の写真を撮影したつもりですので、当然著作権はX社のものだと思いますが。

C　氏：私も同じ考えです。

甲弁護士：わかりました。ありがとうございます。これらの写真の著作権は、まず撮影によってCさんに帰属していたと思うので

すが、CさんからP社に移転し、P社からX社に移転したのですか。

B　氏：私としては、当社が撮影を受託しましたので、写真の著作権はまずは当社に来て、その後、X社に移転したと考えています。

C　氏：私は、X社のために撮影したことは間違いありませんが、どのような流れで著作権が移転したかは考えたことがありませんでした。ただ、Bさんがそのようにおっしゃるのであれば、それでよいと思います。

乙弁護士：ありがとうございます。今、そのような理解でよいということですので撮影当時もそのようなご意思だったと思いますが、念のため確認させてください。納品は、CさんからX社に直接されたのですよね。

C　氏：はい。ただ、P社からのご依頼なのでP社にも同時に送っています。

乙弁護士：それと、先ほどいただいた名刺によると、Cさんは、個人としてではなく、Q社という会社として撮影業務を請け負っているのですか。

C　氏：はい。以前は個人事業としてやっていましたが、数年前に会社を立ち上げました。それ以降は、私一人の会社ですが、会社で請け負っています。これらの写真の撮影業務も会社で請け負ったものです。

甲弁護士：とすると、Cさんが撮影した写真の著作権は、職務著作として、まずQ社に帰属して、その後発注者であるP社に移転して、最終的に、X社に移転したと考えることになりますね。

乙弁護士：念のため、本件写真について、制作委託契約によって、P社およびQ社からX社に著作権が移転したことを確認する書

面を作成しておきましょう。ところで、Cさん、これらの写真を撮影するにあたって、工夫されたのはどのようなところですか。

C　氏：たとえば、この写真は、商品の花瓶の流線形のデザインを活かすために、下からライトを少しあててより立体感を出すとともに、一輪だけピンク色の花を入れて、花瓶の純白がより際立つようにしたところや、実際に使う場面を想像してもらいやすくするために、リビングをモチーフにしたソファーセットのテーブルの上にそれを置いて、他の家具も含めた全体的なイメージが伝わるようにやや上から写真を撮っています。そして、これを使ってもらうと生活が明るくなりますよというメッセージを伝えるために、窓からの光をイメージした明かりを右側から入れています。絞り値は小さくして、花瓶にピントが合うように撮影しています。

甲弁護士：なるほど。ありがとうございます。ところで、Aさん、Y社に対しては、単に差止めだけでなく、損害賠償も請求したいとのことでしたが、本件では、御社は、これらの写真を売っているわけではありませんよね。では、Y社がこれらの写真によって利益を得ているといった事情はわかりますか。

A　氏：それはわかりません。同じような雑貨を販売して利益を得ているのではないかと思いますが。

甲弁護士：そうですか。著作権の侵害事件では損害額を立証するのが難しいことから、著作権法に損害の推定規定があるのですが、本件では、仮に写真をライセンスした場合のロイヤルティを損害と推定する規定を使うことになりそうですね。Cさん、写真についての、ロイヤルティの相場について、何かご存知ですか。

C　氏：申し訳ありません。私は撮影してその成果物を依頼者に渡し

てしまうとそこで仕事が終わりますので、写真を貸した場合
　　　　　の料金についてはよくわかりません。
乙弁護士：確か、写真のライセンスを行っているビジネスがあったと思
　　　　　いますので、そこの料金規程のようなものをみてみたいと思
　　　　　います。それをベースにして、具体的な損害賠償の請求額は、
　　　　　追って相談させてください。
　Ａ　氏：ありがとうございます。承知しました。
甲弁護士：では、うかがったお話を基に、Ｙ社に対する警告書を作成
　　　　　し、送付します。

3　打合せ時の留意点

　著作権侵害に基づく損害賠償請求は、不法行為に基づく損害賠償請求の一つである。一般的には、差止請求とあわせて、侵害者に対して警告書（通知書）を送付し、損害賠償額等で折り合えない場合に訴訟を提起するという流れが多い。

　それを踏まえて、依頼者や関係者との打合せや証拠の収集を行う必要があるが、その際、侵害者の故意・過失、すなわち、著作権侵害の要件事実を踏まえる必要がある。著作権侵害の要件事実のポイントは、問題の創作物が著作物性を有しているか、依頼者がその著作権を有しているか、そして、第三者が複製権や翻案権などの著作権を侵害しているか（つまり、第三者が著作権者の当該創作物に依拠して無断で著作物を複製または翻案しているかなど）を確認する必要がある。

　そして、損害額については、ほとんどの場合、著作権法114条に規定されている推定規定を適用することになることから、いずれの推定規定に基づいて損害額を計算するのかを考慮して、関係者からの事情聴取および資料の収集にあたる必要がある。

IV 論点

〈*Case*⑩〉における論点を検討してみる。

1 著作物性

著作権の事件で最も難しいのが、この著作物性の判断である。著作権法には著作物の例があげられており（著作権法10条）、〈*Case*⑩〉における写真も、この中に含まれている（同条1項8号）。

ただし、著作物性が認められたとしても、侵害者が使用している著作物が同一でない（つまり、翻案権（著作権法27条）の侵害が問題になる）場合、「既存の著作物に依拠して創作された著作物が、思想、感情若しくはアイデア、事実若しくは事件など表現それ自体でない部分又は表現上の創作性がない部分において、既存の著作物と同一性を有するにすぎない場合には、翻案に当たらない」と解されているので（最判平成13・6・28民集55巻4号837頁〔江差追分事件最高裁判決〕）、当該著作物が全体として著作物性（創作性）が認められるとしても、創作性の具体的内容を確認しておくことは、後に、侵害著作物との比較においてこの判示に係る点を検討する際に役に立つものであるから、確認しておくべきである。

〈*Case*⑩〉においても、写真の一部が使われていたり、加工されていたりする場合には、この比較検討が必要になる。

なお、著作物性（創作性）の確認は、〈*Case*⑩〉のように著作者と著作権者が分かれる場合でも、著作権者の説明だけで終わらせず、著作者から説明を受けるべきである。

2 著作権の帰属

著作権は無方式で発生する権利であり、登録制度は存在するものの、一般的に利用されていないので、その帰属を証明することは容易ではない。特に、

〈**Case** ⑩〉のように第三者（カメラマン）に制作が委託されている場合には、著作権が移転していることを証明する必要があるが、契約書などが作成されていないことも多く、その立証方法をよく検討しなければならないことも多い（これは一般の事件にも通じることである）。著作権侵害事件では、侵害者側は、著作権の帰属を争う、または不知とすることが多く（少なくとも侵害者が権利の帰属を「認める」ことはほとんどない）、権利者側では当然の事実であるが、丁寧に立証しなければならない。

　ただし、翻案権は、契約で特掲されていなければ譲渡者に留保したものと推定されてしまうので（著作権法61条2項）、契約書がない場合には、他の証拠において、著作権法27条および28条に規定する権利が譲渡の目的であった旨を証明する必要がある。〈**Case** ⑩〉では、撮影の目的や写真の用途から、X社がパンフレットやウェブサイトに掲載する過程で加工することは十分に想定されるものであり、当然そのことは広告代理店およびカメラマンにも伝えていたと思われ、翻案権が譲渡の対象であったと認められる可能性が高いといえる。そのような事実関係も確認しておくべきといえる。

3　著作権の侵害

　〈**Case** ⑩〉のような複製権（または翻案権）侵害は、侵害者による複製または翻案が既存の著作物に依拠して行われる必要がある（複製につき、最判昭和53・9・7民集32巻6号1145頁〔ワン・レイニー・ナイト・イン・トーキョー事件〕、翻案権につき、前掲最判平成13・6・28〔江差追分事件最高裁判決〕）。そのため、既存の著作物が侵害者の著作物よりも前に存在している必要があり、かつ、それに対する侵害者の認識可能性が認められなければならない。〈**Case** ⑩〉のような単純な複製（デッドコピー）の場合には、当該複製よりも前に著作物が存在していることが明らかになれば、容易に依拠性が認められるが、たとえば、翻案権が問題になる場合には、単に翻案行為よりも前に既存の著作物が存在していたことに加えて、当該著作物を侵害者が認識していたこと（その可能性）を証明する必要があり、そのため、既存の著作物が

どのような態様で存在していたのか（〈Case⑩〉であれば同業者であるX社のウェブサイトに掲載されていた）等を確認する必要がある。

なお、〈Case⑩〉では問題にならないが、既存の著作物が加工されている（翻案権が問題となる）場合は、既存の著作物との類似性を検討する必要がある。これは、前掲最判平成13・6・28〔江差追分事件最高裁判決〕において判示されているとおり、既存の著作物の創作性のある部分を特定し、その部分と侵害者の著作物との類似性を検討することになる。

4　損害額

著作権法114条には、著作権侵害が認められる場合の損害額を推定する3つの類型を規定している。すなわち、①侵害者の行為によって作成された物を譲渡したり、問題となる著作物をインターネットにアップロードするなどしたときは、その譲渡した物などの数量に、著作権者等がその侵害の行為がなければ販売することができた物の単位数量あたりの利益の額を乗じて得た額（ただし、著作権者等の販売能力に応じた額を超えない限度とされており、また、著作権者等が全部または一部について販売できない事情がある場合には、その分が控除されるとされている）、②侵害者がその侵害行為により得た利益の額、③著作権等の行使によって受けるべき金銭の額（つまり、ライセンス料）が損害額として推定される。

〈Case⑩〉においては、問題となった著作物は商品見本用の写真であり、X社はそれ自体を販売していたわけではない。また、一般的に、侵害行為による侵害者の利益の額を特定するのは容易ではない。そのため、〈Case⑩〉では、最低限の損害賠償額として、著作権法114条3項を適用して、ライセンス料（ロイヤルティ）相当額を主張することとなった。

ただ、当該著作物のロイヤルティ相当額を立証することも容易ではない。一般的に、著作権者においてロイヤルティを定めているような場合には、それを根拠とすることになるが、そのようなものを定めていないことも多く、その場合には、他の事業者や業界での実績等を積み重ねて立証することにな

る。

　〈*Case*⑩〉のような写真の場合には、さまざまな用途の写真をライセンスする事業者が複数おり、それらの料金規程が公開されていることが多いので、それをベースに立証することが考えられる。しかし、そのような事業者も高価格帯のものと低価格帯のものに分かれ、いずれが採用されるかによって損害額も大きく異なるため、著作権者にとっては高価格帯の事業者の料金規程をベースにすべきであることの根拠を示していく必要がある。

【書式 2-10-1】　警告書（通知書）（〈*Case*⑩〉）

通　知　書

平成29年6月5日

埼玉県さいたま市○○9-8-7
株式会社　　　Y
代表取締役　○　○　○　○

東京都港区○○1-2-3
　○○法律事務所
　　弁護士　　乙

東京都港区○○4-5-6
　法律事務所○○
　　弁護士　　甲

前略　当職らは、通知人 X 株式会社（以下「通知人」といいます。）の代理人として、貴社に対し、次のとおり警告いたします。
　貴社は、平成27年2月10日ころから、通知人が著作権を有する写真150点（以下「本件写真」といいます。）を無断で複製し、貴社の販売用ウェブサイト（URL：http://○○、以下「貴社ウェブサイト」といいます。）にアップロードし、もって通知人の複製権又は翻案権を侵害しています。

> つきましては、通知人は、貴社に対し、本件写真の使用の差止めを請求いたしますので、直ちに本件写真を全て貴社ウェブサイトから削除することを求めます。
>
> また、通知人は、貴社に対して、著作権侵害に基づき、2250万円の損害賠償を請求いたしますので、直ちに、下記銀行口座に振込送金する方法によりお支払いください。
>
> 記
>
> ○○銀行○○支店　普通預金口座
> 口座番号　○○○○
> 口座名義　弁護士甲預り金口
>
> なお、本書受領後1週間以内に、本件写真が貴社ウェブサイトから削除されず、また、上記損害賠償額のお支払いがない場合には、通知人は、法的手続を取らざるを得ませんので、その旨申し添えます。また、本件につきましては、当職らが受任しておりますので、今後本件に関する一切のご連絡は、当職ら宛にお願いいたします。
>
> 草々

著作権侵害に基づく警告書においては、著作物性や著作権の帰属については、その著作物から議論に発展することが明らかな場合を除いて、詳細な論述はせず、単に「X社が著作権を有する」などの記載にとどめるのが一般的である（しかし、反論に備えて準備をしておくべきことは前述のとおりである）。

損害額については、著作権法114条3項を適用して計算する場合には、その単価も記載しておくことも多い。

V　訴訟提起に至る流れ

1　Y社代理人とのやりとり

X社からの警告書に対して、Y社代理人を名乗る丙弁護士から回答書が届いた（【書式2-10-2】）。それによると、本件写真をウェブサイトから削除したものの、損害賠償請求には一切応じないとのことであった。

【書式2-10-2】 回答書（《Case ⑩》）

回　答　書

平成29年6月20日

X株式会社代理人
弁護士　乙　先生
弁護士　甲　先生

埼玉県さいたま市○○4-5-6
○○法律事務所
株式会社Y代理人
弁護士　丙

前略　当職は、株式会社Yから委嘱を受けましたので、同社の代理人として、貴職らからの平成29年6月5日付け通知書に対して、ご回答いたします。
　まず、貴職らが著作権侵害と主張する写真を含む本件ウェブサイトについては、全て、Yから委託を受けたウェブサイト制作業者であるZが制作したものであり、Yはその内容を全く関知しておりません。現在、Zに対して事実関係を確認しているところですが、念のため、本件写真は全て本件ウェブサイトから削除いたしました。
　しかし、損害賠償については、上述のとおり、Yは、本件写真の掲載を全く認識しておりませんでしたので、過失はなく、X社に対して、損害賠償金を支払う責任はないものと考えます。
　本件につきましては、当職が委任を受けておりますので、今後のご連絡は当職宛にお願いいたします。

草々

　X社とも確認のうえ、交渉での解決の可能性を探るため、一度弁護士会館にて丙弁護士と面談することとなった。

甲弁護士：回答書を拝見しました。Y社は全く本件写真のことを知らないということなのですか。
丙弁護士：そうです。何でも、ウェブサイトの制作などは門外漢なので、

友人のウェブサイト制作業者 Z 社にすべて任せていたということです。ちなみに、Z 社の説明によれば、すべてフリー素材を使っているとのことです。

乙弁護士：それは無理があるでしょう。X 社のウェブサイトをご覧になりましたか。Y 社のウェブサイトに掲載されている写真とすべて同じですよね。ウェブサイト制作の実務上、発注者に無断でウェブサイトを構築するということはあり得ないと思います。ましてや、商品の写真なのですから、それを発注者に何の断りもなく、素材をもってくるということは考えられません。それでも、一銭も払うつもりはないということですか。

丙弁護士：基本的には、お支払いするつもりはありませんし、そのような経済的余裕もないとのことです。ただ、たとえば、100万円程度であれば、この段階で和解することもあり得るようです。

甲弁護士：それでは話になりません。3年近く無断で使用していたわけですから、そのような金額では済みません。

丙弁護士：それでは、残念ですが、訴訟を起こしていただくしかないと思います。

甲弁護士：わかりました。

以上のとおり、Y 社との交渉は決裂してしまったため、訴訟を提起することとなった。

2 訴状作成の際の形式的な留意事項

(1) 管 轄

Y 社は、埼玉県の会社であるが、〈*Case* ⑩〉は損害賠償請求事件であり、その弁済は持参債務であるのが原則であるから（民法478条）、義務履行地で

〈図表 2-10-2〉 関係図（〈*Case* ⑩〉）

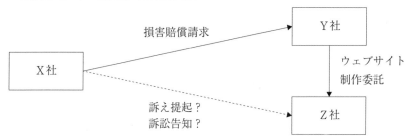

あるX社の本店所在地を管轄する東京地方裁判所（以下、「東京地裁」という）に訴えを提起することができる（民事訴訟法5条1号）。

(2) 訴状等の作成

東京地裁の場合、知的財産に関する事件は、知的財産権部（29部、40部、46部、または47部）に係属することになり、書面の提出に関して一定の方式が定められている。詳細は、東京地裁知的財産権部のウェブサイトに記載されているが、著作権事件の場合には、訴状等の書面は正本および副本のほか3部提出することとされており、あわせて電磁データを提出することとされている。これは、証拠説明書や準備書面、書証も同様であり、書証が大部にわたる場合には、準備に時間を要することになることから注意が必要である。

(3) 実体法上の論点

(A) 委託者の責任（Y社の故意・過失）

〈*Case* ⑩〉においては、Y社は、すべてウェブサイト制作業者に任せていたとして、自らの責任を否定している。民法上、「注文者は、請負人がその仕事について第三者に加えた損害を賠償する責任を負わない。ただし、注文又は指図についてその注文者に過失があったときは、この限りでない」とされており（民法716条）、請負契約においては、原則として、注文者は請負人の行為に関して責任を負わない。

この点、Y社が、Z社による著作権侵害を認識・認容していたことが立証できれば、Y社の故意が認められる可能性が高いと思われる。しかし、そ

こまでの具体的事実の立証が困難である場合には、Y社の過失を立証する必要があるが、ウェブサイト制作委託契約の法的性質は明らかではなく、また、裁判例上、著作物の制作を委託した場合における委託者の責任については、判断が分かれている。たとえば、東京地判平成5・1・25判時1508号147頁、大阪地判平成11・7・8判時1731号116頁、および東京地判平成25・7・19裁判所ウェブサイト［平成23年(ワ)785号］（控訴審：知財高判平成25・12・25裁判所ウェブサイト［平成25年(ネ)10076号］）は注文主の過失を肯定しているが（なお、前掲東京地判平成25・7・19は「他人の著作物を利用するには、その著作権者の許諾を得ることが必要であるから（著作権法63条1項・2項）、他人の著作物を利用しようとする者は、当該著作物に係る著作権の帰属等について調査・確認する義務があるというべき」と判示している）、他方で、大阪地判平成17・1・17判時1913号154頁および大阪地判平成17・12・8裁判所ウェブサイト［平成17年(ワ)1311号］はその責任を否定している。

そのため、Z社に対しても併合的に訴訟を提起しておくか、訴訟の進行状況（裁判官の心証）によって、審理の途中でZ社に対する訴訟告知（民事訴訟法53条）をすることを検討しておくべきである。

(B) **損害額**

写真のライセンスサービスにおいては、一般的に、無断使用の場合に数倍の利用料金を請求する旨が定められている（2倍から10倍の金額が定められている）。そのため、〈*Case*⑩〉においても、根拠とした料金規程のそのような規定に基づいて、使用料相当額の3倍の金額を請求するものとした。

しかし、一般的には、このような懲罰的賠償の趣旨を含む損害賠償は認められておらず、訴訟においてこのような請求を行う場合には、依頼者に、その可能性等についてよく説明したうえで訴訟を提起すべきである。

ただし、一般的に、著作権侵害事件における損害の認容額は低廉であると解されている一方で、依頼者（著作権者等）は、当該著作物に対する思い入れが強く、多額の損害賠償を請求したいとの意向をもっていることも多い。そのため、（容易に裁判所の実務が変わるとは思えないが）そのような依頼者の

意向も踏まえ、可能な範囲で請求額を増額する理屈を検討し、実践していく努力も必要になるものと思われる。

【書式 2-10-3】 訴状（《Case ⑩》）

訴　　状

平成29年8月27日

東京地方裁判所　民事部　御中

　　　　　　　　　原告訴訟代理人　弁護士　乙
　　　　　　　　　同　　　　　　　弁護士　甲

　　　　　　　　　〒○○○-○○○○
　　　　　　　　　東京都渋谷区○○1-2-3
　　　　　　　　　原　　　　告　　X株式会社
　　　　　　　　　同代表者代表取締役　　○　○　○　○

　　　　　　　　　〒○○○-○○○○
　　　　　　　　　埼玉県さいたま市○○9-8-7
　　　　　　　　　被　　　　告　　株式会社Y
　　　　　　　　　同代表者代表取締役　　○　○　○　○

損害賠償請求事件
　　訴訟物の価額　　金2475万円
　　ちょう用印紙額　金9万5000円

請求の趣旨

1　被告は、原告に対し、2475万円、及び内825万円に対する平成27年2月11日から支払済みまで、825万円に対する平成27年5月11日から支払済みまで、及び825万円に対する平成28年1月11日から支払済みまでの民法所定の年5％の割合による遅延損害金を支払え。
2　訴訟費用は被告の負担とする。

との判決並びに仮執行宣言を求める。

請求の原因

第1　当事者
　1　原告について
　　　原告は、輸入雑貨等の通信販売等を業とする株式会社である（甲1）。
　2　被告について
　　　被告は、経営コンサルティング、雑貨等の販売等を業とする株式会社である（甲2）。

第2　事案の概要
　本件は、被告が、平成27年2月10日から平成29年6月10日ころまでの間、原告が著作権を有する別紙写真目録（略）記載の各写真（以下、これらを「本件各写真」と総称し、本件各写真を目録記載の番号により「本件写真1」などという。）の複製物を、被告の運営するウェブサイト（以下、「被告ウェブサイト」という。URL は〈http://www.○○.com/〉であるが、現在は削除されている。）に掲載したことによって原告の著作権を侵害した事案である。

第3　原告の著作権について
　1　原告の事業における本件各写真の位置付け
　　　原告は、原告の運営するウェブサイト（甲4（原告ウェブサイト））（以下、「原告ウェブサイト」という。URL は〈https://www.○○.com/〉である。）等において、インターネット通信販売の方法により、輸入雑貨等を販売している。
　　　原告は同商品の販売を促進するため商品見本等を掲載することとし、本件各写真を含む商品見本用の写真を撮影・制作し、原告ウェブサイトに掲載している（なお、本件各写真のうちの一部の写真については原告ウェブサイトでの掲載を終了している。）（甲4（原告ウェブサイト）、甲5（原告ウェブサイト（Internet Archive により保存されているページ））、甲14（陳述書））。
　2　本件各写真の著作物性

本件各写真はいずれも、原告が取り扱っている輸入雑貨等の商品見本であり、それらの商品を使ってもらうことで生活をより明るくしてもらいたいとの原告のコンセプトのもと、それらの商品の用途に照らして、実際の使用や装飾などの状況が分かるように、また、具体的な使用方法を消費者に提案するため、撮影者が、その背景、角度、光の当て方等の工夫を凝らして撮影したものである。

　したがって、本件各写真は、撮影者の思想又は感情を創作的に表現したものであって、美術の範囲に属するものであり（著作権法2条1項1号）、写真の著作物（同法10条1項8号）に該当する。

3　原告が本件各写真の著作権を有していること

(1) 本件各写真は、原告が、その制作を有限会社P（以下「P」という。）に依頼し、PがフォトグラファーであるC氏が運営するQ社に対して、写真の撮影を委託し、C氏によって撮影されたものである。

　そして、C氏はQ社の代表者であり、本件各写真の撮影はQ社が請け負ったものであるから、C氏の撮影した本件各写真の著作権は職務著作としてQ社に帰属し、P社及びQ社間の写真撮影委託契約並びにX社及びP社間の制作委託契約により、X社に譲渡されている。

(2) 本件各写真の撮影日等

　本件各写真の撮影日は、それぞれ以下のとおりであり、前述のとおり、それらの著作権は、いずれも制作委託契約及び撮影委託契約に基づきX社に譲渡されている。

　　① 本件写真1ないし50　　　平成24年2月7日
　　② 本件写真51ないし100　　平成25年7月30日
　　③ 本件写真101ないし150　平成26年12月6日

第4　被告の不法行為責任

1　著作権侵害

　被告は、原告ウェブサイトから本件各写真を原告に無断でコピーする等して自らの記録媒体に記録させた上、それぞれ下記の日から平成29年6月10日ころまでの間、被告ウェブサイトに掲載していた（甲3（ウェブページ対比表）、甲7（被告ウェブサイト）、甲8（被告ウェブサイト

(Internet Archiveにより保存されているページ))、甲14（陳述書))。

記
① 本件写真1ないし50　　平成27年2月10日
② 本件写真51ないし100　 平成27年5月10日
③ 本件写真101ないし150　平成28年1月10日

　このような被告の行為は、本件各写真のデッドコピーを作成し、自らのウェブサイトにアップロードしているのであるから、本件各写真に係る原告の複製権（著作権法21条）及び送信可能化権（著作権法23条1項）を侵害するものであることは明らかである。

2　被告の故意

　被告は、上記のとおり、本件各写真を原告ウェブサイト等からデッドコピーした上、そのまま、あるいは一部をアップにするなどして、被告ウェブサイトに掲載したのであるから、被告が、本件各写真に係る原告（少なくとも被告以外の第三者）の著作権を侵害することを認識・認容していたことは明らかである。

　なお、被告は、訴訟提起前において、「ウェブサイトの制作は全て制作業者に任せており、被告は、本件各写真の使用も含め全く関知していない」などと主張しているが、原告や被告のような業種においては、自らのウェブサイトで販売する商品の写真を、その雑貨のメーカーから提供を受けることはあっても、制作業者が用意することは通常あり得ない。そして、ウェブサイト制作において、受注者（制作業者）がその素材について発注者に何ら確認せずウェブサイトを制作し、公開することは通常あり得ないのであり、被告は、当然、本件各写真が自社のウェブサイトに掲載されていることを認識していた。

　また、被告は、本件各写真について、制作業者が「フリー素材を使った」と説明している旨主張しているが、本件各写真は、いずれの商品にもメーカーのタグ等をつけたままにしており、それらの雑貨等の商品の販売見本用写真であることは明らかである。汎用的なフリー素材として提供される類のものでないことはその外観から明らかである。

3　損害の発生及びその額

（1）損害の発生

上記3・3のとおり、原告は本件各写真の著作権者であるから、被告による本件各写真に係る原告の複製権及び送信可能化権の侵害によって、原告には、少なくとも、その著作権の行使につき本来受けるべき金銭の額相当分の損害が発生した（著作権法114条3項）。
(2) 損害の額
　ア　本件各写真の使用料
　　　原告は、自社ホームページ掲載の写真を使用許諾した場合についての料金を定めた規約等を有していないものの、写真ライセンスサービスにおける写真の使用料からすれば、本件のように少なくとも2年を超える長期にわたってウェブサイトに使用する場合の1枚あたりの写真の使用料は5万円を下らない（甲9、甲10）。
　イ　無断使用・悪質性による増額
　　(ｱ)　被告は、上記のとおり、競業関係にある原告の運営する原告ウェブサイトから、特に、通信販売という形態においては最も重要な、消費者・需要者が商品選択の際の判断基準とすべき商品見本たる写真を、故意に盗用することにより、原告の著作権を侵害し、しかも、その期間も、少なくともおよそ2年半と長期にわたっている。
　　(ｲ)　原告（被告もそうであるが）が行っているウェブサイトを通じた雑貨等の通信販売においては、商品である雑貨が住宅等での装飾用を主目的としており、さらに、通信販売であるために顧客が実際に商品を確認することができないことから、商品見本たる写真は、商品の魅力・美しさ・目的合致性を伝える数少ない媒体であって、極めて重要である。特に、原告は、その商品の「ぬくもりまで感じる」ことができるインターネットショッピングとして、3年連続で消費者や評論家から高評価を得ており、これを維持するため、他社と差別化して顧客（潜在的な顧客を含む。）に伝えるべく、原告は、相当な手間・コストをかけて商品見本写真を撮影しているのである。そのため、原告は、プロのフォトグラファーを起用し、背景や家具、小物、光の当たり具合、花の角度、ピント等にこだわり、何日もかけて撮影したのであり、本件各写真は、一般の写真に比べて、相当程度に創作性の高い写真であるといえる（甲14（陳述書））。

被告は、原告と競業関係に立つにもかかわらず、コストや手間を一切かけずに、極めて完成度の高い商品見本である本件各写真を盗用し、あたかも自社の商品の見本であるかのように自社ウェブサイトに掲載したのであって、その行為は極めて悪質である。

(ｳ) 一般に、写真ライセンスサービスにおいては、商品たる写真を無断使用した場合には、通常の使用料の2倍から10倍以上の金額を請求できる旨が定められており、そのような取扱いが業界の商慣習となっていること（甲9～甲12）、このような被告の行為の悪質性や、同様の行為が蔓延した場合に消費者・需要者の商品選択に混乱が生じることなどの社会に与える悪影響等に鑑みれば、原告がその著作権の行使につき受けるべき金銭の額は、少なくとも、上記通常使用料金相当額（5万円）の3倍（1枚あたり15万円）は下らないと解すべきである。

ウ　まとめ

以上から、著作権法114条3項により推定される原告の損害額は、2250万円（15万円×150枚）を下らない。

(3) 弁護士費用

原告は、平成27年6月5日、被告に対し、「通告書」として、本件各写真の使用差止め及び損害賠償の支払いを求める内容証明郵便を送付し、その後、原告代理人において、被告代理人（丙弁護士）と本件の解決に向けた交渉を行った（甲13、14）。しかし、被告代理人からは、前記主張が繰り返され、賠償するとしても、100万円程度であるなどと述べるのみで、到底、著作権侵害をしたことへの反省や解決に向けた意思を認めることはできなかった。

そこで原告はやむなく、原告訴訟代理人に対し、本訴の遂行を委任した。

したがって、被告の著作権侵害行為と相当因果関係のある弁護士費用は、少なくとも、上記損害額の1割である225万円を下らない。

第5　結論

よって、原告は、被告に対し、民法709条、著作権法114条3項に基づき、損

害賠償金2475万円、並びに内825万円に対する平成27年2月10日の翌日から支払済みまで、825万円に対する平成27年5月10日の翌日から支払済みまで、及び825万円に対する平成28年1月10日の翌日から支払済みまでの民法所定の年5％の割合による遅延損害金の支払を求める。

証拠方法

証拠説明書（略）記載のとおり

附属書類

1	訴状副本	1通
2	甲号証の写し	正本各1通
		副本各1通
3	証拠説明書(1)	正本1通
		副本1通
4	資格証明書	2通
5	委任状	1通

VI 第1回口頭弁論手続以後の流れ

1 弁論準備手続

〈*Case*⑩〉は東京地裁民事第29部に係属し、被告からおおむね回答書どおりの内容の答弁書が提出された後、第1回口頭弁論期日が開かれた。〈*Case*⑩〉は弁論準備手続に付されることとなり、丁裁判官が受命裁判官（民事訴訟法171条）とされた。

一般的に、東京地裁の知的財産権部においては、二段階審理方式が採用されており、侵害者の責任論（当該知的財産権の侵害）が認められた後に、損害額の審理に移行することとされている。〈*Case*⑩〉の弁論準備手続においても、当初、丁裁判官は、双方代理人に対して、責任論に関する主張・立証を求めていたが、第4回弁論準備手続において、被告代理人に対し、損害

論についても反論・反証を行うようにとの訴訟指揮がなされた。

　なお、この間、Z社に対しては、Y社から訴訟告知がなされたが、Z社が訴訟参加することはなかった。

2　和解の勧試

　その後、第5回弁論準備手続において、丁裁判官から心証開示がなされたうえで、和解の打診があった。

丁裁判官：これまでの争点整理を踏まえると、裁判所としては、少なくとも、被告の過失は認められると考えています。被告は、ウェブサイト制作業者に任せていたとの主張を行っていますが、本件のようにビジネスに利用するウェブサイトの制作に関して、素材の選択等を含めて、すべて業者に一任し公開していたというのは信じがたいといえます。一般的に、そのようなウェブサイトの制作において、発注者は、どのような素材が利用されているか、調査する義務があるというべきでしょう。しかし、損害論については、少なくとも、原告の「3倍」との主張は認められないと考えていますが、原告主張の単価の合理性についても、判決となればもう少し検討する必要があると考えています。そこで、裁判所としては、両当事者に対して、「原告主張の単価（5万円）×無断で複製した写真の枚数（150枚）＝750万円」での和解を提案したいと思います。

甲弁護士：原告としては、一度持ち帰って検討させていただきたいと思います。

丙弁護士：被告としては、そのような金額は受け入れがたいと考えています。基本的に難しいと考えていますが、念のため、依頼者に確認して回答します。

丁裁判官：では、両当事者とも検討のうえ、次回期日までに回答してく

ださい。そのうえで、条件次第で受け入れることが可能であれば、次回期日において、詳細な条件を検討したいと思います。

3　X社との協議

上記和解案を受け、X社の社長および担当者A氏と協議を行った。

甲弁護士：すでにお伝えいたしましたとおり、裁判所から和解案が提示されました。内容としては、損害額について「3倍」の部分が認められませんでしたが、そのほかはほぼ全面的に当方の主張が認められています。この裁判所の和解案については、どのようにお考えでしょうか。

X社社長：これまでAから説明させていただいておりますとおり、当社のウェブサイトの写真は、当社が皆様から高い評価を得ている最大の要因になっておりまして、その写真の撮影に向けたカメラマンや社員の努力は大変なものです。にもかかわらず、何の手間もかけずに2年以上も無断で使用し続けた会社を許すつもりはありません。最後まで戦いたいと思います。

甲弁護士：そうですね。そのお気持はわかります。

　A　氏：基本的には、今社長が申し上げたとおりです。ただ、当社が勝訴するような内容であるにもかかわらず、裁判所が和解を提案してきたというのはどういう理由なのでしょうか。

乙弁護士：これは知財高裁の裁判官から聞いた話なのですが、基本的には、裁判所は紛争の解決を考えていて、判決で解決すべきものはそれでよいが、ほとんどの場合、判決よりも和解のほうがビジネス面も含めて実りある解決ができる場合が多いため、ほとんどのケースにおいて和解を提案するとのことでした。

そのほか、一般的に当事者が和解を受け入れる理由として、訴訟を継続することの人的・経済的コストや上級審で判断が覆るリスクがあげられます。また、本件の御社のような立場の場合には、判決になると、和解よりも認容額が少なくなる可能性があります。加えて、和解金は、当事者が合意して支払方法なども決めるため、判決よりも回収可能性が高いといわれています。また、知財事件特有の話でいうと、たとえば、東京地裁の知的財産権部に係属した事件に対して判決が下された場合は、その全件がウェブサイトで公開される取扱いになっています。そのため、本件でいえば、被告にとっては、自社又はその委託業者が著作権侵害をしてしまったということが公開されてしまうことになります。御社にとっては、仮に、写真1枚あたりの損害額の単価が低く認定されてしまった場合には、その金額が公開されてしまう可能性があります。今後、それをみて「多額な損害賠償は請求されない」と思って著作権侵害をする会社はないかもしれませんが、いずれにしても、御社の写真が別の会社に盗用された場合にも、それが先例になってしまう可能性があります。

Ａ　氏：なるほど。判決になると、今和解金として提示されている金額よりも少なくなる可能性があるのですね。そうだとすると、判決が公開されるもののＹ社にとっての痛みも少なくなるということですか。控訴されると、そもそも、Ｙ社の責任自体がなくなってしまう可能性もあるということですね。

甲弁護士：以前ご説明したとおり、委託者の責任については、裁判例上、見解が分かれており、知財高裁が本件についてどのような判断をするかについて、確たることはいえません。

Ｘ社社長：気持的には、Ｙ社に痛みを感じてほしいというところが最も強いところですし、また、本件訴訟のためにＡをはじめ

> として、当社の従業員の時間が割かれている点も悩ましいと感じています。和解を受け入れるかどうか、少し考えさせてください。
>
> 甲弁護士：わかりました。

　その後、A氏から、「できる限りY社にとって厳しい内容にしたいので、1カ月以内に和解金が支払われるのであれば、和解案を受け入れる」との連絡があり、それを甲弁護士が、裁判所および丙弁護士に伝えたところ、丙弁護士から「売掛金の回収予定などから1カ月半後にしてもらえれば何とか支払える」との回答があり、検討のうえ、X社もこれを受け入れた。

【書式2-10-4】　和解調書（《Case⑩》）

和　解　条　項

1　被告は、原告に対し、別紙写真目録（略）記載の各写真（以下「本件各写真」という。）につき、原告が著作権を有することを認める。
2　被告が、平成27年2月10日から平成29年6月10日までの間、被告の管理するウェブサイト（http://www.○○.com。以下「被告ウェブサイト」という。）に本件各写真を掲載したことについて、被告ウェブサイトの制作を委託した外注先に任せたまま、本件各写真の権利関係について十分に確認せず、原告の有する本件各写真の著作権（複製権及び公衆送信権）を侵害したことについて謝罪する。
3　被告は、原告に対し、本件解決金として、750万円の支払義務があることを認め、これを平成30年3月3日限り、下記記載の口座に振り込む方法により支払う。

記

金融機関：○○銀行○○支店
口座種類：普通預金
口座番号：○○○○○○

> 　　　　　　　　口座名義：X株式会社
> 4　原告は、その余の請求を放棄する。
> 5　原告及び被告は、本件が本和解により一切解決したことを確認し、本件に関し、本和解条項に定めるほか、何らの債権債務のないことを相互に確認する。
> 6　訴訟費用は各自の負担とする。
> 　　　　　　　　　　　　　　　　　　　　　　　　　　　以　上

VII 最後に

　〈*Case*⑩〉においては、著作権侵害自体についてあまり争いのない事件をとり上げ、著作権侵害に基づく損害賠償請求事件の流れを検討した。このような事件で弁護士に必要とされるのは、著作権法の知識以上に、依頼者からの事情聴取や証拠収集など一般の事件と同様のポイントを押さえることであると思われる。また、重要な法的論点も、〈*Case*⑩〉における委託者の責任のように、必ずしも著作権法上の論点とはいえないものであることも多い。

　著作権侵害が問題になる事件においては、著作物性（創作性）や翻案権侵害が争いになるが、複雑な事案やあまり先例のない事案の場合には、これらを事前に適切に認定するのは難しい。しかし、そこで要求されるのも、基本的には、さまざまな事件の経験や日常生活から得られた感性から説得的に主張する能力であると考えられる。もちろん、過去の裁判例等を積極的に検討し、創作性や翻案についての感覚を身に付けていくことも重要であるが、〈*Case*⑩〉でみたような著作権の帰属（これはすなわち契約の存在の証明の問題である）や損害額（これは一般の損害額の立証の難しさに通じるところがある）の立証に用いた証拠をどのように収集し裁判官に提示するかという基本的な部分を疎かにしてはならない。

> 本稿は、複数の事例を組み合わせるなどして構成したものであり、実際の事例とは異なる。

第11章 従業員の不正行為

I 事案の概要

〈Case ⑪〉

　甲弁護士は乙法律事務所に所属しているところ、乙法律事務所はX株式会社（以下、「X社」という）と顧問契約を結んでおり、甲弁護士はX社の法務課長A氏から定期的に相談を受けていた。

　ある日、甲弁護士は、A氏から電話で「社内の不祥事で相談したいことがあります。内容が内容なので、先生と直接会ってご相談したいのですが……」との相談を受けたため、後日打合せを行うことになった。

II 実務上のポイント

〈Case ⑪〉における実務上のポイントで特に重要なものは、以下の4点である。

① 事実関係の調査をどのように行うか
② 示談交渉をどのように進めるか
③ 社内処分をどうするか
④ 刑事告訴を行うか

III 打合せ

　打合せの冒頭、A氏は、「先日、当社の内部通報窓口に匿名で通報がありました」と切り出し、通報内容を甲弁護士に伝えた。概要は以下のとおりである（以下、「本件通報」という）。

- 最近、a支店の資材部長Y氏が毎晩クラブで豪遊するなど金遣いが荒く、怪しい。
- また、a支店は、原材料の仕入先としていくつかの会社と取引をしているが、Y氏は他社よりもZ株式会社（以下、「Z社」という）から購入するように部下に指示するなど、Z社を優遇している。
- 調べてみたが、a支店は他社よりも高い単価でZ社から原材料を購入している。
- このような事情からすると、Y氏とZ社は結託しており、Y氏は裏でZ社からリベートを受け取っているのではないか。

　そして、A氏から、「この通報を受け、Yに怪しまれないよう、各支店の定期的な監査を利用し、a支店とZ社との過去1年間の取引を調べたところ、確かに、a支店は、一般的な単価よりも高い価格でZ社から原材料を購入することが多数あったことが判明しました。私としては、YがZ社と結託し、X社にZ社から相場よりも高い価格で原材料を購入させ、適正額との差額をZ社から受け取り、着服しているのではないかと疑っています。そこで、本件に関し、今後の具体的な進め方について相談させてください」との話があった。

IV 総論

1　はじめに

　特定の従業員について、詐欺・横領・背任等の会社に対する不法行為・雇

用契約に違反する行為等（以下、「不正行為」という）が疑われた場合、大まかには、①事実関係の調査→②責任追及・処分の検討→③再発防止策の検討の順に進めていくことになる。

2　事実関係の調査

事実関係の調査としては、まず、問題の従業員（以下、「対象者」という）に気づかれないようにしながら、客観的な証拠を集める必要がある。その作業の過程で対象者の嫌疑が晴れる場合もあるし、不正行為を裏付ける証拠があった場合に、それを保全することで以後の隠滅を防げるからである。

また、基本的に、客観的な証拠の収集→対象者および関係者等のヒアリングの順に調査を進めることになる。証拠を収集・調査することで、ヒアリングで聴取すべきポイントが明らかとなるし、対象者等のヒアリングで証拠と矛盾する供述があった場合、的確に反論し、追及することが可能となり、ヒアリングの実をあげることができるからである。

3　責任追及・処分の検討

事実関係の調査の結果、対象者の会社に対する不正行為が明らかになった場合、対象者の行為は、会社に対して負う雇用契約上の義務に違反するものであり、また不法行為にも該当するため、会社としては、対象者に対して民事上の損害賠償請求を行うか、行うとしてどの程度請求するか検討することになる。なお、第三者が対象者と結託していた場合、共同不法行為に該当するため、当該第三者に関しても同様の検討をすることになる。

また、人事労務上の観点から、調査で明らかとなった事実が、会社の就業規則においてどのような懲戒事由に該当し、いかなる懲戒処分が可能か、そしてどのような処分を行うか検討することになる。

さらに、対象者の行為は刑法の詐欺罪（246条）、横領罪（252条）または背任罪（247条）に該当する可能性があるため、刑事告訴をするかどうかについても検討することになる。

4 再発防止策の検討

最後に、事実関係の調査を通じ、対象者がなぜ不正行為をすることができ、なぜこれまで会社として把握できなかったのか、その原因を究明し、今後同様の事案が発生しないよう、また、万一発生したとしても早期に発見できるような対策を検討する必要がある。

V 事実関係の調査

1 客観的な証拠の収集

前述のとおり、〈Case⑪〉においても、まずは客観的な証拠を収集することになる。

具体的な方法としては、会社が所有し対象者に貸与しているパソコンや携帯電話、会社内の対象者の執務机やロッカー、対象者が作成した業務に関するメモ・予定表・手帳および経理部門に提出した請求書その他の書面、対象者名義の金融機関口座の通帳写し、対象者が所有する不動産の登記簿等の内容を調査することが考えられる。

(1) パソコン・電子メールの調査

このうち、対象者に貸与しているパソコンの調査、特に電子メールの調査は、不正行為を直接裏付ける内容が記載されていることも多く、非常に重要であり、必要不可欠といえる。

しかし、会社が貸与しているパソコン内の電子メールに関しても、対象者のプライバシー権がある程度認められ、無制限に調査をすることはできないため、留意が必要である。

たとえば、東京地判平成13・12・3労判826号76頁は、従業員の電子メールの私的使用に関し、一切のプライバシー権がないとはいえないとしている。もっとも、「保守点検が原則として法的な守秘義務を負う電気通信事業者によって行われ、事前に特別な措置を講じない限り会話の内容そのものは即時に失われる通常の電話装置と異なり、社内ネットワークシステムを用いた電

子メールの送受信については、一定の範囲でその通信内容等が社内ネットワークシステムのサーバーコンピューターや端末内に記入されるものであること、社内ネットワークシステムには当該会社の管理者が存在し、ネットワーク全体を適宜監視しながら保守を行っているのが通常であることに照らすと、利用者において、通常の電話装置の場合と全く同程度のプライバシー保護を期待することはできず、当該システムの具体的情況に応じた合理的な範囲での保護を期待し得るに止まるものというべきである」とし、「職務上従業員の電子メールの私的使用を監視するような責任ある立場にない者が監視した場合、あるいは、責任ある立場にある者でも、これを監視する職務上の合理的必要性が全くないのに専ら個人的な好奇心等から監視した場合あるいは社内の管理部署その他の社内の第三者に対して監視の事実を秘匿したまま個人の恣意に基づく手段方法により監視した場合など、監視の目的、手段及びその態様等を総合考慮し、監視される側に生じた不利益とを比較衡量の上、社会通念上相当な範囲を逸脱した監視がなされた場合に限り、プライバシー権の侵害となると解するのが相当である」（下線および波線は筆者による。以下同じ）と判示している。

　また、東京地判平成14・2・26労判825号50頁は、電子メール等の調査に関し、「企業秩序に違反する行為があった場合には、その違反行為の内容、態様、程度等を明らかにして、乱された企業秩序の回復に必要な業務上の指示、命令を発し、又は違反者に対し制裁として懲戒処分を行うため、事実関係の調査をすることができる。しかしながら、上記調査や命令も、それが企業の円滑な運営上必要かつ合理的なものであること、その方法態様が労働者の人格や自由に対する行きすぎた支配や拘束ではないことを要し、調査等の必要性を欠いたり、調査の態様等が社会的に許容しうる限界を超えていると認められる場合には労働者の精神的自由を侵害した違法な行為として不法行為を構成することがある」と判示している。

　これらの裁判例を踏まえても、〈*Case* ⑪〉のような不正行為の調査の場合、調査の必要性・合理性は十分に認められるため、社会通念上相当な範囲

で調査をする限りは、不法行為は構成しないと思われる（また、会社が貸与したパソコンに関し、電子メール以外のデータを調査する場合も、プライバシー権との関係が問題となるが、電子メールの場合と同様に考えることができ、社会通念上相当な範囲で調査をする限り、問題は生じないと思われる）。

なお、パソコンの私的使用の状況について、あらかじめ就業規則などに会社による監視や点検が可能である旨定めておけば、従業員は初めからプライバシーのない通信手段としてパソコンを使用することになるため、会社は監視・点検できることになる（菅野和夫『労働法〔第11版補訂版〕』654頁）。そこで、そのような規定を就業規則に規定しておくことも考えられる。

(2) 〈*Case*⑪〉における調査

〈*Case*⑪〉においては、調査を社会通念上相当な範囲内のものとするため、前掲東京地判平成13・12・3における上記波線部の判示も参考にしながら、A氏と相談のうえ、Y氏が退社した後、同人に支給したパソコンの内容をすべてコピーし、法務課長であるA氏およびその部下が、コピーしたデータの内容を調査することにした。

その結果、Y氏がZ社の担当者で、同社の取締役でもあるB氏に送信した注文書添付の電子メールの中に、「今回の発注は、いつも通りでお願いします」との記載があるものと、「今回の発注は、お約束通りでお願いします」との記載があるものがみつかり、後者の場合には、大体原材料の単価が不自然に増額されていること、ごくたまに、B氏から「今月は厳しいのでいつも通りとさせて下さい」との返信があり、そのときは原材料の単価が相場どおりとなっていることが判明した。ただし、電子メールは数カ月分しかなく、それ以前のものは削除されていた。

また、時間をかけてデータを精査した結果、一見無関係と思われるフォルダの中に、以下のような一覧表（以下、「本件一覧表」という）を発見した。

日付	代金	入金
H○・○・○	○円	□円
H○・○・○	○円	□円
〜	〜	〜

　どの会社との取引かは記載されていなかったが、保存されていた電子メールにおいて「お約束通り」と記載された場合の注文書の発注年月日と、「日付」欄記載の日付が一致していた。そして、本件一覧表の内容を詳しく分析したところ、「入金」欄の金額は、おおむね「代金」欄の金額から相場の価格を引いた残額に0.6を乗じた数字となっていた。ただし、Z社との取引は10年以上続いていたが、本件一覧表は過去2年分しか記載されていなかった。

　そして、本件一覧表を前提に、「Z社の水増し請求を前提としてX社がZ社に支払った代金額－適正代金額」の合計を試算したところ、年間で約500万円、本件一覧表に記載されている2年間で約1000万円になった。

　(3)　執務机・ロッカー等の調査

　パソコンおよび電子メールの調査から、Y氏が、本件通報のとおり、実際に不正行為を行っていることが明らかとなった。そこで、X社は、さらに証拠を集めるため、Y氏の執務机やロッカー、Y氏が作成した業務に関するメモ・予定表・手帳および経理部門に提出した請求書等も調査することにした。

　なお、Y氏の執務机やロッカーはX社の所有物であるが、その内容物はY氏の所有物であるから、Y氏のプライバシー権が及んでいないとはいいきれない。したがって、Y氏に無断で調査することはプライバシー権の侵害にあたり、不法行為を構成する可能性があるため、留意する必要がある。

　そこで、X社は、甲弁護士と相談のうえ、Y氏のヒアリングを実施する日に、Y氏の同意を得て、執務机やロッカーの内容物の調査を行うとともに、業務に関するメモ、手帳等の引渡しを求めることにした。

2 ヒアリングの実施

(1) ヒアリングのポイント

ヒアリングに関しては、おおむね以下の点等がポイントになると思われる。

(A) 場 所

Y氏が調査の対象となったことを認識した場合、証拠の隠滅を図ったり、関係者に連絡して口裏を合わせる可能性がある。そこで、Y氏や関係者の執務スペースから隔離された個室を用意し、そこでヒアリングを行ったほうがよいと思われる。また、たとえば〈*Case*⑪〉において、支店内に関係者（協力者）がおり、支店内の別室でヒアリングを行う場合、Y氏の調査が行われていることを万一関係者が察知したときは、証拠の隠滅を図る可能性がある。そこで、そのようなおそれがある場合には、別の建物（〈*Case*⑪〉であれば本社や乙法律事務所の面談室等）で行うことも考えられる。

(B) 時 間

長時間にわたるヒアリングは対象者を疲労させ、供述の任意性や信用性に疑義を生じさせる可能性がある。そこで、1回あたり2～3時間程度としたり、適宜休憩を設けるようにすることが望ましい。

(C) ヒアリングを行うタイミング

対象者だけでなく協力者のヒアリングも実施したい場合、両者のヒアリングに時間的間隔があると、連絡をとり合って口裏を合わせる可能性がある。そこで、できるだけ同時かつ別個に実施することが望ましい。

(D) 質問者

できるだけ質問に慣れた者が望ましく、弁護士が行うことも考えられる。もっとも、弁護士が質問することで対象者が警戒し、口が重くなることもある。そこで、管理部門（法務部・人事部・総務部・監査部等）の担当者が質問することも考えられる。

(E) 質問の内容・仕方等

収集した客観的証拠等を十分に精査し、あいまいな質問、抽象的な質問はできる限り避けるべきである。

また、どのような証拠を有しているか（特に全体像については）対象者には教えず、手のうちを明かさないようにし、対象者にまずは自由に回答させ、矛盾を引き出すようにすることも考えられる。

　なお、大声を出したり、詰問調の質問、感情的な発言、脅迫的・欺罔的な発言をすることは、供述の任意性や信用性に疑義を生じさせるため、厳に慎むべきである。

　(F)　対象者が不正行為の全部または一部を認めた場合の対応

　対象者へのヒアリングにおいて、対象者が不正行為の全部または一部を認めた場合は、その内容をその時点で上申書等の形で書面化・証拠化することが考えられる。

　　(2)　対象者の発言の録音

　なお、対象者が不正行為を認め、その発言を録音できた場合、当該録音テープは極めて有力な証拠となるため、ヒアリングに関しては、録音するかどうか、するとして同意を得るかどうかが問題となる。

　対象者の同意を得て録音する場合、対象者が録音されていることを意識し、不正行為を認めなくなる可能性がある。

　他方で、対象者の同意を得ずに秘密裡に録音を行った場合、当該録音テープの証拠能力が問題となる。

　この点、東京高判昭和52・7・15判タ362号241頁は、同意なく録音されたテープに関し、「通常話者の一般的人格権の侵害となり得ることは明らかであるから、その証拠能力の適否の判定に当たっては、その録音の手段方法が著しく反社会的と認められるか否かを基準とすべき」と判示しており、この裁判例を前提とすると、録音の手段方法が著しく反社会的と認められるようなものでなければ、証拠能力が認められることになる。もっとも、大分地判昭和46・11・8判時656号82頁は、「相手方の同意なしに対話を録音することは、公益を保護するため或いは著しく優越する正当利益を擁護するためなどの特段の事情のない限り、相手方の人格権を侵害する不法な行為というべきであり、民事事件の一方の当事者の証拠固めというような私的利益のみでは

未だ一般的にこれを正当化することはできない。従って、対話の相手方の同意のない無断録音テープは不法手段で収集された証拠と言うべきで、法廷においてこれを証拠として許容することは訴訟法上の信義則、公正の原則に反する」と判示し、無断録音テープの証拠能力を否定している。

以上のような裁判例の状況に照らすと、対象者の同意を得ずに秘密裡に録音したテープに関しては、証拠能力が否定されるリスクがある。

したがって、ヒアリングの録音に関しては、基本的に対象者の同意を得ることにするか、あるいは、証拠能力が否定される可能性があることを覚悟したうえで、後日対象者が供述をひるがえし、後記【書式2-11-1】の上申書の作成を拒否した場合に備えたり、対象者から「脅迫されて自白した」といった事実に反する主張がなされた場合に反論できるよう備える観点から、念のため同意を得ずに録音しておくか、リスクを勘案しつつ選択することになると思われる。

(3) 〈*Case*⑪〉における対応

〈*Case*⑪〉では、甲弁護士とA氏が相談した結果、Y氏が本社を訪れる日で、かつB氏がZ社にいる日を確認し、同日に抜き打ちでY氏とB氏のヒアリングを実施することにした。そして、Y氏の性格を考慮し、A氏やその部下がY氏とB氏のヒアリングを実施することとし、甲弁護士は現時点では表に出ず、客観的な証拠の精査・検討や、A氏が作成した質問事項案の確認・補充等を行うことになった。

なお、ヒアリングの録音については、A氏と相談した結果、Y氏の性格を考慮すると同意する可能性が低いとのことであり、また、無断で録音した場合の上記のリスク等を考慮し、行わないことになった。

(4) ヒアリングの実施

(A) Y氏のヒアリング

そして、A氏がY氏のヒアリングを実施したところ、最初は完全否定した。しかし、上記の電子メールや本件一覧表を提示して追及すると、一転して、本件一覧表の「日付」欄にはZ社宛注文書の日付が記載されているこ

と、「代金」欄の金額が水増しされたものであり、水増し分が2年間で約1000万円に上ること、その水増し分をY氏とZ社で6:4の割合で分け合っていたことを認めた。しかし、本件一覧表で判明した範囲を超えて（つまり2年分を超えて）不正行為を行っていたかどうかについては、あいまいな発言に終始した。

そこで、A氏は、とりあえず、その時点でY氏が認めた内容を【書式2-11-1】の「上申書」にまとめ、Y氏に署名・押印させた。

【書式2-11-1】　上申書（《Case ⑪》）

上　申　書

平成29年〇月〇日

（住　所）　東京都〇〇区〇〇1-2-3〇×マンション111
（氏　名）　　　　Y　　　　㊞

　私は、貴社製品に関する原材料購入に関して、Z株式会社と共謀し、請求金額の水増し等を行い、その代金の一部又は全てを着服しました。

　私は、上記行為により、貴社に少なくとも1000万円以上の損害を与えたため、貴社に対し少なくとも1000万円以上を返済する義務を負うことを確認いたします。

　また、私は、上記債務の迅速な返済及び上記行為に関する貴社調査への最大限の協力をお約束いたします。

以上

そして、その日のうちに、Y氏の同意を得て、Y氏の執務机やロッカーを調べ、Y氏が作成した業務に関するメモを取得するとともに、Y氏が別途保管していたY氏の手帳を預かり、Y氏名義の金融機関口座の通帳写しを取得した。

(B)　B氏のヒアリング

また、A氏がY氏のヒアリングを行っている間、A氏の部下がZ社においてB氏のヒアリングを行い、電子メールや本件一覧表を活用しながら追及したところ、B氏もY氏と同じく不正行為をしていたことを認めた。さらに、B氏は、「自分は5年前から貴社の担当になったが、その当初からY氏に今回の不正行為をもちかけられた。そして、断れば今後当社と取引しないと脅されたため、やむなく応じた。なお、私が担当となる以前については、前任者が退職しており音信不通なのでわからないが、前任者は不正を嫌う人だったので、加担していなかったと思う」と供述した。そこで、A氏の部下は取り急ぎB氏の供述内容を陳述書の形式にまとめ、B氏に署名・押印させた。

(5) ヒアリング後

しかし、Y氏は、ヒアリングをした翌日から無断欠勤をするようになり、A氏からの呼び出しにも応じないようになった。その数日後、丙弁護士からA氏に連絡があり、「以後当職がY氏の代理人となったので、この件については窓口である当職にご連絡いただきたい」とのことであった。

そこで、以後は、甲弁護士がX社の代理人として丙弁護士と交渉をすることになった。

なお、A氏およびその部下が並行して調査を行っていたところ、①Y氏が提出したY氏名義口座の通帳写しには、本件一覧表の「入金」欄記載の金額と同額の振込みが、当該「入金」欄に対応する「日付」欄記載の日付からそう離れていない日に行われているケースがいくつかあること、②経理部門に確認したところ、Y氏が経理部門に提出したZ社からの請求書のうち、5年以上前のものの中にも、過大な請求と思われるものがあったこと等が判明した。

VI 責任追及・処分の検討

1 丙弁護士との交渉①

　甲弁護士は、早速丙弁護士と面談し、X社の要望として、再度のヒアリングを含めX社の調査に対するY氏の協力を求めた。これに対し、丙弁護士から、Y氏のヒアリングにおいてA氏から脅迫ともとれる発言があり、Y氏が畏怖しているため、以後の調査には応じられない旨、上申書もこのような事情で作成されたものであるため、損害賠償の約束や調査に協力する旨の約束を含め撤回するとの発言があった。これを受け、甲弁護士が、A氏はヒアリング時にY氏に対して脅迫などしておらず、上申書はY氏の真意に基づくものである旨反論したうえで、さらに、電子メールの一部、本件一覧表およびB氏の陳述書を示して反論した。丙弁護士は、「本日貴職から受けた説明を踏まえY氏と打合せをした後、追って連絡する」と答えた。

　その後、丙弁護士から甲弁護士に連絡があり、「ヒアリングその他X社の調査に協力はしないが、解決金として上申書記載の1000万円を複数回に分割して支払う用意がある」との話があった。これに対し、甲弁護士は、B氏が過去5年間不正行為を行っていたと認めていること、a支店とZ社の取引は10年前から行われており、5年以上前のZ社からの請求書の中にも、過大な請求のものがあることから、損害額は少なくとも2500万円を超えており、今回のY氏の提案はとうてい受け入れられるものではない旨回答した。

　しかし、丙弁護士（Y氏）は1000万円での解決を譲らず、事態は膠着することとなった。

　なお、Z社との交渉に関しては、同社の顧問弁護士である丁弁護士が代理人となり、甲弁護士に対し、Z社がY氏とともに不正行為をしていたことは認めるものの、①Z社（具体的にはB氏）は、優越的な立場にあったY氏から取引を止めると脅されてやむを得ず不正行為を行ったこと、②5年より前は不正行為をしていないこと、③今回の不正行為では、2500万円の4割で

ある1000万円しかZ社自身は取得していないことから、解決金1000万円を一括で支払うとの案が提示された。これに対し、甲弁護士は、①Y氏とZ社の行為は共同不法行為であり、両者は不真正連帯債務を負っていることになるから、Z社も全額の損害賠償義務を負っていること、②a支店とZ社の取引は10年前から行われており、5年以上前のZ社からの請求書の中にも過大な請求のものがあることから、損害額は少なくとも2500万円を超えていることを理由に、受け入れがたい旨伝えつつも、持ち帰って検討する旨回答した。

2 社内処分の検討

不正行為をした対象者は、会社の調査に協力する義務を負っているものと解される。具体的には、対象者は、会社と雇用契約を締結し、労務提供義務を負っているところ、この付随義務として、会社の調査に協力する義務が導かれるものと解される。したがって、会社との雇用契約が継続している限り、上記の協力義務も存続することになるが、対象者を解雇すると、この協力義務も消滅することになる。したがって、調査の必要がなくなったり、対象者が調査を拒否し、上記の協力義務に基づく業務命令にも従わないような場合でなければ、必要な期間、（証拠の隠滅を防止する観点から、自宅待機を命じるかどうか検討しつつも）雇用契約自体は一応継続することになると思われる。

そして、対象者が調査を拒否するような場合は、雇用契約を継続する必要もないため、懲戒解雇も含めた社内処分（懲戒処分）を検討することになる。どのような懲戒処分を行うかについては、①不正行為への関与の程度、②会社に与えた損害の程度、③損害賠償をしているかどうか、④反省・謝罪をしているかどうか、⑤会社の調査に対する協力の程度、⑥会社の社会的な評価を毀損するものかどうか、⑦会社で過去に同種事案が発生していた場合は、どのような処分をしていたか、その処分と比較してバランスを欠くものであるかどうか、⑧軽い処分または重い処分をした場合の他の従業員への影響等を考慮して決定することになると思われる。

〈Case ⑪〉では、Y氏はまさに不正行為の主犯・首謀者であること、X社の損害額も少なくとも2500万円を超えていること、Y氏が提案した解決金の額、調査への協力の程度も中途半端であり、反省の色もみられないこと、X社や、X社の親会社の過去の同種事案では、損害額が小さく、1回で全額賠償されているといった場合でない限り、例外なく懲戒解雇としていることに鑑み、X社はY氏を懲戒解雇することにした。

なお、裁判実務において、従業員の解雇は一般的に制限的にのみ認められることが多いところ、金銭の着服等の事案においては、従業員に厳しく、懲戒解雇の相当性が認められる場合が多いように思われる（懲戒解雇を認めた裁判例は多いが、たとえば、東京地判昭和47・12・14労判168号40頁や、最近のものとしては大阪地判平成27・3・31労働判例ジャーナル41号62頁などがある）。

3　民事訴訟の準備

上記のとおり、Y氏との示談交渉も膠着状態にあるところ、甲弁護士は、A氏から、事態を少しでも進展させるため、民事訴訟の準備も進めてほしいとの依頼を受けた。そこで、甲弁護士は、【書式2-11-2】の訴状案を作成した。

なお、Z社に関しては、主犯・首謀者であるY氏がX社の従業員であるため、Z社を相手に訴訟を提起しても大幅に過失相殺が認められる可能性があること、X社の調査にも（Y氏よりは）協力していること、1000万円を一括で支払うとの提案はX社にとって捨てがたいものであったこと等の事情から、結論として民事訴訟の相手方にはしないことになった。

【書式2-11-2】　訴状（〈Case ⑪〉）

訴　　状

平成29年〇〇月〇〇日

〇〇地方裁判所　御中

　　　　　　　　　　　　　原告訴訟代理人
　　　　　　　　　　　　　　　弁護士　　　　　乙
　　　　　　　　　　　　（担当）同　　　　　　甲

〒○○○-○○○○　東京都○○区○○1-2-3
　　　　　　　　　　原　　　　　告　　株式会社X
　　　　　　　　　　代 表 者 代 表 取 締 役　　○　○　○　○
〒○○○-○○○○　東京都○○区○○3-4-5
　　　　　　　　　　乙法律事務所（送達場所）
　　　　　　　　　　電　話（03）○○○○-○○○○
　　　　　　　　　　ＦＡＸ（03）○○○○-○○○○
　　　　　　　　　　原告訴訟代理人弁護士　　　　乙
　　　　　　　　　　　　　同　　　　　　　　　　甲
〒○○○-○○○○　○○県○○区○○7-8-9
　　　　　　　　　　被　　　　　告　　　　　　　Y

損害賠償請求事件
訴訟物の価格　　金2500万円
貼用印紙額　　金9万5000円

第1　請求の趣旨
　1　被告は、原告に対し、金2500万円及びこれに対する訴状送達の日の翌日から支払済みまで年5分の割合による金員を支払え
　2　訴訟費用は被告の負担とする
　との判決並びに仮執行の宣言を求める。

第2　請求の原因
　1　当事者
　　　原告は、○○分野の製品販売を主な事業内容とする株式会社である（甲1）。
　　　被告は、平成○○年○○月○○日に原告に入社し、○○支店に配属され、

平成○○年○○月○○日に○○支店の資材部長となり、○○製品の原材料の購入等の業務に従事していたものである（甲2。なお、原告は、被告を、平成○○年○○月○○日付けで懲戒解雇している。）。

2 本件の概要

本件は、原告が訴外Z株式会社（以下「Z社」という。）に注文した商品に関し、被告が、Z社と共謀の上、Z社をして、水増しした商品代金額を原告に請求させ、これに対し、原告が、本来支払義務がないにもかかわらず、被告及びZ社に欺罔された結果、Z社に対し、水増し分として、少なくとも金2500万円以上の支払いをし、原告に同額の損害が生じたという事案である。

3 被告の原告に対する加害行為について

本件は、原告が社内に開設している内部通報窓口に対し、匿名の通報があったことにより発覚した。その通報内容は、大要、被告が、原告に対して原材料を販売しているZ社と共謀の上、Z社をして、水増しした商品代金額を原告に請求させ、これにより、原告が水増しされた商品代金額をZ社に支払い、被告がZ社から水増し分の全部又は一部を不当に取得しているというものであった（以下「本件加害行為」という。）。

原告が、被告に貸与しているパソコンを調査した結果、被告による本件加害行為を窺わせる電子メールその他の資料が発見され、これらの資料を基に被告に確認したところ、甲第3号証の上申書のとおり、実際に本件加害行為を行っていたことを認めた。

さらに、原告が、本件加害行為に加担していたかどうかについて、Z社における担当者で、同社の取締役でもあるBに確認したところ、甲第4号証の陳述書のとおり、Z社が本件加害行為に加担していたことを認めた。

被告の上記行為は、原被告間で締結されている雇用契約に当然に違反するものであり、また、不法行為を構成するものである。

4 被告の加害行為により原告に発生した損害について

Z社のBは、陳述書（甲4）のとおり、Bが原告を担当していた5年間、水増しした商品代金額を原告に請求したこと、適正な商品代金額との差額は、年間で合計500万円を超えており、5年間の総額で少なくとも2500万円であったことを認めている。

5 結語

 以上のとおり、原告は、被告の本件不法行為により、少なくとも金2500万円以上の損害を被っていることから、被告に対し、債務不履行又は不法行為に基づく損害賠償請求権に基づき、金2500万円の支払い及びこれに対する訴状送達の日の翌日から支払済みまで民法所定の年5分の割合による遅延損害金の支払いを求めるものである。

以上

証拠書類

甲第1号証	原告の履歴事項全部証明書
甲第2号証	被告の職歴書
甲第3号証	被告作成の上申書
甲第4号証	B作成の陳述書

添付書類

1	訴状副本	1通
2	甲号証の写し	各1通
3	訴訟委任状	1通

4 刑事告訴の準備

 また、甲弁護士は、A氏から、Y氏が、当初完全否定し、その後客観的な証拠等を示されるや一転して一部犯行を認めたり、A氏が脅迫したと述べるなど、虚偽の供述をしたこと、B氏の陳述書も示したにもかかわらず、解決金1000万円での示談に固執していること等、その対応が悪質であるとして、社内で厳罰を望む声が強く、事態が進展しないのであれば、刑事告訴も行いたいとの話があり、刑事告訴の準備も行うことになった。そこで、甲弁護士は、【書式2-11-3】の告訴状案を作成した。

【書式2-11-3】 告訴状（《Case ⑪》）

告 訴 状

平成29年〇〇月〇〇日

〇〇警察署署長　殿

　　　　　　　　　　告訴人代理人
　　　　　　　　　　　　弁護士　　　　乙
　　　　　　　　　　　　同　　　　　　甲

住所　〒〇〇〇-〇〇〇〇　東京都〇〇区〇〇1-2-3
　　　告　訴　人　　株式会社X
　　　代表者代表取締役　　〇　〇　〇　〇

住所　〒〇〇〇-〇〇〇〇　東京都〇〇区〇〇3-4-5
　　　乙法律事務所
　　　　電　話　03-〇〇〇〇-〇〇〇〇
　　　　ＦＡＸ　03-〇〇〇〇-〇〇〇〇
　　　告　訴　人　代　理　人
　　　　　　弁護士　　　　乙
（担当）　　同　　　　　　甲

住所　〒〇〇〇-〇〇〇〇　〇〇県〇〇区〇〇7-8-9
　　　被　告　訴　人　　　Y
　　　　　　　　　　昭和〇〇年〇〇月〇〇日生

第1　告訴の趣旨
　被告訴人の後記第2記載の行為は、刑法246条1項（詐欺罪）に該当すると思料するので、捜査の上、厳重に処罰されたく、告訴する。

第2　告訴事実
　被告訴人は、告訴人のa支店の資材部長として、〇〇製品の原材料の購入等

の業務に従事していたものであるが、株式会社Z（以下「Z社」という。）の担当者であり、同社取締役であるBと共謀の上、告訴人と取引関係にあるZ社において告訴人に対し原材料の代金を過大に請求させることにより、適正な代金額との差額を告訴人から詐取することを企て、被告訴人において、Z社から過大な代金額が記載されたZ社名義の請求書を複数回受領し、過大な代金額が記載されていることを秘し適正な代金額が記載されたもののように装って告訴人の経理担当者に複数回交付し、告訴人の経理担当者にその都度適正な代金額が記載された請求書である旨誤信させ、よって、告訴人からZ社に対し、複数回にわたって過大な代金額と適正な代金額との差額を支払わせ、合計で少なくとも2500万円を支払わせたことにより、もって人を欺いて財物を交付させたものである。

第3　告訴の事情
　1　当事者
　　（※訴状の内容とほぼ同じであるため省略）
　2　犯行発覚の端緒
　　（※同上）
　3　犯行の具体的態様
　　（※同上）
　4　告訴人に生じた損害
　　（※同上）
　5　結語
　　以上のとおり、被告訴人が前記第2記載の犯行をしたことは明らかであり、告訴人が被った損害も少なくとも約2500万円以上と高額である上、未だに被害弁償がなされておらず、被告訴人が反省していないことは明白である。よって、御庁におかれては、告訴受理・立件の上、早急に被告訴人の身柄を確保し、厳正・迅速なる捜査を遂げられたい。

以上

証拠資料

　　1の1　　　　　　告訴人の会社案内

1の2	告訴人の履歴事項全部証明書	
2の1	被告訴人の履歴書	
2の2	被告訴人の職歴書	
（以下略）		

付属書類

1	現在事項全部証明書	1通
2	告訴委任状	1通
3	証拠資料写し	各1通

　なお、刑事告訴に関しては、捜査機関の強制捜査権が活用されることにより、不正行為の実態がより具体的かつ詳細に解明されるのではないかと期待する意見も散見される。しかし、捜査機関は、個々の不正行為が多数回にわたり繰り返されるような事案の場合、告訴事実を後の刑事裁判で確実に立証できる部分に限定させ、除外された部分については捜査しない傾向にある。

　さらに、民事手続と並行して刑事告訴を行い、捜査機関による取調べ等が行われた後、「民事で示談に応じれば告訴を取り下げる」との取引を対象者にもちかけることで、示談交渉をより有利に進められるのではないかと期待する意見も散見される。しかし、捜査機関は、捜査を民事紛争の解決に利用されないよう警戒しており、そのおそれのある事案については告訴の受理に慎重になる傾向にある（司法研修所検察教官室編『検察講義案〔平成27年版〕』26頁には、「告訴（告発）事件では、往々にして民事紛争の解決に捜査を利用しようとするものもあるから、その取扱いには特に注意し、軽々に当事者の一方に利用されることのないようにしなければならない」と記載されている）。また、詐欺等の知能犯でよくみられるところであるが、担当する捜査機関によっては、多忙を理由に公訴時効が先に来る旧件を優先し、刑事告訴した新件をかなり後回しにされ、民事手続を先に進めざるを得ない場合も多いように思われる。

　このほか、刑事告訴を行い、刑事裁判に移行した場合、会社内の不祥事が明るみに出て、会社の社会的評判を損なう（レピュテーションリスクが発生す

る）おそれもある。

　したがって、実際に刑事告訴を行うのは、被害額が巨額で、コンプライアンスの観点から放置することができないような場合や、対象者が民事手続での解決に全く協力しないため、一罰百戒の意味を込めて懲戒解雇だけでなく刑事上も責任を追及し、再発防止に役立てるような場合になると思われる。

　〈*Case*⑪〉において、甲弁護士は、a支店のある地域を管轄する警察署の担当部署（詐欺等を扱う知能犯係）に連絡のうえ、上記の告訴状案を持参し、A氏とともに担当刑事と相談することになった。

　しかし、担当刑事からは、現在担当部署は案件数に対して人員が足りず、よほど被害額が大きい案件でなければ、公訴時効が迫っている案件の後に着手することになる旨、したがって民事手続を先に進めてもらったほうがよいと思う旨、また、〈*Case*⑪〉の場合、B氏が供述をひるがえす可能性もあり、被害額を2500万円として告訴を受理することは難しく、本件一覧表のうち、対応する電子メールがあるものや、通帳写しの入金と関連づけることができるものに絞る必要があるかもしれない旨の話があった。

　そこで、刑事告訴の手続を進めるかどうかについて、いったん持ち帰って検討することになった。

5　丙弁護士との交渉②

　その後、甲弁護士は、A氏から、X社としては、基本的に民事訴訟および刑事告訴を依頼する方向であるが、念のため、丙弁護士と最後の交渉をしてほしい旨の要請を受けた。

　そこで、甲弁護士は、丙弁護士に連絡し、現在、事態は膠着しているので、民事訴訟の提起および刑事告訴の準備をしている旨、一定期間待つが、指定期限までに回答がない場合には、手続を進めざるを得ない旨通告した。

　これに対し、丙弁護士が、「指定した期限までに貴社が満足する金額を提示しない限り、刑事告訴するということか」と質問したため、甲弁護士は、「そうではない。当社にとって重要なことは真相の究明であり、これに基づ

く適正な被害の回復である。民事訴訟の提起や刑事告訴をするかどうかは、さまざまな事情を総合的に検討して判断することになるが、Y氏が真相の究明と当社の被害の適正な回復に協力する場合、この判断における重要な事情となる。また、現在、事態は膠着しているが、コンプライアンスの観点から、このまま放置することは許されず、指定した期限が経過しても事態に動きがなければ、やむを得ず、民事上・刑事上の手続をとらざるを得ない。すでに訴状および告訴状の準備は完了しており、刑事に関しては警察にも事前に相談しているところである。今お伝えした点も含め、今後の対応についてご検討いただきたい」と述べた。

これを受け、丙弁護士は「貴社の意向はY氏に伝える」と述べた。

6　Y氏からの再提案および公正証書の作成

その後、丙弁護士から、突如、甲弁護士に対し、「これまで1000万円での解決を提案していたが、500万円を増額してもよい」との再提案がなされた。

そのため、甲弁護士がA氏と相談したところ、民事訴訟に移行した場合、必ずしも2500万円以上認容されるとは限らないこと、判決を得たとしても、強制執行を通じた被害の回復が実現するとは限らないこと等を踏まえ、①1000万円を頭金として1回で支払うのであれば、また、②債務名義として判決と同様の効力を有する公正証書で合意できるのであれば、そして、③連帯保証人を用意するのであれば、X社としてもY氏の提案に応じることは可能との結論に至った。

そこで、甲弁護士が、丙弁護士に対し、上記①〜③の点について打診したところ、いずれも可能であるとの回答があったため、甲弁護士は、【書式2-11-4】の債務弁済契約公正証書案を作成した。

【書式2-11-4】 債務弁済契約公正証書（案）（《Case ⑪》）

債務弁済契約公正証書

　債務者Y（以下「甲」という）及び連帯保証人C（以下「丙」という。）と債権者X株式会社（以下「乙」という）とは、以下の約定により債務弁済契約（以下「本契約」という。）を締結する。

第1条　甲は、乙に対し、下記の損害賠償金として、金1500万円の支払債務（以下「本債務」という）を負担していることを承認し、乙はこれを確認する。
記
　　　　甲が、乙の従業員であった間、乙の債権者（以下「本債権者」という。）をして、本来の債権額を超える金額を乙に請求させ、乙から本債権者に対し、本来支払う必要のない当該請求額と本来の債権額との差額を支払わせ、甲が当該差額の一部を本債権者から甲に返還させて着服するという不法行為を繰り返したことにより、乙に発生した損害に係る損害賠償金

第2条　甲は、乙に対し、本債務金1500万円を、次のとおり分割して、下記口座に振込送金する方法により支払う。なお、振込手数料は甲の負担とする。
　　(1)　平成29年〇〇月末日までに金1000万円
　　(2)　平成29年〇〇月から平成〇〇年〇〇月まで、毎月末日限り金20万円ずつ
記
　　　　〇〇銀行　〇〇支店　普通預金
　　　　口座番号　1234567
　　　　口座名義人　X株式会社

第3条　甲が、第2条の分割金の支払いを一部でも怠ったときは、当然に期限の利益を失い、甲は、乙に対し、残金を直ちに支払う。

第4条　甲が、本契約に定める甲の債務の履行を遅滞したときは、甲は、乙に対し、遅滞した日から支払い済みまで年10％の割合による遅延損害金

> を支払う。
> 第5条　本公正証書の作成に要する費用は、甲の負担とする。
> 第6条　丙は、本契約に定める甲の債務を保証し、甲と連帯して支払う。
> 第7条　甲と乙は、本件に関し、本契約に定めるほか、甲と乙の間に何ら債権債務がないことを確認する。
> 第8条　甲及び丙は、本契約に定める金銭債務を履行しないときは、直ちに強制執行に服する旨の陳述をした。

　甲弁護士が【書式2-11-4】の債務弁済契約公正証書案を丙弁護士に送ったところ、丙弁護士は、①Y氏の再就職に影響しないようにするため、「乙は、第1条記載の事実を含む本契約の内容を第三者に開示しない」との条項を新7条として、また、②刑事を含めて一切を解決するため、「乙は、甲を宥恕し、第1条記載の甲の不法行為について、刑事民事を問わず一切の法的責任を追及しないことを約する」との条項を新8条として加えるよう甲弁護士に求めた。

　これを受け、甲弁護士は、A氏と相談のうえ、①については、〈Case⑪〉の最終的な解決内容を親会社に報告する必要があるため、第三者から親会社を除くとともに、法令上開示義務を負うような場合に開示できるようにする観点から、「乙は、甲の同意がない限り又は法令により開示の義務を負う場合その他正当な理由がない限り、第1条記載の事実を含む本契約の内容を第三者（乙の親会社を除く。）に開示しない」と修正し、②については、債務がすべて履行された場合に限定する必要があることから、「乙は、甲又は丙が本契約に定める債務を全て履行した場合に限り、甲を宥恕するとともに、第1条記載の甲の不法行為について、刑事民事を問わず一切の法的責任を追及しないことを約する。」と修正した案を丙弁護士に提示した。

　そして、丙弁護士が、Y氏と相談のうえ、①②の各修正案に同意することを甲弁護士に連絡したため、①②の各修正案を盛り込んだ内容で公正証書を作成することになった。

　また、Z社との間でも、連帯保証人の記載や前記①②のような条項がなく、

債務の額を1000万円とし、当該金額を1回で支払う以外は、Y氏の場合とおおむね同内容の公正証書を作成することになった。

そこで、甲弁護士は、いつも依頼している公証人に連絡し、事案の概要を説明のうえ、Y氏・Z社それぞれ別個に債務弁済契約公正証書を作成することを依頼した。加えて、関係者の間で日程調整を行うとともに、公正証書の案文を公証人にFAXで送り、内容の確認も依頼した。

その後、公証人の指示の下、以下の必要書類を準備し、事前にこれらのコピーを公証人に送り、また、公証人に対し用意すべき手数料について確認のうえ、手数料を用意するよう丙弁護士と丁弁護士にそれぞれ連絡した。

【Yの場合】
・Yおよび連帯保証人の印鑑証明書（3カ月以内に取得したもの）
・上記印鑑証明書の実印で押印した委任状（Y用・連帯保証人用の2種類）
・代理人の本人確認書類（運転免許証等）および職印

【Z社の場合】
・Z社の履歴事項全部証明書（3カ月以内に取得したもの）
・Z社の印鑑証明書（3カ月以内に取得したもの）
・上記印鑑証明書の実印で押印した委任状
・代理人の本人確認書類（運転免許証等）および職印

※なお、上記のほかにも、本人確認書類（たとえば運転免許証）には自宅住所のみが記載され、委任状には事務所住所しか記載されていない場合、代理人本人と事務所住所を紐づけるものとして、弁護士会発行の印鑑証明書または身分証明書の持参を求められる場合もある。

【書式2-11-5】 委任状（《Case⑪》）

委 任 状

平成29年〇月〇日

住　所　　東京都〇〇区〇〇1-2-3
氏　名　　株式会社X

```
                    代表者代表取締役  ○  ○  ○  ○  ㊞

  私は、次の弁護士を代理人と定め、下記の事項を委任します。
                    弁護士      甲
                                （○○弁護士会所属）
            〒○○○-○○○○  東京都○○区○○3-4-5
            乙法律事務所
            電  話  03-○○○○-○○○○
            Ｆ Ａ Ｘ  03-○○○○-○○○○

                        記
  別紙内容による執行認諾文言付きの公正証書の作成及び受領に関する一切の権
  限
```

※公証人がドラフトを事前に送ってくるので、内容に問題がなければ、当該ドラフトを別紙として添付すると簡便である。また、この場合、「委任状の裏面」と「当該ドラフトの表面」の境に上記の実印で契印することになる。

　そして、後日、Ｘ社とＹ・Ｃ（連帯保証人）の間、また、Ｘ社とＺ社の間で公正証書が作成され、当事者間で示談が成立した。

　また、甲弁護士は、示談が成立し、〈*Case*⑪〉が民事において解決したことも踏まえ、○○警察署の担当者に連絡し、刑事告訴はしない旨伝えた。

VII 再発防止策の検討

　〈*Case*⑪〉では、主に、長年にわたりＹ氏だけの判断で原材料の購入先を決定でき、その妥当性を事後的にも確認しない体制となっていたことが、不正行為発生の原因であった。

　そこで、原材料を購入する場合、必ず複数社から見積りをとるようにし、また、定期的に支店長および本社の管理部門がランダムに請求書を確認し、過大なものがないか確認する等の再発防止策を策定した。

本稿は、複数の事例を組み合わせるなどして構成したものであり、実際の事例とは異なる。

第12章 弁護過誤

I 事案の概要

―〈Case⑫〉―

　本件は、平成20年5月に、Y弁護士が代理人の下、妻子持ちであるX氏が、非嫡出子A（当時未成年）の親権者母B女から裁判外の認知請求をされ、認知請求権を放棄する代わりに3億円の対価を支払ったにもかかわらず、その9年後の平成29年10月に、再びA（当時成人）から調停で認知請求をされ、認知をせざるを得なくなったことから、X氏が、当時の代理人であったY弁護士に対し、認知請求権放棄が無効であるとの説明を受けていなかったこと等を理由として、上記3億円相当の損害賠償請求をする事案であり、いわゆる「弁護過誤」を理由とする損害賠償請求である。

II 実務上のポイント

〈Case⑫〉における実務上のポイントは、以下の2点である。
① 弁護過誤（弁護士の善管注意義務）
② 委任契約における責任制限条項

Ⅲ X氏からの当初ヒアリング

　X氏は、甲弁護士の顧問先のIT企業社長であり、現在、50歳である。X氏は、早よりIT時代の到来を予測して起業して成功を収め、若くして一代で相当の財産を築き、また、妻と子4人にも恵まれ、良好な家族関係を築いていた。そんなX氏から、平成29年10月に、慌てた声で電話があり、「至急相談したいことがある。直接話をしたいので、今から事務所に行ってもよいか」とのことだったので、急きょ打合せをすることとなった。以下がX氏からのヒアリング概要である。

- X氏は、平成5年、妻と子4人がいたが、不倫関係にあった自分の会社の女性B女との間に子どもができ、B女は、X氏に対し、認知は一切求めないことを約束し、会社を退社のうえ、未婚のままAを出産した。
- X氏は、出産後、B女に対し、毎月の生活費として相当額を給付してきたが、いつしかそれが途絶えていたところ（平成18、19年頃までとのことであった）、B女から、平成20年5月、突如として、裁判外の認知請求がされた。
- X氏は、会社の問題ではなく、個人の問題であったことからこういった案件に強いとして紹介を受けたY弁護士にその代理を委任したところ、B女の代理人から、3億円を支払えば認知請求権を放棄することは可能であるとの提案があったことから、X氏はその条件に同意し、（資料2-12-1）のような（簡潔な）合意書（以下、「本件合意書」という）を締結し、X氏はB女に対し3億円を支払った。
- なお、親子関係については、念のためDNA鑑定をしたところ、両者の親子関係の確率は99.99％という結果だったとのことである。
- 甲弁護士から、認知請求権は放棄できない（認知請求権の放棄合意は無

効)との確立された判例(最判昭和37・4・10民集16巻4号693頁)があり、かつ、以前にDNA鑑定をしている以上、認知請求を拒否することは困難である旨説明したところ、X氏は、Y弁護士からそのようなことは聞いていない、そもそもそんなことなら3億円もの大金を支払うことなどしないなど、今回の認知請求が青天の霹靂のようであった。

・X氏は、今回の認知請求を拒否することが困難であると理解はしたものの、「どうせ認知しないといけないなら、3億円もの大金を支払うことなどしなかった」との思いが強く、A・Bとの関係では、認知請求を拒否したいが、それができなければせめて3億円の返還請求ができないか、また、これらが難しいのであれば、Y弁護士との関係で、何らかの責任追及ができないか、との希望が示された。

(資料2-12-1) 合意書(《Case ⑫》)

合 意 書

BとXは、BのXに対するAに係る認知請求の件(以下「本件」という。)に関して、以下のとおり合意した。
1 Xは、AがXの子であることを認める。
2 Bは、Xが本件の解決金3億円をB指定の口座(略)に振り込む方法により支払うことを条件として、認知請求権を放棄する。
3 BとXは、両者の間には、本書に定めるもののほか、互いに何らの債権債務がないことを確認する。
以上を証するため本書2通を作成し、各自署名押印の上各1通を保有する。

平成20年5月30日
　東京都世田谷区○○1-2-3
　　　　　　B　　　㊞

```
　東京都港区○○7-8-9
　　　　X　　　㊞
```

Ⅳ 法的論点の整理

　甲弁護士は、X氏の、①A・Bとの関係では、認知請求を拒否したいが、それができなければせめて3億円の返還請求ができないか、また、これらが難しいのであれば、②Y弁護士との関係で、何らかの責任追及（金銭解決）ができないか、との希望を踏まえて、法的論点を整理することとした。

1　対A・B関係

(1)　認知請求の拒否

　想定の範囲内ではあったが、学説上は議論はあるものの、判例上は、前掲最判昭和37・4・10を含めて例外なく認知請求権は放棄できない（認知請求権放棄の合意は無効）との確立された見解（放棄絶対無効説）がとられているようであり、まずもって不可能との結論であった。

　また、仮に学説上の（特に一定の給付があった場合の）権利濫用説または放棄条件付有効説に拠ったとしても、〈Case⑫〉においては、子Aが請求人であるところ、本件合意書上は、B女が子Aの親権者としてではなくB個人として名義人となっており、また、認知請求権放棄の対価も子AではなくB女個人に給付されていることからも、認知請求の拒否は絶望的な状況であった。

(2)　認知請求権放棄の対価の返還請求

　次に、認知請求権放棄の対価の返還請求を検討することとしたところ、理論上は、認知請求権放棄の合意が無効であれば、これを条件とする給付も根拠がなくなることから、不当利得返還請求（民法703条）も成り立ちうるよう

に思われた。

　しかし、かかる不当利得返還請求が問題となった判例はみあたらず、学説上は諸説あるものの否定説（根拠としては、民法708条の不法原因給付にあたることをあげる）が有力に指摘されていたこと（中川善之助＝米倉明編『新版注釈民法(23)』423頁）、また、前述のとおり、本件合意書につき名義上も給付上も子Ａではなく Ｂ女個人とされていたことから、少なくとも認知請求人である子Ａに対する返還請求は困難と思われた。

　また、Ｂ女に対しても、Ｘ氏とＢ女の共通の知人から、Ｂ女が認知請求権放棄の対価である３億円を元手に事業を起こしたが、その後事業に失敗して破産したとのことで、仮に不当利得返還請求権が成り立ちうるとしても、回収が事実上不可能と思われた。

2　対Ｙ弁護士関係

(1)　弁護過誤の整理

　次に、甲弁護士は、Ｘ氏の第２の希望であるＹ弁護士に対する責任追及（金銭解決）を検討した。いわゆる「弁護過誤」である。甲弁護士は因果応報論者であることもあって、あまり（というか相当）気乗りはしなかったが、「クライアントファースト」の信念の下、淡々と業務遂行することを決意した。

　弁護過誤については、判例・文献もそれなりにある分野であるが、文献については、弁護士執筆のものと裁判官執筆のものとで、比較的ニュアンスが異なる。想像に難くないが、相対的に、前者は甘めの論調、後者は厳しめの論調であった（後者の中には、弁護士に結果債務を負わせているのではないか、と怒りがこみ上げてくるものもあり、法曹一元制の必要性を強く感じた）。甲弁護士としては、当然ながら後者の裁判官執筆のものに拠ることとし、その中でも弁護過誤に関する権威的な立場にある加藤新太郎（元）判事（以下、「加藤判事」という）の各種論考を踏まえることとした。

　加藤判事によれば、弁護過誤の前提となる善管注意義務（以下、「注意義

務」という）について、以下のような整理をされていた（加藤新太郎『弁護士役割論』67頁以下、同「弁護士の責任」川井健＝塩崎勤編『新・裁判実務大系(8)専門家責任訴訟法』54頁以下等参照）。

① 依頼者と最初に接触して事情を聴取する段階では、「依頼者から適切に情報を引き出し、その意図するところを的確に把握するとともに、依頼者の語る事実を一応の資料の裏付けをもって認識すべき義務」。

② 依頼者から聴取し、調査した事実を法的観点から吟味・検討する段階では、「平均的弁護士としての技能水準に照らして、当該事象に対して、およそ考えられるあらゆる面から法的に吟味・検討すべき義務」。

③ 弁護士が当該事象に対する法的検討の結果を踏まえて、当面する問題を解決するため、または、依頼者の要求を満たすため、自らの専門的知識・経験に基づき、どのような活動をしていくかの具体的措置を選択する段階では、「問題解決にふさわしい措置を選択すべき義務」。

④ 弁護士がそうして選択した措置について依頼者に対して説明して承諾を得る段階では、「依頼者が意思決定をするのに必要にして十分な説明をする義務」。

⑤ 弁護士と依頼者との間で決定された方針に基づいて、弁護士が依頼者と連絡をとりつつ具体的な活動を展開していく段階では、「審判を受ける機会・期待を保護すべき義務」、「依頼者の損害発生を防止すべき義務」、「適宜なタイミングで事態の推移、顛末を依頼者に報告すべき義務」。

⑥ 委任事務が終了した段階では、「依頼者が不利とならないよう適時に適切な事後処理をする義務」。

甲弁護士は、上記のような整理を踏まえて、〈*Case* ⑫〉は合意書（資料2-12-1）の締結および認知請求権放棄の対価給付に関する事柄が問題であるから、主として、③④の段階におけるY弁護士の行為について、責任論および損害論の観点から論点整理を行うこととした。

(2) 責任論の整理

まず、「認知請求権放棄が無効であること」が弁護士の説明義務の対象となることは、特段判例・文献はみあたらないが、当然の解釈と思われる。ただ、Y弁護士に対し、これをそのまま「認知請求権放棄が無効であることの説明をしなかった」とだけ主張しても、言った言わないの水かけ論となり、否定されれば立証責任の点から苦しいと思われた。

そこで、甲弁護士としては、認知請求権放棄の効力自体に関する論点、あるいは、認知請求権放棄に付随する論点を踏まえて、Y弁護士の注意義務の内容・違反について、以下のような整理を試みた。

① 判例上、認知請求権放棄の合意が無効であるとされているところ、これを説明する義務を怠った。【本件注意義務・違反①】

② 上記①については、相当の対価を給付したとしても認知請求権放棄の合意が無効と解されているところ、これを説明する義務を怠った。【本件注意義務・違反②】

③ 認知請求権放棄の合意違反があった場合でも、対価の返還請求はできない可能性があることを説明する義務を怠った。【本件注意義務・違反③】

④ 認知請求権放棄の合意に違反した場合の違約条項(例:対価の全部または一部の返還)を盛り込む(よう提案する)義務を怠った。【本件注意義務・違反④】

①の懈怠については、水かけ論になる可能性が高いことが想定されたが、他方、②ないし④の懈怠についてはそもそもそれが注意義務の内容となるか、あるいは、④については認知請求権放棄が無効とされていることとの関係で当該条項が有効なのか、との点はおくとして、Y弁護士に対するヒアリング次第では、甲弁護士の構成に有利な供述が引き出せる可能性があると思われた。

(3) 損害論の整理

次に、甲弁護士は損害論の整理をし、以下のような論点を想定した。

① 認知請求権放棄の対価の一部が、実質的には養育費にあてられていると解されることから、当該分については損害賠償請求の場合の「損害」、不当利得返還請求の場合の「損失」は発生していないのではないか（なお、X氏は、A出産後、B女に対し、平成18、19年頃まで、毎月の生活費として相当額を給付していたが、以降は給付していない）。
② 認知請求権放棄の合意違反があった場合に対価の返還請求ができると解されるのであれば、（回収可能性はおくとして）「損害」「損失」が発生していないのではないか。
③ 仮に前記(2)①～④の義務が履行されていた場合でも、X氏は認知請求権放棄の対価を給付していたのではないか。

いずれの論点も解釈・あてはめの点で流動的であって、〈Case⑫〉はまずは示談交渉から入る予定だったことから、ひとまず問題意識の整理にとどめて深入りせず進めることとした。

3　X氏との方針協議

甲弁護士は、X氏に対し、以上の整理を踏まえて、まず、認知請求の拒否および認知請求権放棄の対価の返還請求については困難である旨説明しつつ、他方、Y弁護士に対する責任追及については、言った言わないの水かけ論となる面が多々あり、また、どこまでが注意義務の内容となるか読みがたく、それなりにハードルは高いと思うが、土俵には乗る話である旨説明した。

X氏から、前者については淡々と対応すること、また、後者についてはこのままでは腹の虫が収まらないので結果が駄目でも責任追及はしたいとの希望があったことから、甲弁護士は、本丸を後者（Y弁護士に対する責任追及）としてX氏の希望に沿って進めることとした。

V　Y弁護士へのヒアリング

　甲弁護士は、上記を踏まえて、Y弁護士に対するヒアリングを実施することとした。その際、Y弁護士に対する責任追及の感を臭わせると無用な警戒をされかねないことから、調停対応のため合意書（資料2-12-1）締結当時の状況に関するヒアリングをさせてもらうという形を前面に押し出すこととした。

　また、このヒアリングの後は内容証明を出す予定であり、内容証明を出せば本人から話を聞くことはできなくなる可能性が高いことが想定されたため、無警戒の状況における最後のヒアリングのチャンスであることを肝に銘じ、訴訟における尋問と同様に事前に質問事項・流れを練り、かつ、当日はボイスレコーダー2台を携えヒアリングにのぞむこととした。

　以下が、本件合意書締結当時の状況をひととおり聞いた後のY弁護士へのヒアリングの要旨である（なお、【本件注意義務・違反①】については、Y弁護士としては、X氏に対しきちんと説明している、とのことであった）。

> 甲弁護士：ところで、認知請求権の放棄は、どのような場合でも無効になるのでしょうか。今回のように多額の対価を給付している場合には、個人的には有効となってもよいのではないか、とも思われまして（甲の心の声：どうあがいても有効になるわけはないと思うけど）。
> Y弁護士：私も詳細な議論はよく知りませんが、一定の場合には権利濫用になるのではないでしょうか（甲の心の声：Xさんに3億円も支払わせるのに、議論状況も調べていないのか……）。
> 甲弁護士：もし権利濫用とされたような判例があれば、教えていただけますでしょうか（甲の心の声：そんな判例ないけど、知ったかぶりしてくれないかな）。

Y弁護士：そこまでは調べていないから、わかりませんね（甲の心の声：知ったかぶりはしなかったが、【本件注意義務・違反②】はある程度クリア）。

甲弁護士：ありがとうございます。こちらでも調べはしたのですが、あまり参考になりそうな判例はなくて……。Xさんとしても、認知請求権放棄の合意が無効であることは理解できたようなのですが、それが無効なら、せめて対価の3億円はどうにかできないか、との気持が強いようでして、何かいいアイデアはないでしょうか。

Y弁護士：認知請求権を放棄しているのに認知請求をしてきていることから、債務不履行として損害賠償も可能ではないでしょうか（甲の心の声：認知請求権放棄の合意違反があった場合の対価の返還請求の可否に関する議論については、そもそも知らないようだ。これで【本件注意義務・違反③】はクリア）。

甲弁護士：なるほど、そのような考えもありうるのですね。ちなみに、認知請求権放棄の合意が無効である以上、それを条件とする対価の給付も根拠がなくなるとして、不当利得返還請求（民法703条）はできないでしょうか（甲の心の声：一応理論上はもっともらしくはあるから、請求しうると言ってくれないかな）。

Y弁護士：なるほど、そのような法律構成もあり得ますね（甲の心の声：【本件注意義務・違反③】のダメ押し）。

甲弁護士：Y先生のようなお考えであれば、不要かとは思うのですが、本件合意書上、一応、事後に認知請求した場合の違約条項、たとえば、事後に子AまたはB女が認知請求をした場合には、対価の全部または一部を返還する、等の条項を付けておいてもよかったのでは、とも思っていますが、いかがでしょうか（甲の心の声：ちょっと警戒されるかな）。

Y弁護士：……確かに、ないよりはあったほうがよいとは思いますね。

ただ、先ほどの話からすると、このような条項がなくても、損害賠償請求や不当利得返還請求ができそうなので、あまり大きな問題にはならない気もしますね（甲の心の声：ちょっと気まずそうではあるけれど、【本件注意義務・違反④】もクリア。そもそも認知請求権放棄が無効とされていることとの関係で、当該条項の有効性に疑義はあると思うけど……）。

甲弁護士：なるほど、いろいろとご教示をいただきありがとうございました。認知請求を拒否することはなかなか現実的ではありませんが、何とか一矢報いることができるよう頑張ります。

VI Y弁護士に対する内容証明の作成・送付

　前述のY弁護士へのヒアリングの結果、甲弁護士としても、【本件注意義務・違反①】については、当初から期待していなかったが、他方、【本件注意義務・違反②ないし④】については、そもそもそれが注意義務の内容となるのかの点はおくとして、主張レベルでは明確な供述が引き出せたことから、これを踏まえて、Y弁護士に対して、以下のような内容証明を作成・送付することとした。なお、【本件注意義務・違反①】については、水かけ論になる可能性が高かったことから、これは直接的には取り上げないこととし、【本件注意義務・違反②】の中で主張することとした。

【書式2-12-1】　通知書（《Case ⑫》）

通　知　書

平成29年11月5日

弁護士　　　　Y　　　　先生

　　　　　　　　　　　　　　　　　Ｘ代理人弁護士　　　　甲　㊞

前略　当職は、Ｘの代理人として、ＢのＸに対するＡに係る認知請求に係る平成20年5月30日付合意書の件（以下「本件」といいます。）に関して、貴職に対し、以下のとおり通知します。

1　貴職は、本件に関して、後述のとおり、委任者であるＸに対して負っていた（準）委任契約（民法643・656条。以下単に「委任契約」といいます。）に基づく各種善管注意義務（民法644条）に違反し、これによって、Ｘは本件に関してＢに給付した3億円及び遅延損害金相当の損害を被っています。ついては、貴職におかれては、平成29年11月19日までに、当該金員を当方指定の口座（略）に振り込む方法によりお支払下さい。

2　弁護士の注意義務に関する一般論
　　貴職もご高承のとおり、弁護士は、依頼者に対し、委任契約に基づく善管注意義務を負っているところ、かかる善管注意義務は、職務の性質上、高度で専門的なものとされており、その内容は、以下のとおりと解されます（加藤新太郎『弁護士役割論』67頁以下、加藤新太郎「弁護士の責任」川井健＝塩崎勤編『新・裁判実務大系(8)専門家責任訴訟法』54頁以下等参照）。
①　依頼者と最初に接触して事情を聴取する段階では、弁護士は、「依頼者から適切に情報を引き出し、その意図するところを的確に把握するとともに、依頼者の語る事実を一応の資料の裏付けをもって認識すべき義務」があります。
②　依頼者から聴取し、調査した事実を法的観点から吟味・検討する段階では、弁護士は、「平均的弁護士としての技能水準に照らして、当該事象に対して、およそ考えられるあらゆる面から法的に吟味・検討すべき義務」があります。
③　弁護士が当該事象に対する法的検討の結果を踏まえて、当面する問題を解決するため、または、依頼者の要求を満たすため、自らの専門的知識・経験に基づき、どのような活動をしていくかの具体的措置を選択する段階では、弁護士は、「問題解決にふさわしい措置を選択すべき義務」があり

ます。
④　弁護士がそうして選択した措置について依頼者に対して説明して承諾を得る段階では、弁護士は、「依頼者が意思決定をするのに必要にして十分な説明をする義務」があります。
⑤　弁護士と依頼者との間で決定された方針に基づいて、弁護士が依頼者と連絡をとりつつ具体的な活動を展開していく段階では、弁護士は、「審判を受ける機会・期待を保護すべき義務」、「依頼者の損害発生を防止すべき義務」、「適宜なタイミングで事態の推移、顚末を依頼者に報告すべき義務」があります。
⑥　委任事務が終了した段階では、「依頼者が不利とならないよう適時に適切な事後処理をする義務」があります。
　しかるに、本件に関して、貴職は、後述のとおり、上記③④の段階において、Ｘに対して負っていた「高度の善管注意義務」に違反しています。

3　貴職の善管注意義務違反
(1)　判例上、相当の対価を給付したとしても認知請求権放棄の合意が無効と解されているところ、これを説明する義務を怠ったこと
　この点、認知請求権放棄の合意が無効であることは確立した判例ですが（最判昭和37・4・10民集16・4・693）、これは相当の対価を給付した場合でも異ならないこと、このことは各種文献、例えば前掲最判の解説である米倉明「判批」家族法判例百選［第5版］85頁においても、「これまでのところ、下級審判例をふくめて判例は、法律論としては認知請求権の放棄を許さない（放棄は常に例外なしに無効）という立場をと」っている、「裁判所の態度はこのようにきわめてはっきりと、認知請求権の放棄は許されないということに確定しているといってよい」などと論じられていること、本件合意書に基づく認知請求権放棄の対価が3億円という極めて高額なものであること、Ｘとしては、Ｂからの認知請求を回避することを主たる目的として貴職に委任したことからすれば、貴職において、「依頼者が意思決定をするのに必要にして十分な説明をする義務」として、判例上、相当の対価を給付したとしても認知請求権放棄の合意が無効と解されていることを説明する義務を負っていたことは明らかです。

しかるに、貴職は、先般の面談において、当職の「認知請求権の放棄は、どのような場合でも無効になるのでしょうか。今回のように多額の対価を給付している場合には、個人的には有効となってもよいのではないか、とも思われまして。」との質問に対して、「私も詳細な議論はよく知りませんが、一定の場合には権利濫用になるのではないでしょうか。」と述べておられることからも容易に理解できるとおり、上記事項を説明していないことは明らかです（なお、Xとしては、そもそも貴職から認知請求権放棄の合意が無効である旨の説明もなかったとのことですので、念のため指摘しておきます。）。

(2) 認知請求権放棄の合意違反があった場合でも、対価の返還請求はできない可能性があることを説明する義務を怠ったこと

　また、前述の事情に加えて、認知請求権放棄の合意違反があった場合に対価の返還請求ができるか否かにつき、基本的な文献である中川善之助＝米倉明編『新版注釈民法(23)』（有斐閣、初版、平成16年）423頁において、民法708条の不法原因給付に当たるものとして返還請求し得ないとする見解が適切であるとの指摘がされていること、また、Xのような一般人においては、契約違反があった場合にはその対価の返還を請求できると考えることも無理からぬ（むしろ自然な）感覚であることからすれば、貴職においては、「依頼者が意思決定をするのに必要にして十分な説明をする義務」として、認知請求権放棄の合意違反があった場合でも、対価の返還請求はできない可能性があることを説明する義務を負っていたことは明らかです。

　しかるに、貴職は、先般の面談において、当職の「Xさんとしても、認知請求権放棄の合意が無効であることは理解できたようなのですが、それが無効なら、せめて対価の3億円はどうにかできないか、との気持が強いようでして、何かいいアイデアはないでしょうか。」、「認知請求権放棄の合意が無効である以上、それを条件とする対価の給付も根拠がなくなるとして、不当利得返還請求（民法703条）はできないでしょうか。」との質問に対して、前者につき「認知請求権を放棄しているのに認知請求をしてきていることから、債務不履行として損害賠償も可能ではないでしょうか。」、後者につき「なるほど、そのような法律構成もあり得ますね。」と述べておられることからも容易に理解できるとおり、上記事項を説明していないことは明らかです。

(3) 認知請求権放棄の合意に違反した場合の違約条項（例：対価の全部又は一

部の返還）を盛り込む（よう提案する）義務を怠ったこと

　そして、前述のとおり、認知請求権放棄の合意違反があった場合に対価の返還請求ができるか否かにつき、民法708条の不法原因給付に当たるものとして返還請求し得ないとする見解が適切であるとの指摘がされていることからすれば、貴職においては、「問題解決にふさわしい措置を選択すべき義務」として、少なくとも本件合意書上、民法708条但書に当たるような事実としてB側においてこそ認知請求権放棄の対価の給付による解決を積極的に望んできた旨の確認条項や、認知請求権放棄の合意に違反した場合に対価の全部又は一部を返還する旨の給付条項等を盛り込む義務を負っていたことは明らかです。

　しかるに、本件合意書上、このような条項は盛り込まれていないこと、また、貴職は、先般の面談において、当職の「Y先生のようなお考えであれば、不要かとは思うのですが、本件合意書上、一応、事後に認知請求した場合の違約条項、例えば、事後にA又はBが認知請求をした場合には、対価の全部又は一部を返還する、等の条項を付けておいてもよかったのでは、とも思っていますが、いかがでしょうか。」との質問に対して、「確かに、ないよりはあったほうがよいとは思いますね。ただ、先ほどの話からすると、このような条項がなくても、損害賠償請求や不当利得返還請求ができそうなので、あまり大きな問題にはならない気もしますね。」と述べておられることからも容易に理解できるとおり、上記事項を盛り込んでおらず、その提案もしていないことは明らかです。

4　Xの被った損害

　Xは、前述の貴職の善管注意義務違反によって、Bに対し、認知請求権放棄の対価として3億円の給付を余儀なくされていることから、Xにはかかる3億円（及び遅延損害金）相当の損害が発生しています。

　なお、X（のみならず一般人の素朴な感覚）としては、仮に貴職の善管注意義務が履行されていれば、認知請求権放棄の合意が無効かつその対価の返還請求もできない中で、3億円もの極めて高額な金員を交付することはありえなかったことを、念のため申し添えます。

> 5 　以上のとおり、貴職は委任者であるXに対して負っていた各種善管注意義務に違反し、これによって、Xは本件に関してBに給付した3億円及び遅延損害金相当の損害を被っていますので、貴職におかれては、前述の期限・金額・口座宛に金員をお支払下さい。
> 　仮に貴職におかれて誠意ある対応が見られない場合には、当方としては、貴殿の所属弁護士会である〇〇弁護士会における各種手続（紛議調停・懲戒請求）並びに民事保全の申立及び民事訴訟の提起その他あらゆる法的措置を講じる所存ですので、ご留意下さい。
>
> 　　　　　　　　　　　　　　　　　　　　　　　　　　　　草々

Ⅶ　Y弁護士の代理人乙弁護士との面談、X氏との協議、示談の成立

1　Y弁護士の代理人乙弁護士との面談

　Y弁護士に対し前述の内容証明を送付してから1週間後、Y弁護士の代理人乙弁護士から協議の申入れがあったことから、面談をすることとなった。以下が甲弁護士と乙弁護士との面談の要旨である。

> 乙弁護士：甲先生の通知書を読ませていただきました。認知請求権放棄の合意が無効であることについては、Y弁護士としても、きちんと説明したとの認識です。ただ、甲先生の通知書に記載の義務については、それが法的に善管注意義務の内容となるかは別として、Y弁護士としても、きちんと情報を伝えておくべきであったと一定の道義的責任は感じているようなので、当方としては、まずは話し合いによる解決を模索できないかと思っています。
> 甲弁護士：当方としても、話し合いによる解決はやぶさかではありません。その際は、金額感とY弁護士の誠意になるかと思いま

　　　　　す。また、金額感については、弁護士賠償責任保険との関係もあろうかと思いますので、まずは保険会社にご相談いただければと思っています。
乙弁護士：ちょっと申し上げにくいのですが、弁護士賠償責任保険については、賠償請求期間が５年のプランだったようで、今回は使えないようです……。
甲弁護士：わかりました……。そうすると、率直なところ、どの程度のお支払いを考えておられますか。
乙弁護士：純粋に個人的な負担になるので、Ｙ弁護士としても非常に悩んだところなのですが、本人も一定の道義的責任は感じており、認知請求権放棄の対価として給付した１割の3000万円を考えています。これは、誠意をみせる意味で駆け引きなしの提案であって、個人的な負担としての限界です。当方として積極的に望むわけもないですが、これで無理であれば淡々と訴訟提起していただくしかないと覚悟しています。
甲弁護士：ご提案としては承りました。ちなみに、合意書にＹ先生の謝罪文言を入れることは可能ですか。Ｙ先生はご存じかと思うのですが、Ｘさんがそれなりに面子を重んじる人ではあるので、その点の有無でＸさんの対応も変わってくると思います。
乙弁護士：先ほども申し上げたとおり、Ｙ弁護士としても一定の道義的責任は感じているところなので、可能だと思います。
甲弁護士：わかりました。持ち帰ってＸさんと検討してご連絡します。

2　Ｘ氏との協議

　甲弁護士は、Ｘ氏に対し前述の面談経過を報告したところ、Ｘ氏からは、「え、最初から3000万円の提案をしてきたのですか。彼の性格上、徹底的に

戦うと思っていたので、拍子抜けしましたね……」との話があった。
　甲弁護士は、X氏に対し、「まだ初回提案の段階なので、一応、もう一声の増額要請をしてみますかね」と申し向けたところ、X氏から、「純粋に個人的な負担としては結構な金額で、謝罪もしてくれる、また、一応ではありますが、その後も別件でいろいろとお世話になったこともあるので、それで話を進めてもらって結構です」との回答があったことから、甲弁護士は示談の話を進めることとした。

3　示談の成立

　甲弁護士と乙弁護士との間で甲弁護士作成の示談書案を基に調整しつつ、【書式2-12-2】のような合意書を締結し、無事、Y弁護士から解決金の振込みもあり、〈Case⑫〉は無事終了した。

【書式2-12-2】　合意書（〈Case⑫〉）

合　意　書

　XとYとは、BのXに対するAに係る認知請求に係る平成20年5月30日付合意書の件（以下「本件」といいます。）に関して、次のとおり合意した。
1　Yは、Xに対し、本件の解決金として、金3000万円の支払義務があることを認め、平成29年12月15日までに、当該金員をX指定の口座（略）宛に振込む方法により支払う（振込手数料はY負担とする。）。
2　Yが前項の支払いを怠ったときは、Yは、Xに対し、前項の金員から既払金を控除した残金及びこれに対する前項の支払期限の翌日から支払済みまで年14.6％の割合による遅延損害金を支払う。
3　Yが第1項の支払いをしたことを条件として、Xは、Yに対し、民事上、刑事上及び行政上のいかなる法的手続（弁護士法令上の手続を含む。）も講じないことを約する。
4　XとYは、第三者に対し、みだりに本件の経緯及び本合意の内容その他本件に関する一切の情報を口外しない。

> 5　XとYは、本示談書に定めるもののほか、互いに何らの債権債務がないこと（一切の請求をしないこと）を確認する。
>
> 　以上を証するため本書2通を作成し、各自署名押印の上各1通を保有する。
>
> 平成29年12月1日
>
> 　東京都港区○○4-5-6　○×マンション101
> 　　X代理人弁護士　　　　甲　　　　㊞
>
> 　東京都中央区○○9-8-7
> 　　Y代理人弁護士　　　　乙　　　　㊞

VIII
補論——委任契約における責任制限条項の必要性

　〈Case⑫〉は弁護過誤に関する事案であるが、弁護士人生において請求人・被請求人・代理人の各立場において一度も経験することのない弁護士が多数と思われる。弁護過誤案件の経験により直接・間接に感じたことは、弁護士業務の性質からすれば、いかに丁寧な案件処理を心がけていたとしても、平均的能力の弁護士にとっては（故意ではなく過失という意味での）「うっかり」が必ず起こりうるということである。委任契約書は、このようなことに「も」備えるべき性質のものと思われるが、医者の不養生の弁護士バージョンとでもいうべきか、このようなリスク管理の観点から作成された委任契約書は思いのほか乏しい状況にある。紙幅の関係上、このような観点からの条項の詳論はしないが、最低限、弁護士の委任者に対する損害賠償に関する責任制限条項程度は規定しておくべきと思われる（自らが普段作成・レビュー等している「業務委託契約書」の場合は、基本的な指摘事項であることを想起されたい）。

　以下一例をあげておく。〈Case⑫〉においても、【消費者契約法上の「消費者」の場合】があれば、仮に責任を負う場合であっても、最終的な解決金

の額の何分の一かで済むはずであった。

　なお、以下の一例では基本的に賠償額に関する責任制限条項であるが、個人的には、特に事業者の場合にあっては、これらのみならず、不法行為責任に備えて請求期間の制限（たとえば、弁護士賠償責任保険における賠償請求期間あるいは、不法行為責任の短期消滅時効を参照して行為日から５年または10年あるいは３年等を上限とする）、あるいは、すべての条件（主として金額・期間）を弁護士賠償責任保険の範囲内とする制限を設けてもいいのではないか、と思っている（ただし、当該規定によって、逆に損害賠償の範囲を広げることにならないよう留意されたい。また、そもそもこのような制限がどの程度まで有効となるかは、各読者の見解に委ねる）。

【事業者の場合①】
　乙の損害賠償責任は、債務不履行、不法行為その他請求原因の如何にかかわらず、第○条に定める弁護士報酬を上限とする。

【事業者の場合②】
　乙の損害賠償責任は、債務不履行、不法行為その他請求原因の如何にかかわらず、故意又は重過失がある場合を条件として、当該業務を遂行した時から○年間に限り、第○条に定める弁護士報酬を上限とする。

【消費者契約法上の「消費者」の場合】
　乙の損害賠償責任は、債務不履行、不法行為その他請求原因の如何にかかわらず、第○条に定める弁護士報酬を上限とする。ただし、乙に故意又は重大な過失がある場合は、この限りではない。

　本稿は、複数の事例を組み合わせるなどして構成したものであり、実際の事例とは異なる。

●事項索引●

【英数字】

Internet Archive　296
IPアドレス　83

【あ行】

安全配慮義務　159
いじめ事件　186
慰謝料の相場　90
一部請求　104
　——の時効中断　105
違法性の有無　13
違法性の判断基準　13
因果関係　15
インターネット上の表現　69
請負契約の瑕疵担保責任　273
請負人の責任　275
営業損害　215
営業停止等により支出を免れた経費　216

【か行】

介護保険事故報告書　174
瑕疵　209
瑕疵担保責任　34
過失　19
　——の客観化　19
過失責任主義　8
過失相殺　32
過失認定の判断要素　19
カルテ　64
完全賠償主義　12
監督義務者等　22
　——の責任　22
関連共同性　29
危険の引受法理　237
季節変動　217
共同不法行為　28
共用部分　210

寄与度減責　30
具体的損害計算　10
刑事告訴　341
刑事上の名誉毀損　71
契約締結上の過失　36
契約不適合責任　34, 277
　——の期間制限　278
欠陥原因　267
欠陥現象　267
権利侵害の明白性　75, 78
権利侵害要件　12
故意　18
後遺障害慰謝料　165
後遺障害逸失利益　165
後遺障害診断書　164
後遺障害の程度　164
公共性のある事実　75
工作物責任　209
公正証書の作成　346
行動の自由　8
合理的平均人　19
固定費　216

【さ行】

債務弁済契約公正証書　346
事実的因果関係　16
事実の公共性　75
執務机の調査　330
写真の著作権　296
修繕義務　211
受忍限度論　14
照会申出書　128
使用者責任　23
消滅時効　31, 99
職務著作　299
真実性の抗弁　75
制限賠償主義　12
成年後見の申立て　169
責任能力　21

設置または保存の瑕疵　26
専有部分　210
素因減額　32
相関関係論　13
相当因果関係論　15
相当性の抗弁　76
損益相殺　33
損害　9
損害額の計算　10
損害項目　10
損害賠償に関する責任制限条項　370

【た行】

代理監督者　23
建物の瑕疵　38
注意義務の基準　19
抽象的損害計算　10
懲戒解雇の相当性　338
懲戒処分　337
懲罰的賠償　310
著作権侵害に基づく警告書　306
著作権侵害の損害額　304
著作権侵害の要件事実　301
著作権の帰属　302
著作権の譲渡　297
著作権の侵害　303
著作物性　302
通常有すべき安全性　26
電子メールの調査　327
動物占有者責任　28
動物の占有者　121
特定電気通信役務提供者　74
登山ガイドの安全配慮義務　246
土地工作物等責任　25
土地の工作物　209
　——の請負　274

【な行】

二段階審理方式　317
認知請求権放棄の対価の返還請求　355
認知請求の拒否　355

【は行】

賠償額の認定　11
パソコンの調査　327
発信者情報　74
発信者情報開示仮処分　82
発信者情報開示請求書　79
発信者情報開示請求訴訟　86
反訴提起　104
ヒアリング　331
　——の録音　333
被害者側の過失　32
被害者の素因　32
控えめな算定方法　10
複製権　303
不法行為責任　8
不法行為の訴訟物　11
不法行為法理　9
プロバイダ責任制限法　73
文書送付嘱託　229
文書の提出　180
弁護過誤　356
弁護士会照会　50, 128
変動費　216
翻案権　302

【ま行】

名誉　70
名誉毀損　70
　——の要件事実　70
免責同意書　238
目的の公益性　75
目的物給付義務　35

【や行】

要介護認定審査資料　174, 176
予見可能性　20
予見義務　20

【ら行】

レピュテーションリスク　344
録音テープの証拠能力　332
ロッカー等の調査　330

● 執筆者一覧 ●

野村　創（のむら　はじめ）
野村総合法律事務所
〒105-0003　東京都港区西新橋1丁目20番3号　虎ノ門法曹ビル407
TEL　03-3539-3151

井上　廉（いのうえ　れん）
東京八丁堀法律事務所
〒106-0041　東京都港区麻布台1丁目11番9号　BPRプレイス神谷町6階
TEL　03-6441-3320

星　大介（ほし　だいすけ）
東京八丁堀法律事務所
〒106-0041　東京都港区麻布台1丁目11番9号　BPRプレイス神谷町6階
TEL　03-6441-3320

松浦　裕介（まつうら　ゆうすけ）
京橋総合法律事務所
〒104-0031　東京都中央区京橋2丁目12番11号　杉山ビル7階
TEL　03-6264-4121

片野田志朗（かたのだ　しろう）
東京中央総合法律事務所
〒104-0061　東京都中央区銀座4丁目2番1号　銀座教会堂ビル7階
TEL　03-5159-7600

飯田　研吾（いいだ　けんご）
兼子・岩松法律事務所
〒100-0013　東京都千代田区霞が関1丁目4番2号　大同生命霞が関ビル12階
TEL　03-6206-1303

畑井　研吾（はたい　けんご）
あさひ法律事務所
〒100-8385　東京都千代田区丸の内2丁目1番1号　丸の内マイプラザ13階
TEL　03-5219-0002

政平　亨史（まさひら　ゆきふみ）
弁護士法人YMP
〒104-0061　東京都中央区銀座7丁目15番8号　銀座堀ビル3階
TEL　03-6260-6405

野中　英匡（のなか　ひでまさ）
東京富士法律事務所
〒102-0083　東京都千代田区麹町3丁目3番地　KDX麹町ビル4階
TEL　03-3265-0691

堀口　雅則（ほりぐち　まさのり）
東京21法律事務所
〒104-0061　東京都中央区銀座3丁目9番19号　吉澤ビル8階
TEL　03-3549-1200

大塚　行雄（おおつか　ゆきお）
四五六法律事務所
〒102-0094　東京都千代田区紀尾井町3番29号　NGA紀尾井町ビル3階
TEL　03-3221-1456

岡村　晋之祐（おかむら　しんのすけ）
日比谷南法律事務所
〒105-0004　東京都港区新橋2丁目16番1号　ニュー新橋ビル615-1
TEL　03-5251-5400

佐藤　美由紀（さとう　みゆき）
弁護士法人港大さん橋法律事務所
〒231-0023　神奈川県横浜市中区山下町30-1　パークコート山下公園201B
TEL　045-211-5160

事例に学ぶ損害賠償事件入門
――事件対応の思考と実務

平成30年3月20日　第1刷発行
令和5年3月10日　第3刷発行

定価　本体3,600円＋税

編　　者	損害賠償事件研究会	
発　　行	株式会社　民事法研究会	
印　　刷	株式会社　太平印刷社	
発 行 所	株式会社　民事法研究会	

〒150-0013　東京都渋谷区恵比寿3-7-16
〔営業〕　TEL 03(5798)7257　FAX 03(5798)7258
〔編集〕　TEL 03(5798)7277　FAX 03(5798)7278
http://www.minjiho.com/　　info@minjiho.com

落丁・乱丁はおとりかえします。　ISBN978-4-86556-215-6 C3032 ￥3600E
カバーデザイン　関野美香

最新実務に必携の手引

― 実務に即対応できる好評実務書！ ―

2021年7月刊 争点整理で悩む多くの実務家が渇望する具体的な方法論を、現役裁判官が提示！

争点整理の手法と実践

訴状・答弁書の検討から第1回口頭弁論期日を経て、争点整理の序盤・中盤・終盤に至るまでの思考過程と審理運営のポイントを、事件類型別に具体的に解説！ 暫定的な心証開示や和解勧試のタイミングについても言及！

森　宏司・中本敏嗣・小野憲一・森　純子　編

（Ａ5判上製・431頁・定価 5280円（本体 4800円＋税10％））

2019年9月刊 和解・調停において「裁判官が考えていること」がわかる、法律実務家必読の1冊！

和解・調停の手法と実践

紛争解決に向けた和解勧試や調停運営の考え方とノウハウを、現役裁判官がそれぞれ専門とする分野について、事件類型別に具体的に解説！　簡易裁判所事件に関する和解・調停にも言及！

田中　敦　編

（Ａ5判上製・699頁・定価 7700円（本体 7000円＋税10％））

2019年3月刊 より説得的な主張・立証のあり方、認定・算定の判断基準を探究する好評書の第3版！

判例にみる損害賠償額算定の実務〔第3版〕

130件超の損害賠償請求事件の裁判例を取り上げ、事業者の事業の種類、加害行為の種類、損害の種類によって類型化して精緻に分析・検証し、損害賠償額の認定・算定が困難な事例における賠償額の立証や認定・算定の実務のあり方を示す！

升田　純　著

（Ａ5判・598頁・定価 5940円（本体 5400円＋税10％））

2018年5月刊 損害賠償実務における慰謝料請求の意義・機能を探究した関係者の必携書！

判例にみる慰謝料算定の実務

130件超の慰謝料等請求事件の裁判例を類型化して精緻に分析・検証し、説得的な主張・立証のあり方、認定・算定の判断基準と実務指針を示す！　損害賠償実務における慰謝料請求の意義・機能を探究！

升田　純　著

（Ａ5判・511頁・定価 5500円（本体 5000円＋税10％））

発行　**民事法研究会**　〒150-0013　東京都渋谷区恵比寿3-7-16
（営業）TEL 03-5798-7257　FAX 03-5798-7258
http://www.minjiho.com/　　info@minjiho.com

最新実務に必携の手引

─┤実務に即対応できる好評実務書！├─

2023年1月刊 離婚に関連する法律の運用・裁判例・行政の通達・警察への対応など最新の情報を盛り込み改訂！

DV・ストーカー対策の法と実務〔第2版〕

コロナ禍で顕在化したDVに対する必要な措置から、令和3年改正ストーカー規制法、令和4年改正民法・人事訴訟法・家事事件手続法・児童福祉法、家事事件のIT化、令和5年に予定されているDV防止法改正に向けた最新の動向まで網羅！

弁護士 小島妙子 著

（A5判・499頁・定価5280円(本体4800円＋税10%)）

2021年2月刊 近年ますます増加する名誉毀損事件の実態・法対策を理論・実務の両面から分析・解説！

名誉毀損判例・実務全書
―判例分析からみる法理と実務―

900件に及ぶ平成元年から最新の幅広い範囲の名誉毀損判決を「週刊誌」「テレビ放送」から「ビラ」「裁判活動」「記者会見」「インターネット上」などの類型に分類・整理！ 判例から法理を明らかにし、被害を受けた場合の対応策を明示！

升田 純 著

（A5判・548頁・定価6160円(本体5600円＋税10%)）

2022年2月刊 自転車にまつわる基礎知識やトラブル対処法をQ&A方式でわかりやすく解説！

自転車利活用のトラブル相談Q&A
―基礎知識から具体的解決策まで―

自転車の購入・所有・管理・事故・通勤にまつわる基礎知識から、トラブル等の予防・救済に向けた対処法までをQ&A方式でわかりやすく解説！ 相談を受ける消費生活相談員、法律実務家等必携の1冊！

仲田誠一・内田邦彦・菊田憲紘・杉江大輔 著

（A5判・221頁・定価2640円(本体2400円＋税10%)）

2020年3月刊 ペットをめぐるトラブルについて、法的な観点から解決に向けた方策を示す！

ペットのトラブル相談Q&A〔第2版〕
―基礎知識から具体的解決策まで―

令和元年の動物愛護管理法改正、債権法改正等を踏まえて、ペットをめぐるトラブルの実態、法的責任、対応策等について、ペット問題に精通する法律実務家がわかりやすく解説！

渋谷 寛・佐藤光子・杉村亜紀子 著

（A5判・281頁・定価2750円(本体2500円＋税10%)）

発行 **民事法研究会**　〒150-0013　東京都渋谷区恵比寿3-7-16
（営業）TEL 03-5798-7257　FAX 03-5798-7258
http://www.minjiho.com/　info@minjiho.com